谨以此书致敬

中国水下考古学的开创者和领路人

——俞伟超先生

广东省文物考古研究所丛书系列

解读南海I号 打捞篇

李 岩◎著

科学出版社
北 京

图书在版编目（CIP）数据

解读南海I号. 打捞篇 / 李岩著. —北京：科学出版社，2019.4
（广东省文物考古研究所丛书系列）
ISBN 978-7-03-060926-7

Ⅰ.①解… Ⅱ.①李… Ⅲ.①南海－沉船－考古发掘－文物保护－宋代 Ⅳ.①K875.3

中国版本图书馆CIP数据核字（2019）第053025号

责任编辑：樊 鑫 / 责任校对：邹慧卿
责任印制：肖 兴 / 书籍设计：北京美光设计制版有限公司

科学出版社出版
北京东黄城根北街16号
邮政编码：100717
http://www.sciencep.com

北京华联印刷有限公司印刷
科学出版社发行 各地新华书店经销
*
2019年4月第 一 版 开本：720×1000 1/16
2019年4月第一次印刷 印张：18 1/4
字数：345 000

定价：68.00元

序一

李岩兄嘱我为其新作《解读南海Ⅰ号 打捞篇》作序，愧不敢当，我想，南海Ⅰ号这么有影响力的项目，应该去请更有声望的领导和专家来写序。然而他说，当初咱们一起谋划整体打捞、参与工作的同事，现在只剩下崔勇和你我还在所里工作，所以这本书就请二位写序，算是一份特殊的纪念。恳切言辞，忽然之间打动了我。

往事历历重现。应该是2002年的某一天，李岩突然找我，聊起了他们准备整体打捞南海Ⅰ号的大胆设想，也给我出了一道题目，打捞起来的沉船，一定是个大块头，怎样上岸？如何保存？能不能在岸边建造一个大水池？当时所里只有我一个是建筑学科班出身的，这时我才明白他们找我的用意。

从此我这个一直从事文物建筑保护的人开始加入到南海Ⅰ号的项目组里。整体打捞的水下考古方案逐步清晰，而为南海Ⅰ号找一个新家的任务就交给了我。建造一个人工水体，模拟海底保存环境，安放打捞上岸的南海Ⅰ号，不仅可以大大减少水下发掘的难度，而且使沉船的保护和展示变为可能。在我们一次次热烈的讨论中，这个人工水体有了一个浪漫的名字——“水晶宫”。

时间过得是这样飞快，从2007年沉船顺利出水、入驻“水晶宫”，到今天已经是十二个年头。这期间，不仅南海Ⅰ号整体打捞成为万众瞩目的焦点，社会的舆论、媒体的关注、民众的热议持续不已，接下来的预研究、试掘乃至持续到今天的发掘工作，也一直热度不减。而这条船也依然在不断地带给我们惊喜。我记得当初估计船载文物6万～8万件，现在的发掘显示，文物数量估计要翻一倍，金器、漆器、植物果核、人骨等新发现层出不穷，这一切，都将收录在科学严谨的发掘报告中。

正因此，《解读南海Ⅰ号 打捞篇》显示出一种独特的视角和价值。它是对南海Ⅰ号从发现到整体打捞的历程回顾，剥茧抽丝般娓娓道来。对于我们这些曾参与工作的人来说，这本书也是一种打捞，打捞那些沉淀在时光深处的往事，打捞那些如果不被书写就有可能被我们遗忘的细节。对于广大的读者而言，它比枯燥的发掘报告更可读、比媒体的报道更有学术含量，它说的不仅是南海Ⅰ号这一条沉船的故事，也记录了中国水下考古事业在起步阶段的艰辛与辉煌，更让我们对未来的成果怀有憧憬和期待。

诚如此言：一切过往，皆为序章。

曹 劲

2019年1月26日

序二

人生交一个知己不容易，人生办一件大事不容易，人生与知己共同办一件大事更不容易。历史是用来经历的，而与我共同经历南海Ⅰ号整个打捞发掘过程的人寥寥无几，李岩是其中一个。在我与李岩30多年的交往中，打捞南海Ⅰ号是最值得纪念的一件事。记得1985年,李岩研究生实习来到广东，在斯文和学霸的外表下，深埋着贪玩和叛逆。这种内心的不安分很容易就被我激活了，我出于对海洋的热爱，常常发起关于大海的聊天话题，有一天，两人居然畅想着将当时广东省博物馆广场挖一个大水池，然后在里面练习开船，没有恶意，仅仅是后生的异想天开。多年后，当南海Ⅰ号水下考古项目真正摆在面前时，当年不切实际的畅想居然成为我们灵光闪现的源泉，南海Ⅰ号整体打捞后放入水池进行发掘的构思从异想天开变成了奇思妙想，并成为现实。虽然整体打捞、异地保护是一个庞大而复杂的系统工程，没有任何个人可以独立完成，我们在整个项目上所能起到的作用不值得一提，更没有炫耀的本钱，但对这一历史的回顾和再现，也算是对我们已经过去的青春给出一个了结和交代，历史也应该记住南海Ⅰ号工作项目初始化期间的点点滴滴。现在南海Ⅰ号整体打捞已经是中国乃至世界水下考古和水下文化遗产保护的经典之作，但人们看到和研究的只是现在的成果，在南海Ⅰ号耀眼的光环下，最初的起因和缘由被忽略和淡忘。南海Ⅰ号是如何发现的？如何调查？如何确定方案？个中的经历和过程不需要进行文学加工就是一个充满悬念传奇的故事，但是再好的资料也需要有人去发掘和梳理。李岩虽然早已不再涉足南海Ⅰ号，但他百忙之余，抽出时间完成了这部算不上大作，但绝对是精品的杰作——《解读南海Ⅰ号 打捞篇》，也算是他对南海Ⅰ号的初心不忘还的一个愿吧。

《解读南海Ⅰ号 打捞篇》主要是对南海Ⅰ号的前世进行了介绍和梳理，从南海Ⅰ号发现伊始，追根溯源，为了更真实地反映沉船发现的起因，作者从海上盗宝者哈彻的海上盗掘作为开篇，顺藤摸瓜，捋出了南海Ⅰ号发现者马丁的历史，使得南海Ⅰ号整个发现过程真实而丰满，马丁先生的合作伙伴赖浩杰与本人也有一段交集，因而再次看到这个名字时倍感亲切。作者为了真实还原历史，还亲自通过荷兰驻广州领事馆，联系了荷兰鹿特丹海事博物馆，查询相关的资料，采访各位当事人，尽量真实复原了南海Ⅰ号的前世今生，同时也引出了中国水下考古和水下文化遗产保护事业从起步、发展、成熟到辉煌的全过程。

本书集史料、科普、文学于一身，是传播南海Ⅰ号的另类作品，真正做到了更高层面的雅俗共赏，非常具有可读性。

崔　勇

2018年12月

前言

2007年12月22日，全中国，乃至世界的媒体都将目光聚焦在了广东阳江东平镇对开海域，上午10点至12点，举世瞩目的宋代古沉船——南海Ⅰ号，要在这个时间内浮出水面。国内知名媒体，无不到场，采访报道的媒体数量自然不必多言，天上有卫星转播，直升机；地上有转播车，甚至还有记者潜入水下工作现场，海陆空齐上阵，可以说是国内媒体报道考古事件空前之作。打捞成功后，一时间，打开电视，就是南海Ⅰ号的新闻或者现场直播；翻开报纸，满眼都是南海Ⅰ号整体打捞出水的照片和文字；浏览网页，无论是著名网站还是个人博客，南海Ⅰ号的视频、文字、照片甚至各类消息充斥显示屏；欧洲、美国、澳大利亚、日本、韩国、东南亚的主流媒体也纷纷报道南海Ⅰ号出水的消息。按照中国最权威和具有影响力的文化遗产行业纸质媒体——《中国文物报》称：2007年，中国文物考古行业最吸引公众目光的就是南海Ⅰ号！这是新中国成立以来，媒体和公众最为关注的文化遗产保护事件。

人们不禁要问，南海Ⅰ号何以吸引了世界的目光？

让我们将时间回拨7个月，当年中国观众可能还记得，比南海Ⅰ号出水早7个月的苏塞克斯号。2007年5月，中央电视台新闻联播报道了美国奥德赛海洋探险公司打捞苏塞克斯号的新闻，美国奥德赛公司宣布：5月18日，他们找到了苏塞克斯号，该船装载的金银财宝初步估算，价值约5亿美元。巨大的财富即将浮出水面，这在西方社会顿时激起海啸般的反应。

西班牙文化部长代表国家宣称：沉船是西班牙的文化遗产和财富，应当为西班牙所有；由于沉船位于直布罗陀海峡水域，属于西班牙海域，他们不仅要求奥德赛公司立即停止打捞，而且还派遣军舰围堵奥德赛公司的工作船只。西班牙政府还表示，如果找到相关证据，将以偷盗西班牙文化遗产罪对奥德赛公司进行起诉。

英国国防部的发言人声明：英国政府拥有苏塞克斯号船只和船上所有物品的所有权。这又是什么原因呢？说来话长，1694年，英国皇家海军旗舰苏塞克斯号装载了大约10吨金币，与其他舰船组成舰队，出海执行一项秘密任务——行贿奥地利的萨伏伊公爵，时值英、法奥格斯堡联盟战争的第五个年头，行贿的目的是让萨伏伊公爵在英、法战争中站在英国一边，共同对付当时的法国国王路易十四。萨伏伊公爵是奥地利哈布斯堡王朝最善战的外籍将领之一，号称是路易十四的克星。苏塞克斯号由于途中遇到风暴，航行至直布罗陀海峡沉没，船上550人只有2人生还。所以，难怪英国政府此次表态的是国防部官员。

美国政府则态度暧昧，但实际上是暗地里支持奥德赛公司的行动。

苏塞克斯号是在西班牙所属海域沉没，但船只又曾属英国海军，而300多年后被美国人发现和打捞的，相当纠缠。与商人和政治家所不同的是学者们，知名水下（海洋）考古学家彼得·马斯登的意见代表着很多学者的观点："许多这类探索活动的目的都只是为发掘财宝。但是我仍然坚信，他们有义务去记录、保护，最重要的是公布船只残骸和除财宝以外船上物品的细节。"

显然，对于人们追求财富的欲望来说，考古学家的话显得有些苍白无力，天真地想当然。我们不得不承认，沉船的金银价值应当是吸引人的重要原因。

然而，对于人类来说，沉船的价值远远不是金银所表现出的那些财富，它还是凝固了的某个历史瞬间，是穿越时空，被保存下来的人类历史的一个场景，弥足珍贵不言而喻。

这是国外的情形，那么，南海Ⅰ号的价值又是什么呢？

不乏国内媒体谈到南海Ⅰ号价值多少亿美元，这样的价值评估与一些西方人对苏塞克斯号的看法有类似之处。

专家们又怎么看呢？

图Ⅰ-1
《广东海上丝绸之路博物馆项目建议书》

让我们引用一段2003年广东省文物考古研究所编制的《广东海上丝绸之路博物馆项目建议书》当中的话吧（图Ⅰ-1）：

1.南海Ⅰ号是至今为止发现年代最早、船体最大、保存最完整的远洋贸易商船

宋代沉船南海Ⅰ号位于珠江口以西的上下川岛外20余米深的海底，船体被2米厚的淤泥覆盖。沉船船体基本保存完好，整艘沉船未翻、未侧，整船长约27米、宽8米，是目前世界上发现年代最早、船体最大、保存最完整的远洋贸易商船。南海Ⅰ号是研究古代造船、航海技术的唯一完美标本。它的发现成为世界考古界和探险界关注的焦点，也引起了国家和地方政府的高度重视。

2.南海Ⅰ号提供了一个特色专题博物馆的藏品

根据初探，南海Ⅰ号载物总量约数万件，其总量与一级文物数量均接近一个省级博物馆的藏品（广东省博物馆藏品量为11万件，其中国家一级文物403件）。初次挖掘清理的文物分属浙江龙泉、福建德化、江西景德镇等南宋几大著名窑系的外销瓷器，其中不乏精品，这些瓷器是我国第一次大规模发现古代来样加工的实物例证。

目前，亚洲范围尚没有一座以古代沉船文物为主要内容的博物馆，南海Ⅰ号及其所载文物最终出水，将提供一座特色专题博物馆的藏品，相比之下，较福建泉州海外交通史博物馆更具特色。

3.南海Ⅰ号是保存在海上丝绸之路主航道上的珍贵文化遗产

南海Ⅰ号是研究“海上丝绸之路学”重要的实物，对其进行全方位的系统研究将对海上丝绸之路学的发展产生划时代的意义。南海Ⅰ号所载文物反映了我国宋代的社会生产、社会生活、文化艺术与先进的科学技术，代表着当时最高的工艺水平，为海上丝绸之路学研究古代造船技术、航海技术以及研究我国古代的“来样加工”等物流概念提供了良好的素材；对研究复原海上丝绸之路历史、造船史、陶瓷史、航海史等都具有极为重要的科学价值。

4.南海Ⅰ号是中国考古五十年一遇的重大事件和水下考古的里程碑

南海Ⅰ号水下考古打捞是以海洋动力学模型为理论基础，在模拟埋藏环境保护法的总体思路指导下，最大限度地利用计算机模拟技术，消化吸收形成中国水下考古特色的潜水技术工程程序和基本规范，力争达到保护环境与埋藏的一致性，使船体在填充、加固结构的保护下脱离海床，整体以悬浮状态进入船坞，开创中国水下考古的新里程。

也可以说，上面的文字代表着专家学者对南海Ⅰ号的看法或者价值肯定，是关于它价值的科学版本。除此之外，还有众多媒体从其他角度对它加以评价，那就是神秘和好奇心的角度。一艘宋代的沉船重新回到现代人的视线中来，它蕴藏着多少神秘的故事？激发起了人们好奇心。当年，2007年底，关于这些谜团的采访问答，推测猜测，在媒体上发表的数量和强度，可以说前所未有，按照记者们的生花笔法的说道，南海Ⅰ号有好多未解的大谜团，归纳起来大概有10个方面。

谜团一：它是怎么被发现的？

谜团二：船是哪里制造的？

谜团三：船主是谁？

谜团四：船上究竟有多少文物宝藏？属于谁？

谜团五：它从哪来，要驶向何方？

谜团六：当时的航海技术是啥水平？船员和乘客的海上生活是怎样的情景？

谜团七：船是怎么沉没的？

谜团八：怎么判断船沉没的年代？

谜团九：整体打捞南海Ⅰ号经历了怎样的过程？

谜团十：南海Ⅰ号这艘木船为什么能保存如此长的时间而不腐朽？今后它还能保存多长时间？

可以说，大体是三大原因——财富、科学、神秘，导致了南海Ⅰ号如此吸引世人的目光。三者之中究其详细，沉船的故事所以令人津津乐道，而且久盛不衰，魅力的核心恐怕还是它的那份神秘吧。让我们也选择以好奇心为出发点，走进南海Ⅰ号的神秘故事。

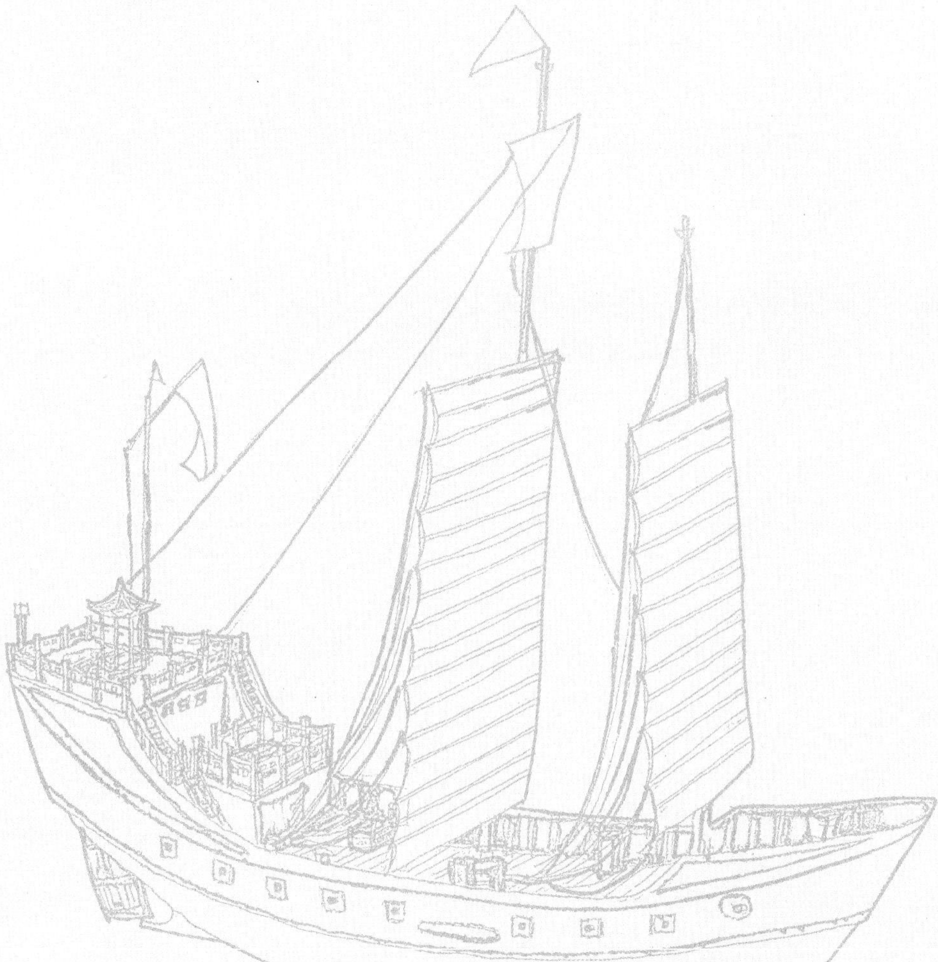

目录

第一章

寻宝浪潮的冲击

南海Ⅰ号被发现于1987年，或者说是20世纪80年代中后期；那时，中国改革开放处于第一个十年的尾声，普通中国百姓由于信息渠道的关系、外国语的关系，对外部世界的了解总是鳞鳞爪爪的，大城市的百姓稍微好些，看见越来越多的外国旅游者，而这当中，日本人恐怕是最多的；电冰箱、收录机、电视机等家用电器的高档货都来自日本；还被中国人津津乐道的是亚洲四小龙的崛起。对欧美国家的了解，那时候有一本美国人写的书，叫作《第三次浪潮》，说的是信息革命的事情，让人感觉很新鲜。为什么要提这些事儿呢？因为说到南海Ⅰ号的发现，不能不先回顾一下当时的背景。那时的世界经济状况处在一种大的变化之中，从80年代初开始，东瀛日本经济腾飞，发展速度令世界瞠目。其中一件事情，和我们现代中国面临的一个问题十分相似——本国货币升值。1983年，在美国的压力下，日本签署了同意日元升值的《广场协议》。短短几年里，日元兑美元升值34%，大量的国际热钱涌入日本，日本制造的商品很快失去了出口的价格优势。但日元升值了，日本人民有钱了，于是，这些日元形成了一股投资的洪流，到处寻找投资洼地，一时间，像泄洪般涌向房地产和股票市场，以及包括艺术品市场在内的海外各类投资市场——地价上涨102%，股市更是经历了长达6年的疯狂上涨，截至1989年底，日经指数从6000多点扶摇直上，创下了38975点的历史新高。关于艺术品市场的情景，中国百姓也许还记得少许，那年头儿，来中国的外国游客中，十之八九是东瀛来客。他们来到中国不仅是到处参观游览，同时还拥进了中国的艺术品商店，不一定太高级的字画、瓷器等都有很好的销路，一时间，从北京到上海、从西安到广州，经营字画的艺术品商店如雨后春笋般地冒了出来，这些仅仅是我们直观看到的。那边厢，且看海外投资市场，被视为美国象征的洛克菲勒中心大厦、美国娱乐业巨头哥伦比亚影业公司，都曾经成为日本人的囊中之物。美国人在惊呼日本人在“购买美国”。除此之外，一些富得往外露钱的日本人开始把目光转向艺术品投资，恰巧，欧洲开始面临经济高度繁荣后的严重下滑，一直以伦敦为交易中心的苏富比、佳士德两大拍卖巨头，用无与伦比的商业智慧看到了日本新富一族急切寻找投资途径的渴望，同时也看到了欧洲旧绅士们羞于启齿的经济窘境，他们在劝说那些已经用节衣缩食来维持社交场面的绅士们翻开箱底儿，拿出自家传了几代的艺术品交给拍卖公司，旧绅士们体面获取收入的同时，拍卖公司则通过夸张、豪华的预展广告手段，向日本暴发户们炫耀欧洲艺术家作品的含金量和升值空间。甚至以小型拍卖会，包含一定作秀成分的活动，在很短的时间内，把一些世界名作的价格推高。日本银行家们推波助澜，大力鼓动客户贷款购买艺术品，称艺术品升值空间无限。终于，日本人挡不住诱惑，加之口袋里钱的闹腾，奔向了欧洲！以让西方人震惊的速度与强度，以近百亿美金，争先恐后地将毕加索、凡·高、雷诺阿、塞尚、基弗等西方艺术家的油画抢收囊中，每隔不久，天价就被打破，最著名的是安田火灾和海事保险公司买下了凡·高的《向日葵》。之后，日本人一举占领了30%的世界艺术品市场。

如同连锁反应，或者叫作波浪效应，被日本人推高的世界艺术品价格，同时也极大地影响到了苏富比、佳士得拍卖的中国文物价格，当然这也影响到了古董和文物的购买与收藏市场，画作是近现代欧洲的艺术品，中国古董和文物则是古代东方的艺术品。相关的市场打开了前所未有看涨的空间。正如动物保护公益宣传中的一句话——“没有买卖，就没有杀戮”。相反的是，有买卖，不仅有杀戮，还有破坏和掠夺。巨大的利益，如同宇宙间黑洞般的力量，吸引并驱使着人们到处寻找可以称得上古董的东西，以便获得财富。这时，原本就存在的寻找海底沉船宝藏行当，遇到了艺术品市场的东风，进而掀起浪潮，在这股浪潮中，有两个人可以称为登峰造极的人物：打捞哥尔德马尔森号（Geldermalsen）沉船的英国人迈克·哈彻（Michael Hatcher）、打捞阿托查夫人号（Atocha）沉船的美国人梅尔·费雪（Mel Fisher）。由于拍卖沉船文物所得数额巨大，其影响可谓是震撼性的，两人的业绩，在联合国教科文组织关于水下遗产保护公约的文件中都赫赫有名，原因是他们从事的商业性打捞活动，对人类的水下文化遗产造成了严重破坏和威胁。

在这当中，因为哈彻的行为不仅在南海掀起了打捞、拍卖水下文物的狂潮，这股狂潮也对南海Ⅰ号的发现及催生中国水下考古事业产生了直接和间接的作用。所以，要说明白南海Ⅰ号发现的事情，不得不从他谈起。

当年参加过阿姆斯特丹佳士得哥尔德马尔森号沉船文物拍卖会的耿宝昌先生曾经见识过哈彻。耿先生是故宫博物院著名的陶瓷专家。按照耿先生的话说，哈彻长得五大三粗，红脸黄发。这位哈彻，他究竟是什么来路呢？

哈彻自幼在英国的孤儿院长大，30岁那年，也就是1970 年，他在澳大利亚注册成立了一家商业打捞公司，专门从事打捞第二次世界大战时期沉船的营生。无论是商船还是军舰，打捞上来之后，有货物的，比如橡胶、锡锭之类，仍然可以变卖；没货物的，拆卸那些有色金属部件卖钱，维持温饱。

1983年，一次偶然的机会，他与合作伙伴麦克斯·德·拉姆（Max de Rham），一位瑞士籍的地球物理学家，在海军上将斯特霖威夫礁（Admiral Stellingwerf Reef）发现了被学者们称为“中国平底帆船”——一艘属于1643～1646年，即明末清初时期的中国古代沉船。共打捞出25000件中国瓷器，大多数是景德镇民窑生产的青花瓷，还有一些青瓷、白瓷、彩瓷等。从1983年12月起至1985年，哈彻将这些文物交给了阿姆斯特丹的克里斯蒂拍卖行，先后拍卖四次，共售出22178件。第一次拍卖，售出情况不佳，因瓷器在海底久受侵蚀，色泽模糊；更重要的是，瓷器的出处与历史背景没有人给予充分的介绍。直到后来，欧洲一些从事研究中国陶瓷史的专家对沉船和瓷器进行了研究，并发表了他们的观点，才引起

耿宝昌

1922年生于北京，故宫博物院研究员，同时兼任国家文物鉴定委员会副主任委员、国家文物局咨议委员会委员、中国古陶瓷学会名誉会长等职，是我国陶器研究及鉴定的大家。耿先生长期从事中国古陶瓷研究和鉴定工作，著有《明清瓷器鉴定》，主编《中国文物精华·陶瓷卷》、《中国美术大全·元明清陶瓷》、《中国陶瓷图典》等著作，还发表了中外陶瓷相关研究文章60余篇。

了收藏家们的兴趣。接着，1984年和1985年的三次拍卖均大有斩获，共达约250万美元，不列颠博物馆（又称为“大英博物馆”）都是举牌应拍者，并购得部分精品。从此，哈彻的声名广传，1985年已形成名为“哈彻的货船”（Hatcher Cargo）的瓷器市场。同年，哈彻从这艘沉船上再次打捞出2000余件瓷器，后经由伦敦商人售出。直到2010年，国外一些著名的网上销售商还在摆卖这批瓷器。

开卖中国瓷器以后，哈彻对二战时期的沉船没了兴趣，同时，从商人的角度他也进行了反思。他并不满意250万美元的收入，之所以收入没有达到预期，无非有两大原因：其一，自己对瓷器等文物不懂，开发就有些盲目，要不是后来学者们的研究和发表的成果，怎能引来不列颠博物馆这样有号召力的买家？其二，虽然有了一位地球物理学家做合作伙伴，但是，在哪找能卖大价钱的沉船宝藏？这带有浓重撞大运的成分，知识就是力量这句话不知道他听过没有，但是他意识到了，要自己掌握沉船线索才有主动权，而伙伴才能更好地做他的探测仪器。于是，哈彻似乎变了个人似的，整天泡在图书馆里，并对荷兰东印度公司的历史产生了浓厚的兴趣，当然他的目的不是为了研究东西交通或者贸易的历史，而是为了寻找更大的海底宝藏！依照现在的话说，他在认识上实现了转型。

那么，荷兰东印度公司又如何令哈彻着了迷呢？

荷兰的东印度公司荷兰语写作：Vereenigde Oost-Indische Compagnie，简称VOC。16世纪，葡萄牙人最先在东南亚地区开拓殖民地并搞起了海外贸易，赚了钱。荷兰人羡慕的同时，派出了一位叫浩特曼（Cornelis de Houtman）的商人到葡萄牙刺探商业秘密，回来后，他和同伴成立了一家专做东南亚

东印度公司

从17世纪到18世纪，随着西方人的地理大发现，欧洲各国为了寻求海外贸易的商机，纷纷成立以“东印度”为名称的公司，这当中有英国东印度公司、丹麦东印度公司、法国东印度公司、瑞典东印度公司及荷兰东印度公司。这些公司或位于东南亚或位于印度。可为什么叫“东印度公司”呢？这和西方人当时的地理概念有直接关系。当年，哥伦布奉命怀揣西班牙国王致“中国大汗”的国书首航，横渡大西洋，想找到通往中国和印度的海上通道，结果他登上巴哈马群岛东侧的圣萨尔瓦多岛，走了那么远，他估计这儿应该是印度附近的岛屿，因群岛位于西半球，被称为西印度群岛，美洲土著也被称为印第安人，西方各国成立系列印度公司的时候，正值哥伦布很热的年代，那些地方比起西印度群岛来，在世界的东方，因此商贸机构的名字统统被叫作了“东印度公司”。

生意的公司，也赚到盆满钵满。于是，荷兰先后成立了14家相同的公司，为了避免自己国家的商人火拼，在荷兰国会的支持下，1602年，这些公司合并，就有了荷兰东印度公司。1619年，公司在印度尼西亚巴达维亚（现在的雅加达）建立总部，六十多年的光景，到1669年，它已经是世界上最富有的私人公司了，拥有150艘商船、40艘军舰、5万员工和过万人的雇佣兵。根据荷兰议会给它的授权，它垄断了东至非洲好望角，西到南美麦哲伦海峡，差不多就是整个世界的海上贸易，不仅经济上有诸多特权，政治上，其特殊地位也是绝无仅有的。公司可以组织雇佣军，可以和其他国家缔结条约或者宣战，可以发行货币。实际上，它就如荷兰政府的海外派出机构一般，对殖民地进行统治。1799年底，在经济危机和英荷战争的双重打击下，差不多有两百年历史的公司被迫解散。

荷兰东印度公司历史上曾经和咱大明朝交过手，1604年曾经登陆澎湖，被大明朝都司沈有容的部队驱赶出去，可是到了1622年，它还想在澎湖建立贸易据点，被大明朝廷拒绝，荷兰人来硬的，强行上岛，明朝将军俞咨皋领兵包围了荷兰人的城堡，他们只好撤出。可又瞄上了台湾，1624年荷兰人侵占宝岛台湾，就算这样还满足不了他们发财的欲望，为了更多地获取中国的生丝，他们不顾大明崇祯皇帝的禁令，强行贸易并在沿海地区进行抢掠。明朝海军与荷兰又爆发了澎湖海战，郑成功的父亲郑芝龙率领明朝海军经过8个月的战争，打败了荷兰人。1662年，明延平王郑成功一举收复台湾，荷兰人投降走人。跟中国的战争实际上都是荷兰东印度公司的行为，其实力也可想而知，并不是一般的商业性公司那么简单。

17、18世纪的时候，从荷兰出发，船只要沿非洲西海岸航行，绕过南非的好望角才能到达巴达维亚或者中国，往返一次差不多两年，虽然荷兰议会给行使殖民地职权的东印度公司很大的权力，但他们也要向本国政府和议会交差，通讯主要靠书信。回想一下，荷兰从海上崛起的时候，和葡萄牙、英国、中国、日本乃至在印度尼西亚与当地人的武装冲突、战争基本没断过，殖民地的政务和做生意的途中发生的那些大事小情，都以日志或日记的形式记录了下来。荷兰政府要求东印度公司，东印度公司再要求各分据点的总督逐日记下殖民地所发生的点滴事情，书写各种日记成为东印度公司的一种日常工作。这些日志先寄往当时的巴达维亚，再用班船转送回荷兰母国。两百年来，包括书信、日记、报告和决议的文件一直被保存在荷兰海牙档案馆里，实属海量，当中不少是船只建造与航行的记录。再后来，荷兰人在现代的鹿特丹海事博物馆建立了专门的东印度公司航海档案资料库，当中一个大的分支就是沉船档案。

令东印度公司和当时所有人没想到的是，这些文件后来成了重要史料为历史学者所广泛应用，而关于航海的记录，也为哈彻们所看重。自打1983年以后，哈彻开始奔波于荷兰的海牙与鹿特丹之间，整天泡在图书馆里，恶补的功课当然不是一般的科学知识，而是与航海日记等有关的船只档案。通过这样的途径，哈彻了解到，当时荷兰东印度公司与中国，特别是清代早中期，即康熙、乾隆年代的贸易过程中，从东南亚运送到中国的主要是香料和有色金属，有色金属包括锡锭等，从中国开往巴达维亚的船只运送的货物主要有瓷器、茶叶、丝绸等，双方贸易中支付货款所用的货币以白银和黄金为主。可以想象，只要找到一艘沉船，那都可能获得巨额财富！那些旧的航海档案和海图，无疑就是藏宝图啊！

哈彻了解到这些情况，更加废寝忘食地钻研啊！

干了一段时间，面对海量的文件，哈彻颇有力不从心之感，于是，他以学术研究和探险的名义，花钱雇用了一大批英国学生，帮他收集沉船档案。因为学生们比较单纯，不会动什么坏心眼儿进而成为他的竞争对手。在收集和分类东印度公司沉没的商船档案时，他也给学生们定下了一些标准，其中一个标准是沉船事故中必须有生还者，并且有生还者的信息记录。

经过一段时间的查找和所谓研究，他终于锁定了一艘名为哥尔德马尔森号的商船。船只档案显示：

哥尔德马尔森号，1751年12月19日，从中国广州港起航，在新船长简·迪德里克·莫雷尔（Jan Diederik Morel）的率领下，取

图 1-1
哥尔德马尔森号模型

道印度尼西亚的巴达维亚，前往荷兰。为了这次远航，船上准备了大米、小麦、糖、白兰地及白葡萄酒，作为给养，同时还带上了20头活猪和4头牛，供水手和乘客改善伙食之用。

船上装载的货物，清单上也列得很清楚：239200件瓷器，625件漆器，5240件丝绸纺织品，茶叶、绿豆和众多木器及147件金锭。

船上除了船员，还有一位买了票的英国乘客，以及16名开小差的英国水手，总共112人。

正值东北季风兴盛的时节，经过16天顺风顺水的航行，1752年1月3日，船只到达赤道北方，靠近现在印度尼西亚民丹岛（Bintan）附近，它的西北方就是新加坡。从此如果向北航行，通过马六甲海峡即可进入印度洋水域，如果向南航行，即可到达巴达维亚——现在印度尼西亚首都雅加达。

那天，天气相当好，吹着舒服的偏北风，下午3点多钟，船长简·迪德里克·莫雷尔走出船长舱房，

哥尔德马尔森号

Geldermalsen，也被翻译为海尔德马尔森号。这名称本来是荷兰一个城市的名字，被用来命名这艘东印度公司的商船。建造这艘船用了差不多9个月的时间，1747年7月10日正式下水，主要担任往返巴达维亚与中国之间的货物运输，船长大约42米，宽12米，排水量过千吨，实际装载能力大约500吨。从模型中可以看到：其为三桅大船，与现代意义上的商船最大的不同还不是动力，而是它装备了不少武器，海上马车夫跑运输是带着炮的。哥尔德马尔森号上共装备了26门火炮，从船舷上隐约可见。此外，还有模型上看不到的武器装备：36支枪、100枚手榴弹、25把大刀和27支长矛，同时，还有大约3000磅炸药（图1–1）。

巡视着各个岗位，水手们各司其职，没有任何灾难要发生的征兆。下午7点，天刚刚黑下来，水手长克里斯托费尔·范迪杰克在瞭望台上突然向舵手大声喊叫，前面发现礁石，转舵！但为时已晚，随着一声闷响，哥尔德马尔森号触礁了，撞上了盖尔德里亚之德罗格特暗礁（Reefs of Deldria's Droogte）！

一阵慌乱中，船长下令抛锚，但是失败了，船只再次向礁石冲了过去！……

112人中，只有32人在水手长的带领下，分乘两只救生艇，在海上漂泊了7天后，1月10日，回到了东印度公司总部所在地巴达维亚。回到公司后，等待他们的可不是英雄式的欢迎，而是连番的审问。公司方面认为：生还的人员中水手长的职位最高，难逃谋财害命的嫌疑。无论水手长克里斯托费尔·范迪杰克怎样为自己辩解，公司方面都不相信他们是触礁的，一定有隐情，直截了当地说，就是公司认为生还者看上了船上的黄金，水手长是被冤枉定了。后来公司还派人回到荷兰，侦查克里斯托费尔·范迪杰克的日常生活，没有发现诸如大手大脚花钱等特别之处，后来，这事也就不了了之了。可是水手长怎么也想不到，那些黄金在200多年后，落到了哈彻的手上。

正如前书所讲，哈彻确定的沉船事故一定要有生还者的记录，这艘船非常合乎他的要求，这是为什么呢？难道哈彻十分关心那些落难的船员或者乘客吗？当然不是！他真正的意图是通过这些生还者的记录，来大体确定沉船的地理坐标。我们可以发挥一下想象力，40多米长的帆船，对于人来说是庞然大物了，可在大海里，它又算得上多大？只能说算得上多小吧。当有了沉船所在具体海域的信息，搜寻起来相对容易得多。

那么，民丹岛附近为什么会成为哥尔德马尔森号发生意外之地呢？它地处何处？与航海行船有什么关系呢？

盖尔德里亚之德罗格特暗礁紧邻海军上将斯特霖威夫礁，这处礁石位于中国南海水域，距印尼的民丹岛东面12海里有余。民丹岛隶属于印度尼西亚的廖内群岛省，濒临南海，坐落在新加坡南面，位于新加坡海峡东端。这一水域即新加坡海峡，是连接马六甲海峡（西）和

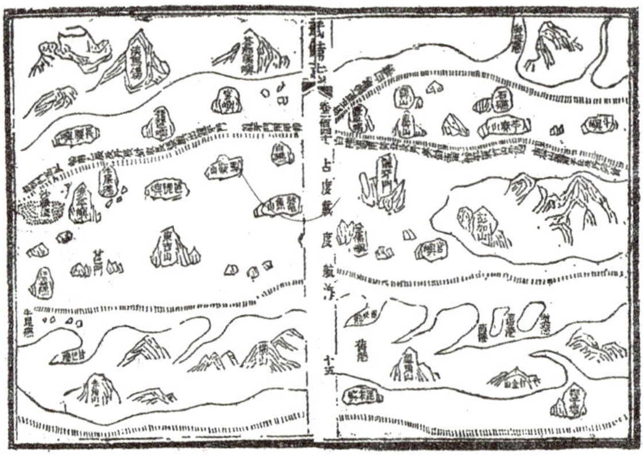

图 1-2
《郑和航海图》之新加坡海峡

南海（东）的航道。根据《郑和航海图》的记载，这里被中国古代航海者称为龙牙门水道（图1-2），它同时也是从古代占城（越南）沿苏门答腊岛东岸至爪哇各港口的必经之路。

民丹岛附近又为何令船只发生触礁事故？原因是民丹岛附近水域礁石、浅滩密布，自古就有认识，例如《两种海道针经》对此地就有记载。

《两种海道针经》对龙牙门的记载有6处之多，《两种海道针经·顺风相送》关于“各处州府山形水势深浅泥沙地礁石之图”龙牙门条：“……石礁多，流水紧，夜间切记不可行船。”其他几条记录中，内容基本相同，可见该地的险恶。哥尔德马尔森号发生意外的时间恰好是天刚刚黑下来的时候，当时的导航基本靠肉眼观察和经验，不幸应了《两种海道针经·顺风相送》中的说法，夜间切忌通过龙牙门，这或许是船只的所谓黑点地区。这似乎也说明了，为什么哈彻在附近水域找到并捞起了两艘沉船。

荷兰东印度公司的沉船档案看起来与中国盗墓者发明洛阳铲有某种相似之处，洛阳铲后来被考古专业

《郑和航海图》

明代航海图。原名《自宝船厂开船从龙江关出水直抵外国诸番图》，后人简称为《郑和航海图》。该图大约成于洪熙元年（1425年）至宣德五年（1430年）间。航程以南京为起点，最远达东非肯尼亚蒙巴萨。图中标明了航线所经之各国方位，航程远近、航线水域深度、航行的方向牵星高度等，并注明了沿线礁石或浅滩。为研究海上丝绸之路的重要史籍。

《两种海道针经》

是我国著名学者向达先生整理校订的中西交通史籍，该书原藏于英国牛津大学的鲍德林图书馆。早年向先生在英国时，接触到了它，并进行了研究和抄写。向先生亲自将它手抄成册，并由中华书局在中华人民共和国成立后刊印发行，以备学术之用。根据向先生研究，该书大约成于16世纪的中国，应当是由传教士从中国带回欧洲的。该书的成书和流入欧洲的时间与哥尔德马尔森号沉没的时间相差不多。

人员应用在文物保护中，而沉船档案被哈彻用了，真是一种悲哀。所以，耿宝昌先生也曾回忆说，谈起南海沉船的分布，哈彻比谁都熟悉，但是，它也有正面的价值：类似这样的地点也为从事水下文物保护的专业人员提供了许多有价值的信息。

很快，哈彻通过半年多的伪装学术活动从东印度公司档案中了解了哥尔德马尔森号比较具体的沉没位置，确定了目标之后，哈彻就开始准备筹备寻找和打捞的事情，先是通过朋友关系，筹得一笔风险资金，用来购买设备和租用船只。他的队伍也拉了起来，冠以海上探险队的名称，他给自己封了个比较客气的官衔——海上探险队队长。哈彻的主要装备是声呐、金属探测仪和福康484定位仪，他的主战场就在民丹岛附近海域。而且，他有1983年曾经在附近打捞过“中国平底帆船”的经验，可谓轻车熟路。因为当时寻找沉船的一般套路是确定搜寻的水域，并在海图上做好规划，即划分出一个个的方格，每个方格有几平方公里或更大些不等，然后再设计好测线，船只装载着声呐或者金属探测仪，沿着测线走，如果遇到海床有起伏并导致金属探测仪有强烈反应的疑点，即使用GPS记录下地理坐标。完成这些工作之后，潜水员下潜到疑点处，或者挖开泥沙观察下面的埋藏情况，或者采集有关标本到水面，在水面对采集的标本进行分析研究，以确定它的性质是否是沉船的货物，至于确定具体船只名号，需要有专指的史料方可确认，例如，有文字证据等。

1984年春末，哈彻队长的各种准备已经停当，他率领着自己的寻宝舰队，开入民丹岛东部暗礁密布的水域。他先在海军上将斯特霖威夫礁附近进行搜寻，继而转到相邻的盖尔德里亚之德罗格特暗礁。这显

向达

著名历史学家、中外交通史专家。湖南溆浦县人，曾任北京大学历史系教授、图书馆馆长，中国科学院哲学社会科学部委员，“文革”中不幸辞世。向达先生著述颇丰，其中在抢救和整理中西交通文献方面有独特贡献：向达先生在北京图书馆发现失传的明代《西洋番国志》，1959年校注出版；同年整理出版《郑和航海图》、《指南正法》、《顺风相送》等重要古籍。

示了他作为商人的狡黠，他想：万一那位水手长在所说的地点稍有偏差，在海军上将斯特霖威夫礁附近找到哥尔德马尔森号的可能性也是存在的，至少这里曾经找到并打捞了一个意外的“中国平底帆船”，说明海军上将斯特霖威夫礁附近是当时沉船事故的多发区。但是，春天的搜索并没有结果，随着台风季节的到来，他只好返航了。

对财富的向往像核能发动机一样驱使着哈彻。秋天，他的舰队又来了，他指挥着手下，转战盖尔德里亚之德罗格特暗礁附近水域，结果和春天一样，连续的搜索还是毫无结果。随着真金白银的开支像打水漂一样沉入水底，他的心态也越来越像赌徒了。冬天，水温低于16℃，此时进行潜水活动就会危及人的生命，虽然他不得已又无功而返，但心里已经下定决心，明年再来!

1985年5月11日，哈彻的舰队在盖尔德里亚之德罗格特暗礁附近水域连续搜索了两周后，好运又一次降落在他的头上。金属探测仪确定了疑点之后，他和手下潜到金属探测仪发现的海底疑点处，看到一处像垃圾一样的堆积，但是清出污泥，采回标本，他得到了几件至关重要的沉船遗物。

两门青铜铸炮：一门镌有“VOC”（荷兰东印度公司Verenigde Oost - Indische Compagnier的缩写）字样，铸于1702年；另一门镌有“VOC”鹿特丹商会字徽，铸于1705年。

一口青铜钟：高47厘米，铸有“ME FECITCIPRIANUS CRANS JANSZ ANNO 1747”铭文，1747年正是哥尔德马尔森号建成的年代。

一个药瓶：上有“F.B.”标记，它是见于哥尔德马尔森号航海档案的外科医生“Frederik Berkenhonwar”的姓名缩写。

由于哈彻对哥尔德马尔森号的有关记录烂熟于心，当他清洗干净这几件标本后，他心里基本已经有了肯定的答案：这就是他要找的哥尔德马尔森号!

经过半个多月的挖掘，船体基本暴露了出来，接下来哈彻关心的就是档案中所说的黄金了。哈彻知道：与哥尔德马尔森号同时期的商船，即在1735～1760年间，可不是每艘荷兰商船上都运载有黄金，而载有黄金的船只中又只有两艘失事沉没：一艘是恩克惠曾号（Enkhuizen），沉没于1741年；另一艘就是哥尔德马尔森号。根据档案的记载，哥尔德马尔森号上的生还者——船长简·迪德里克·莫雷尔的厨师阿诺尔德（Arnold）曾经说，船长曾命令他与另一位水手将一个木箱从他的房间抬到甲板上，木箱很重，应该是黄金。哈彻亲自在甲板范围进行搜索，最终，这箱黄金被他找到了！此后，他一声令下，从5月28日到6月22日近一个月的时间里，他们像拆房子似的，将哥尔德马尔森号开膛破肚，使用大功率抽泥机和水枪，进行所谓的清理，抽泥机喷出大量的瓷器碎片和茶叶，根据船只档案的记载，该船共装载了239000件瓷器，被哈彻打捞上来的有168000件，仅仅对瓷器的破坏至少达到数万件！而所谓沉船保存的历史瞬间更是荡然无存！这就是哈彻的转型，成了真正的专业盗宝者，难怪澳大利亚的一些媒体曾经给他起了一个恰当得多的名字——水底海盗。

不仅如此，哈彻在拍卖操作上也更加专业，他与拍卖方一同策划、组织，包括撰写出版了有关书籍，组织预展、宣传自己的拍卖项目，给拍卖的这批文物取名“南京货物（Nanking Cargo）”。这是当时欧洲对来自中国的商品的统称，还打出了“200年前订货，今天到港”的广告语，算是煞费苦心。从策划到拍卖结束，长达9个月，拍卖总额达到2500万美元！对于嘉士德来说，这是它成立二百余年来单个项目拍卖收获的顶点。哈彻的打捞和拍卖，超越了拍卖行与收藏行业，扩展到艺术界和学术界，以至于普通民众，也有的西方媒体称他为“最成功的探险者”、“最出色的海洋探险家”、“当代最成功的寻宝人”，按照哈彻自己的说法：“沉船寻宝是一种古典童话，今天竟梦想成真！”一时间可谓是甚嚣尘上。

与哈彻的行径相反，对于哥尔德马尔森号沉船惨遭拍卖的黄金和瓷器，欧美的海洋考古学家和历史学者自拍卖时起至今，进行了大量的对比研究，使得我们对于这些命运凄凉的文物所反映的历史面目能有所了解，当中还包括了那时候中西贸易的一些细节。

西方学者认为：哥尔德马尔森号沉船出水的瓷器主要来自中国景德镇的民窑，绝大多数是青花瓷器，还有少数“中国伊万里（Imari）瓷器”和釉上珐琅瓷器，釉上珐琅瓷器大部分颜色已变成浅黑色，保存状况不佳。

根据当年参加过拍卖会的耿宝昌先生回忆说：“那次拍卖都是民窑的精品，因为当时故宫藏品都是皇家官窑，所以文物局决定自己买一点回来充实展览阵容，……主要是日用瓷，1730年到1760年的东西。”

当时景德镇生产的瓷器要运到广州集散，先是主要依靠水路运送到赣南，从此改为陆路运输，人挑肩扛经由梅岭古道，翻山越岭进入广东，再转水路抵达广州。装船时以木箱包装，木箱大约170平方厘米×46厘米高。箱内还有分隔，箱外用铁箍加固。档案显示，航运过程中，碎损率有5%～6%。正是凭借如此包装，触礁沉没的哥尔德马尔森号沉船上，虽经过哈彻的破坏性打捞，但仍然有大量瓷器完好无损。

沉船的瓷器还为来样加工方式的瓷器出口提供了新的物证。荷兰商人在17世纪时，已经在日本以来样加工的方式订购瓷器，18世纪时在中国也如此订购。来样加工瓷器的模型在欧洲以木材、金属或陶土制成，由欧洲商人带到广州，然后通过中国商人转至景德镇烧造，制成成品再运回广州，第二年装船运往欧洲。从哥尔德马尔森号沉船上出水的瓷器中可以看出，许多样式的瓷器是专为承应欧洲某些公司的特殊需要而制作的。例如：痰盂，这种瓷器在18世纪40年

伊万里瓷器

17世纪中叶，中国处于改朝换代的混乱中，直接导致了瓷器出口的减少。荷兰人将目光转向了日本，日本瓷器行业就利用这个机会，开始为欧洲的消费者生产瓷器。当时日本烧造的白瓷即伊万里瓷器，其特点在于白瓷的釉下蓝上再加上铁红和金色的面釉，图案是花卉和几何形状的简单或复杂的组合，图案色彩对比鲜明。这类瓷器因通过九州岛的伊万里港被运往欧洲，故被称为“伊万里瓷器”。

1680年，康熙皇帝决意重振瓷器生产，在五年前的三藩之乱中被破坏的景德镇瓷窑得以迅速重建。不仅瓷器生产恢复，随着1680年海上贸易的解禁，瓷器出口也恢复了。这时，中国工匠学习日本“伊万里瓷器”的技法，并烧制出自己的“伊万里瓷器”，即“中国伊万里瓷器”，并且后来居上，到1740年，原属于日本的瓷器市场已基本上被中国占据。

代后期才开始由荷兰东印度公司从中国订造；调味碟，为船只的造型，显然是欧洲银质船形碟的仿制品，平底椭圆，单嘴单把。由于在中国定制外销瓷利润不高，荷兰东印度公司允许私人经营。

船上的金锭根据书信等文件考证，采办于当时的南京。前书说到水手长被公司方面认为图谋将金锭据为己有的认识，看来纯属冤案。据船只档案记载，船上当时装载的黄金共147件，哈彻打捞到了125件。这批金锭有两种形制：一为长方形，每条8厘米×2.5厘米×1.5厘米，共107条；二为鞋形，每个5.5厘米×3厘米×3厘米，共18个。每条或每个约重750克，成色约为20K至22K，带有汉字的印记。这些印记表明制造金锭的商号，即“元记”，同时也说明，它们不是中国政府制造的，而是民间商号所制。当时荷兰东印度公司非常看重黄金，那时候中国的黄金价格在国际市场上非常有竞争力。这批金锭，耿宝昌先生也曾亲眼看到，他认为：“拍品中有125块金锭，其实就有俗称‘南京鞋’的金条。”

由于哈彻的掠夺和破坏，关于沉船本身的一些情况，也就是海洋考古学家们常常说起的历史瞬间的场景，许多都永远消失了。从这个意义上说，他是公然破坏水下人类文化遗产！他的行径除了中国之外，在欧美和澳大利亚等地也激起公愤。

在哈彻进行拍卖宣传活动期间，荷兰维京博物馆（the Netherlands Rijksmuseum）海洋考古学家巴斯·克斯特先生（Mr Bas Kist）代表有相同主张的欧洲大学、博物馆等学术机构，专门组织记者招待会，表明观点。他说：“我们想让荷兰政府知道，哈彻的行为使珍贵的历史资料化为乌有，呼吁人们抵制这次拍卖会。”哈彻闻声，想进入会场，向记者和学者们做些解释，试图维护自己的名声，但令他始料不及的是他被公开拒绝进入会场。看来名利双收的事情很难啊。

澳大利亚国立博物馆的网页上，现在仍然有网页介绍哥尔德马尔森号沉船，并对哈彻的行为给予谴责。曾经在20世纪80年代后期，哈彻想在澳大利亚进行拍卖活动，不仅被媒体广泛批评，最终没有得到政府的许可。但哈彻也有收获，他得到了媒体所封“水底海盗”的恶名。

联合国教科文组织于2001年公布的《保护水下文化遗产公约》中，将哈彻打捞哥尔德马尔森号沉船以及他后来打捞泰星号沉船，梅尔·费雪打捞阿托查夫人号沉船共同列为商业性打捞对人类文化遗产的破坏与威胁，哈彻拔得头筹。

最新的消息是来自新加坡的《联合早报》，2010年5月1日一篇题为《印尼追捕非法海底寻宝者》的报道如下。

（雅加达法新电）印尼警方昨天宣布，他们正在追捕海底寻宝者迈克·哈彻（Michael Hatcher），现已下达命令禁止他离境。

去年九月，印尼警方拦截了两艘船只，上面载有哈彻试图偷运出印尼的2360件中国明代瓷器。印尼警方表示，这正是他们追捕哈彻的原因。

印尼国家警察总探长苏玛迪说：“因为他（哈彻）盗窃了这些珍宝，我们已从星期四开始禁止他离境，现在警方正在试图找出他的藏身之处。”

有官员前天表示，当局已找到“有力迹象”，证实哈彻对雅加达以北爪哇海峡中的沉船进行了非法打捞。如果哈彻最终罪名成立，他将面临五年监禁，以及5000万印尼盾（约7600新元）罚款。

关于哈彻的最新消息，令人感到冥冥中似乎是早定好的一个结果，只不过出现在什么时间，什么地点而已。

中国瓷器以如此悲剧的方式来体现它们的价值，狠狠地刺痛了中国人，随即，中国人对哈彻的行为做出了自己的反应。在此，引用耿宝昌先生后来的话，已经很清楚了：“3万美元最后分文未动带回了北京。回国后没几天，国家科委就召开了第一次国家的水下考古工作座谈会。”中国政府启动了创建自己的水下考古事业的进程。

中国和西方，乃至代表人类世界的联合国教科文组织对哈彻的行为都做出了相应的反应。除此之外，这件事情还令一位叫作罗伊·马丁（Roy Martin）的英国人也做出了反应，而马丁的反应所付诸的行动直接导致了南海Ⅰ号的发现。

那么，马丁是谁？他又和南海Ⅰ号的发现有什么关系呢？

2007年12月26日，《南方都市报》记者撰文，题目《南海Ⅰ号或为元代沉船》，此文使在南海Ⅰ号出水之际，引出了当时直接发现南海Ⅰ号的关键性人物罗伊·马丁。20世纪80年代，由于马丁的公司与中国有关方面的合作，发现了南海Ⅰ号。南海Ⅰ号整体打捞出水后，马丁在自己的网页上说："如果我们能将找到的沉船（指南海Ⅰ号）和船货拍卖，他们（指中国人）一定会记得我们。"虽然是句带有感情色彩的气话，但回首1986年哈彻拍卖事情发生的背景，我们可以推断，马丁20多年前来中国寻找和打捞沉船，求财恐怕是真正的目的。

马丁现年70多岁，出生于英格兰的南安普顿。南安普顿历史上就是一座海港城市，直到今天，该市的游艇行业在世界上都占有重要的地位，由于产业发展的缘故，城市具有显著的海洋文化特点。1953年，罗伊·马丁在货轮上当学徒，开始了海员生涯，60年代初期，进入里斯登比兹利公司，那是一家老牌的英国沉船打捞公司，1979年转入施密特国际公司，担任东南亚地区总监，1985年退休。由于他长时间从事海上救捞工作，退休时已经是大师级的海员了。虽然70年代以后，马丁不必整日在船上颠簸、在海水里泡着，但那些工作也给他刻上了深深的印记：消瘦高挑的身材，红脸膛上几条深深的纹路，鼻子上架着副眼镜。马丁在哈彻拍卖事件后，被拍卖的巨大利润所吸引，他与老伙伴莱尔·克雷吉–哈克特（Lyle Craigie - Halkett，也被中国人称为赖浩杰），一同策划进行了另外一起寻找、打捞荷兰东印度公司沉船的事情。

关于这件事情，马丁如是说："1987年，我们搜寻VOC（荷兰东印度公司）的商船RIJNSBURG的记录，它在中国的海岸附近遭遇台风并沉没了。我们的领航员凯文·史密斯与小组负责人Lyle

Craigie - Halkett（莱尔·克雷吉–哈克特，赖浩杰）讨论了档案记录，莱尔·克雷吉–哈克特是海测团队的主任。……”

马丁所说的这艘船，名为莱茵堡号（RIJNSBURG），关于它的记载经过笔者整理之后，概述如下。

该船由荷兰东印度公司于1765年建成于荷兰的泽兰省（Zeeland），吨位850吨，关于它航行的记录有四次：

（1）1768年7月25日它从荷兰的雷马根（Rammekens）出发，目的地是巴达维亚。同年12月21日达到好望角。那时的好望角是荷兰的重要殖民地，当时从欧洲航行到东南亚的航线是沿着非洲大陆西海岸向南航行，至好望角折向北进入印度洋，至此完成航程的一半，水手们基于对下半程的美好期望，因此称此地为“好望角”。1769年1月14日，莱茵堡号离开好望角，4月27日，到达目的地巴达维亚——东印度公司总部所在地。指挥莱茵堡号的船长是肯·惠博瑞查特·范·德（Kneu, Huibrecht van der）。

（2）1769年5月21日，在另一位船长赫曼·H（Huurman, H）的率领下，从巴达维亚出发，返回荷兰，1770年2月13日到达目的地荷兰的泰克赛尔（Texel）。

（3）1770年10月1日从泰克赛尔（Texel）出发，第二年5月2日到达好望角，5月2日离开好望角，5月29日到达巴达维亚。船长是罗伊洛夫·肖特（Roelof Schot）。

（4）1771年7月2日，仍然在船长罗伊洛夫·斯克特的率领下，莱茵堡号从巴达维亚出发，开始了前往中国澳门的航程。但在中国阳江对开海域，遭遇台风沉没。

有包括大副在内的五位船员生还，记录中关于他们遇险和生还的故事如下。

据大副说，他们的莱茵堡号航行到上下川岛海域遇到台风后触礁沉没了，他们以为自己肯定也要见上帝了，他们抱着船板等漂浮物，在海里折腾了一整夜，第二天被冲到岸上，分别被中国渔民救起，并送到了广东省设在广州的官府，在官府问询之后，就把他们放了，于是他们来到澳门寻找回家的班船。最终，他们搭乘一艘英国商船回到自己的家乡。

十分凑巧的是，莱茵堡号的大副和另四位生还者搭乘的由伊尔船长带领的英国商船，也曾遇到了相同的台风，但他们很幸运，提早抛锚，躲过了台风，并很快到达澳门。可是莱茵堡号就没那么幸运了。直到伊尔船长到澳门后的第五天，在码头才遇到莱茵堡号大副，大副和另外四位水手要搭乘伊尔船长的船回欧洲，在船上，两人还聊了一阵。这一段儿，在伊尔船长的航海记录和莱茵堡号的记录里全都有，可以相互证明。而具体发生海难的地点根据大副回忆，他们撞上的礁石，就是大小帆石。这一点与英国伊尔船长的日记所提到的遭遇台风的地点基本吻合，当时英国船只还在大小帆石以西海域。

在五位生还者离开澳门不久，荷兰东印度公司在中国购买了赫斯太尔德号（HERSTELDER），替换了莱茵堡号。

根据荷兰东印度公司的记载，莱茵堡号最后的航程中，装载的货物大体如下：

385.5吨锡锭、6箱白银，还有136吨胡椒及可可、棉布、毛皮等货物。

写到这条史料，当中还有一个小插曲：在资料收集过程中我们发现当年英国人检索到的荷属东印度公司“Rijnsburg”号，在汉语的文献中被称为“RHYNSBURG”号，就此问题我们专门请教了荷兰鹿特丹海事博物馆的专家，根据荷兰方面专家的介绍，语言学的原则，ij、HY可以互通，也许类似中国古汉语中的通假吧。由于荷兰方面的文献均使用“Rijnsburg”号，因此本书也就统一使用这个名称，而没有使用以往汉语文献中的“RHYNSBURG”号的称呼。

根据哈彻打捞哥尔德马尔森号的经验，莱茵堡号的货物——至少那些有色金属是仍然存在的，并可以换成相当可观的现金。

这些就是马丁和他领导的团队从沉船档案中所找到的内容，我们至今虽然都无法确定马丁是否与哈彻相识或有过交流，但从马丁所搜寻的档案资料中仍可以看到些两者之间的联系。

相同点：①莱茵堡号和哥尔德马尔森号都是荷兰东印度公司的商船；②两艘商船虽然遭遇了灭顶之灾，但都有幸运的生还者，并且还将发生海难的大致地点记录了下来；③两艘船上都有数百吨的货物。

不同点：①莱茵堡号最后的航程目的地是中国，因此船上的货物应当是从巴达维亚装船的，而哥尔德马尔森号刚好相反，虽然如此，但莱茵堡号的白银和锡锭仍然价值不菲；②莱茵堡号的沉没地点由于有两个档案记载，可以相互印证，因此，准确性更高些。

比较之后，不难发现，哈彻的档案研究套路已经被马丁所掌握、应用。美国一位作家在一部关于寻找沉船宝藏的书中曾经说过：海难是上帝写了一半的剧本。现在马丁已经将上帝写的这一半剧本拿到手里，接下来的另一半又如何呢？

第二章

云帆重现

马丁受到海难故事鼓舞，作为那后半截的“编导”、“制片”，他决定兵分三路继续着故事的演进。

第一路，马丁在英国南安普顿立即注册了名为“海上探险和救捞公司（Maritime Exploration & Recoveries PLC）”。顺便提一句，马丁曾经对中国人在南海Ⅰ号打捞成功后，及之前的有关文章和报道中，基本没有提到他公司的具体名字感到耿耿于怀。公司的英文原名中，还有“PLC”三个字母缩写，对此，非常有必要介绍之。这三个字母是如下三个单词：Public Limited Company，比较准确的翻译是“可以公开募集资金的有限公司”。这也是欧美国家进行沉船打捞行当的一贯做法，以此方法募集资金的同时分担风险，毕竟寻找和打捞沉船是风险非常高的行业。这一步骤，使得马丁有了运作寻找打捞莱茵堡号的平台和资金。

第二路，准备寻找沉船所用的设备。从他们1987年进行搜寻时所用的设备来看，与哈彻的装备基本类似，都是利用旁侧声呐、金属探测仪和地理定位的相关仪器再加上一艘工作母船。这一系列工作马丁安排自己的老友莱尔·克雷吉–哈克特负责落实。

第三路，如何合法进入搜寻水域并开展后续工作，对于马丁来说，这才是重中之重！何者？根据莱茵堡号的档案记载，它所沉没的水域位于中国领海，中国不可能任由外国人在自己的领海内随意打捞沉船，这一点，马丁及他的合作伙伴都十分清楚。但是，1987年，正是中国改革开放第九个年头，引进外资和国外先进技术，发展自身的经济，增强自身国力，是当时中国对外交往与合作的主旋律，这给马丁带来很高的期望。这件事办不成，其他准备都等于白搭。因此，马丁亲自披挂上阵，与中国有关方面接触洽谈合作事宜。

根据广州救捞局总工程师室译员陈日喜回忆：“1987年年初，马丁先生通过在香港从事海损理算工作的朋友介绍，来到交通部广州救捞局，表达了合作打捞荷兰东印度公司沉船的意向，并称珠江口海域有打捞价值的沉船达300多艘，非常希望与广州救捞局建立长期的合作关系。”

说到这里，我们不妨回顾一下当时中国的有关法律。那时，

《中华人民共和国文物保护法》已经颁布实施了五年，但是，关于水下文物的规定仅见“第四条 中华人民共和国境内地下、内水和领海中遗存的一切文物，属于国家所有。”客观地说，这一法条规定有些过于概括，没有具体说明水下文物所包括的具体内容，这一条在后来颁布的《中华人民共和国水下文物保护条例》中得到了补充和具体化。当年，从寻找和打捞沉船的角度，按照中国条块分割的行业管理架构，这事儿是以交通部门为主进行的，那么当时交通部门对于沉船打捞又有什么规定呢？

1957年颁布实施的《中华人民共和国打捞沉船管理办法》规定进行沉船打捞的是港（航）务部门，同时对沉船和货物的所有权有如下规定。

……

第七条　沉船所有人除遇有特殊情况向有关港（航）务主管机关申请延期并经核准外，在下列情况下即丧失各该沉船的所有权：

（一）妨碍船舶航行、航道整治或者工程建筑的沉船，在申请期限以内没有申请或者声明放弃；或者打捞期限届满，而没有完成打捞；

（二）其他不属于第五条规定范围的沉船自沉没之日起一年以内没有申请打捞；或者完工期限已经届满，而没有打捞。

第八条　有关港（航）务主管机关根据第四条规定所捞起的船体、船用器物、货物或者解体所得的钢材、机件等，在无法或者不易保管的情况下，可以作价处理。沉船所有人自船舶沉没之日起一年以内，可以申请发还捞起的原物或者处理原物所得的价款，过期如不申请即丧失其所有权。

……

1962年颁布的《中华人民共和国打捞沉船管理办法补充规定》对无主沉船和物资又做了比较详细的补充规定。

……

（七）捞起的无主沉船和物资，应按以下规定处理：

1. 船舶和船用机械，应经港（航）务主管机关验船部门鉴定；有修复价值的，应当修复使用；确无修复价值的，应经办理船舶报废手续后处理。

2. 军用物资应经有关军事机关检验，有军用价值的，交军事部门处理，没有军用价值的，仍按一般物资处理。

3. 有历史价值的船舶、器材、文物等，应经有关机关鉴定后处理。

4. 从沉没有国际航行船舶上捞起的进口物资，或从外籍沉船上拆下的材料等，应按《海关对于打捞沉船物资的监管办法》处理。

5. 国内、外货币，金银和珍宝等，应上缴国库。

（八）交通部打捞专业机构捞起的无主沉船和物资，应报交通部统一处理：地方打捞单位捞起的无主沉船和物资，由各该省、自治区人民委员会或其指定的单位负责处理。

……

上述各种法律、法规，对沉船打捞的工作程序、财产所属有了基本的界定，但与外国机构或个人在中国领海合作寻找和打捞沉船，不要说改革开放以来，即使是中华人民共和国成立以来都是大姑娘上花轿——头一回。广州救捞局在与马丁初步接触后，立即向上级主管单位交通部救助打捞局汇报了情况，该项目引起了交通部救助打捞局领导的高度重视：出于引进先进技术等方面的考虑，对合作探测和打捞莱茵堡号沉船采取了主动的态度，认为有合作的空间和必要；同时，也要保护国家利益。除了交通部门以外，至少还涉及军事、文物两大部分，均需得到相关主管机关的许可。因此，在慎重研究之后，委派时任交通部救捞业务处副处长、救捞工程师张代吉具体负责处理与英方的洽谈工作。

回忆起这段经历，张代吉说：

与外国公司在中国沿海水域合作打捞外国古沉船，对交通部救捞局来说是第一次。由于涉及国家文物、安全、环境保护等方面的问题，交通部救捞局对这次打捞行动非常重视。我走访了多个政府部门和军队机关，协调国家文物局，最终林斯堡号探测打捞工作获得了批准。

张代吉所说的“林斯堡”号实际上就是莱茵堡号，翻译方法不同而有不同的叫法。

陈日喜是谈判阶段的参与者和见证者，对于谈判阶段的事情他记忆犹新：

交通部救捞局必须把国家利益放在首位，与英方的谈判进展得非常艰难。我们要求打捞必须由中方监管，捞获物品必须由双方人员登记造册，并得到海关批准方能出境。打捞必须限定协议标的，非协议标的船只不得进行打捞。经过几次艰苦谈判，1987年7月，合作协议最终在北京燕京饭店签署（图2-1）。协议还连带一份租船合同，由时任广州救捞局总工程师室译员陈日喜代表单位签署。

图 2-1
马丁与张代吉的合影

经过接近一个月的谈判和协调，中英双方达成协议，协议的主要内容是双方合作进行莱茵堡号的探测与打捞。协议的内容是英方出钱并提供各种探测仪器，租用救捞局的船和人，如果是黄金、白银等就要按当时的市价卖给中国政府，如果是锡锭则拍卖后与中国政府分成，打捞上来的文物无偿交还中国政府，如果遇到中国文物则终止打捞合同。

对于马丁而言，直至谈判阶段为止，事情基本按照他预想的方向在进行，但也有些不甚合意，即如果碰到的是中国文物就要终止合同，好在还有白银压底儿吧。合同签订后，按照惯例，在英国一家航运专业报刊上刊登招募投资人的广告，筹集探测打捞莱茵堡号所需的资金。正如本章开始所言，为何公司名称中有“PLC”之英文缩写，这样性质的公司在英国即可公开募集资金。很快，资金也如期到位，接下来就要进入实质性阶段了。

实质性阶段的首要工作就是进行进场前的准备工作。具体承担探测作业的是穗救207轮，合同签订后的第三天，该轮就奉命开赴香港，接载由英方提供的各种探测仪器设备，以及英方人员和在香港采购的生活用品。

中国方面现场参加莱茵堡号打捞的工作人员主要有：

尹干洪总指挥，负责探测打捞工程的现场总指挥工作；黄景潜水指挥长，担任探测打捞现场潜水打捞的指挥工作；陈日喜翻译，承担探测打捞工程的现场协调和翻译工作；吴何江打捞工程师，负责现场打捞技术工作；严益源船长，当时系穗救207拖轮船长。此外，还有广州救捞局的潜水员们。

英方现场主要工作人员有：

莱尔·克雷吉-哈克特（中文名赖浩杰）为英方工作现场负责人；凯尔文（Kelvin）为设备操作员，负责现场探测工作；蔡先生（香港人）为设备操作员助手，协助凯尔文操作探测设备；丹尼·麦克唐纳（Danny McDonald）担任现场勤务工作。

如果说马丁是中英合作寻找打捞莱茵堡号沉船的发起人，那么，南海Ⅰ号发现过程中方的关键人物首推现场总指挥尹干洪。

尹干洪，福建浦城人，1977年从上海海运学院（今上海海事大学）大学毕业，所学专业为船舶驾驶，1987年时任交通部广州救捞局调度室副主任。从基层做起，令他具有丰富的实际工作经验，而长年的海上生活也练就了他认真坚韧的性格。在他的职业生涯中，打捞沉船和海上抢险的事情如同家常便饭。但是，此次作为广州救捞局与国外第一次合作，要从寻找沉船开始，那还是第一次！这份任务让尹干洪感到压力不小，他知道，在浩瀚的大海，特别是海底，仅仅根据200多年前的档案记载就能找到一艘沉船，可不是件容易的事。

大约是1987年7月10日前后的样子，双方人马集结在广州救捞局位于深圳蛇口的码头，登上穗救207拖轮一同前往探测工作现场——广东台山上下川岛西南海域。穗救207上装备的设备有测量定位系统、声呐和金属探测仪器，此外还有重任201驳船随行，驳船上安装了70吨起重能力的吊机（图2-2）。

图 2-2
中英合作打捞之工作船及小艇

此次探测打捞工作由英方提供的三套设备在当时来说是比较先进的。其中测量和定位设备主要用于探测水域疑点或沉船的经纬度确定，试想，茫茫大海上，缺乏地表的参照物，凭肉眼无法确定沉船或疑点的准确位置，再加上海流的作用，即使探测到什么，潜水员下水可能就偏离了工作水域，上下川岛西南水域水下能见度很差，后来的南海Ⅰ号水下工作充分证明了这一点。水下寻找沉船，即使是能见度很好的海底，完全凭借潜水员的人力也几乎是不可能的。首先在于海域的辽阔和潜水员在一定水深状况下可以安全工作的时间简直不成比例，20多米水深的区域，潜水员在水下活动的时间只有20分钟至半小时，再加上能见度低，搜索不是靠眼睛，而主要是靠手探摸。因此，要有效率地进行水下搜索，必须依靠水下探测设备进行搜索，发现疑点后，再派潜水员下水探摸，并采集标本回水面，确认是否为沉船遗物。英国人提供的声呐设备就是水下探测仪器，这种设备在中国当时的民用领域还几乎是空白，从声呐分类的角度来看，英国人搜寻莱茵堡号使用的是主动声呐技术仪器，它由声呐仪主动发射声波“照射”目标，而后接收水中目标反射的回波以测定目标的参数。这种声呐适用于探测冰山、暗礁、沉船、鱼群甚至是关闭了发动机的潜水艇，具体到莱茵堡号的搜索来说，声呐仪可以探测到海底地形的起伏变化，并通过仪器形成图像，船只沉入海底之后，如果没有太多的附着物或者没有完全被淤积的泥沙掩埋，图像上可以显示出沉船的大致轮廓，技术人员通过对图像的判读，确定是否为沉船疑点，大大提高了沉船搜寻的效率和准确程度。如果说声呐搜寻的对象是那些被泥沙掩埋较浅的沉船，那么，当沉船位于淤积严重的海域时，它所起的作用就不是很明显了，因为当泥沙淤积很快，并将海底船只掩埋到一定深度时，海床表面（海底表面）已经较为平坦，沉船的起伏形状也会随之不明显，这时，声呐的作用也随之降低。穗救207上还装载了一种称为金属探测仪的设备，可以弥补声呐的不足，金属探测仪的工作原理是利用振荡线圈的电磁感应来探测金属物体，还可以透过非金属物体，比如木材、土壤、甚至水层，探测到被掩埋或遮盖的金属物体，民航机场安检用的金属探测器也是根据这个原理制成的。按照档案中的记载，莱茵堡号上至少有几种金属可以成为探测的目标，与声呐仪类似的是，如果金属探测仪有明显反映，即可确定为沉船疑点，此时即可派潜水员下潜一探究竟了。

穗救207拖轮等船舶设备到上下川岛搜寻水域后，工作人员先乘快艇来到附近岛屿架设测量定位仪器，测量定点，建立地理坐标；另一方面，将探测水域进行图上划分作业，分割好探测区域，以防止漏测。探测开始，穗救207拖轮沿着设计好的测线前进，到达设定测线的另一端时，船只掉头，探测另一条测线，如此往返重复，将设定的探测水域全部走个遍。每当声呐或者金属探测仪发出信号，潜水员就下水探摸。探测工作开始了十多天，潜水员也下潜了好多次，可从海床表面捞上来的不是现代船板就是水泥船残件等，几乎没有任何进展，好像这片水域不曾有过船只发生过海难似的。

探测进行到第15天，上午10点多钟，声呐仪显示出海床表面有一个明显的轮廓，非常接近船只的外形，紧接着，将金属探测仪放到海底，信号马上显示海底有金属。无论是中方人员还是英方人员都十分兴奋，估摸着这回应该是莱茵堡号无疑！黄景（潜水指挥长）下达了潜水员下潜的指令，两名潜水员立即着装下水，他们下水不久，从潜水电话里传回水下情况的报告："摸到一块很大的木头，像船板，但两人搬不动。"这消息着实令大家一阵兴奋，特别是英方现场负责人莱尔·克雷吉–哈克特先生。尹干洪总指挥根据情况作出判断，需要动用吊机了！随即指示抛下定位浮标，打捞工作船重任201被立即调到标位，拉开架势，准备进行打捞。这时，重任201的吊机徐徐放下抓斗，下放到沉船疑点，即目标点进行试探性打捞。很快，吊机的抓斗被提出水面，并将从海底抓上来的东西连同泥沙放在了打捞船的甲板上，可是，满含希望一抓抓出来的东西令人大失所望：确实有一块不小的船板，但是船板上的铁铆钉和挂着的尼龙渔网都说明这是现代渔船遗物，人们感觉好像从浪峰一下子就都跌进了谷底。

陈日喜先生从头至尾参加了探测工作，他还回忆起一些当年的趣事：经过十多天的探测扫海一无所获后，凯尔文决定到附近的小岛上去，对原先设置的坐标进行调整，需要安排小艇和中方工作人员陪同前往协助工作。我方人员个个争着上岛，其实他们是想借这个机会上岸“打地气”，这是船员非常向往的事情。所谓“打地气”，就是整天浮在水面上的人想用脚接触地面，感受大地带来的踏实的愉悦。现场总指挥根据工作的需要，只同意3人陪凯尔文一起去。英方负责人看出了我们工作人员的心思，出面与尹干洪说：毛主席教导我们说“人多力量大”。在80年代能听到毛主席语录，而且从一个外国人的口说出来，倍感亲切。后来我们得知，莱尔·克雷吉–哈克特（赖浩杰）是个毛泽东迷，他对毛主席语录和与主席有关的东西都很感兴趣。在后来的工作中，从他的嘴里常常蹦出语录，让队员们很快乐。

夏天的川岛海域在海边戏水的旅游者不少，享受着阳光、沙滩、海浪，可是在穗救207搜寻莱茵堡号的中英双方工作人员感受的可不是那么回事儿。在钢铁甲板上，骄阳似火，海面还算平静，但反射着强烈的阳光，再加上跌入浪谷的心情，那滋味可以想象。捞上来现代渔船残件后不久，穗救207驶往阳江港补给，又投入到了倍受阳光和失望煎熬的搜寻航程中，一个星期就在这样的重复中过去了。第八天，早上9点多，声呐又显示海床表面有一个小小的凸起，英方负责监测仪器的凯尔文先生虽然也看到了，但没有做出什么反应，那个小小的凸起毕竟太小了，很难与排水量850吨的莱茵堡号40多米长的船只产生联系，探测船穗救207继续以缓慢的速度前进着。就在这时，那天说来也实在凑巧，现场总指挥尹干洪一直站在仪器旁边，陪着凯尔文观测，他看到这个情况后，下达了停止前进的指令，并命令穗救207船长掉头，对仪器探测到的疑点周围再做扫测、探摸。潜水员下潜到底后，对反应点大约100平方米的区域做了仔细的探摸，确认了这个小小的海底表面凸起一个长2米、宽1米、高0.5米左右的小泥沙堆。之后，他与黄景商量，要再派潜水员下潜探摸。潜水员接到指令后随即潜入海底，透过阳光，在混浊的海水中，两位潜水员可以看清楚那小小泥沙堆的形状，外表满是渔网

图 2-3
纯金腰带

和牡蛎，潜水员十分吃力地用手从中扒下一块，顺着入水绳上升出水面，将采集的标本带回船上，经过仔细观察，发现潜水员取回的标本是一块木头，外表包裹着胶结的泥沙，而木块本身已经有一定程度的腐朽了。这个发现又将现场工作人员的心提到嗓子眼儿，不过，一会儿，也有人说起了一周前那次打捞渔船板的事情，尹干洪这时没有理会大家的议论，找来莱尔·克雷吉–哈克特先生商量，并做出决定，将重任201拖移过来，再行试捞。

经过紧张的准备之后，吊机的抓斗再次沉入水下，不过，这次试捞大家显然没有第一次那么期待了，随着吊机轧轧作响，抓斗被放在了甲板上，当抓斗松开，散落在甲板上的东西显露了出来：一段木质桅杆，随着桅杆打捞上来的，还有夹着瓷器碎片的泥沙。现场工作人员随即用水枪进行清洗，从中捡起来一件件瓷器。突然，潜水员范亚生眼前一亮，从泥水中看到一件闪着金光的物件，他顺手一抓，抓起一条链子，用力拉了出来，用水冲洗干净后发现，竟然是一条闪闪发光的金链，实际上它是纯金的链子——就是现在知名度很高的金腰带。现场经测量，金链长1.8米，重0.6千克（图2–3）。全体工作人员为之一振，好像所有的疲劳和沮丧都被水冲到大海里了！

当时出水的遗物除了金腰带，还有众多瓷器、金属锡做的壶、亚腰形的银锭等，共达数百件（图2–4～图2–7）。现场总指挥尹干

图 2-4
南海Ⅰ号出水银锭

图 2-5
南海Ⅰ号出水锡壶

洪根据打捞出水的文物判断，这艘沉船应当有些来头，不同一般。他立即向广州救捞局领导汇报，并当场决定：在弄清打捞出水的标本年代和属性之前，暂停打捞工作，还指示穗救207船长在海图上清楚标明沉船位置的准确坐标。

黄景，当时的潜水指挥，现任广州救捞局潜水总监，回忆起当时的情景，也很庆幸尹干洪先生的决断，说道："英国人为了节省成本，采用了最简单的打捞方法，一艘20000吨的驳船，一部100吨的吊机，发现可疑物体，就下成吨重的抓斗放在海里去抓。东西抓上来之后（指南海Ⅰ号第一次出水物品），除了部分金属器件完整，近百件瓷器一下子都烂成了碎片。看到意外之财，英国人很兴奋，加上他们要找的船没找到，就以继续勘查为理由让我们接着捞。当时想想，如果真的这么干下去，瓷器一件都留不下来，那真太可惜了。"

这样的决定当然令让英方现场负责人莱尔·克雷吉-哈克特极度不满，还提出要继续下抓斗，进行打捞作业，尹干洪很认真地对他说："这不是我们要找的莱茵堡号，我不同意继续这样破坏性打捞。"由于打捞施工船舶等设备完全在中方的掌握中，莱尔·克雷吉-哈克特的意见当然也就无法执行了。应当说，莱尔·克雷吉-哈克特根据经验，也清楚地意识到这并不是他们要找的莱茵堡号，姑且不论出水文物的年代，莱茵堡的档案中并没有记载它装载了大量的瓷器。

图 2-6
南海Ⅰ号现场出水瓷器 1

图 2-7
南海Ⅰ号现场出水瓷器 2

根据广州救捞局领导的指示，全部出水物品必须尽快送广东省文物部门进行鉴定。为此，广州救捞局专门从广州调派一艘拖轮到施工现场接载这些物品回广州，黄景和另一位同志负责护送。

消息最先到达广东省文物管理委员会办公室，当时的文管办类似于现在的广东省文物局，具有行政机关的职责，文管办的领导组织了包括广东省博物馆陶瓷方面的专家，对所有出水物品进行了鉴定，初步结果显示：这些文物属于宋元时期（图2-8～图2-13）。

广州救捞局得知初步鉴定结果后，经过慎重的研究并报告交通部救捞局同意后，正式决定现场停止打捞作业，把施工船舶撤回广州。

英国海上探险和救捞公司面对这种情况，根据双方的协议，如果发现文物则必须停止打捞，此时成了事实，他们在万般无奈中，放弃原定项目，工作人员也只好离穗撤回英国。但马丁对这批文物也发表了他的看法，他认为："中国南宋时期是不允许白银出口的，

图 2-8
南海Ⅰ号出水浙江龙泉窑花瓣碟

图 2-9
南海Ⅰ号出水江西景德镇窑系青白釉花瓣碗

图 2-10
南海Ⅰ号出水浙江龙泉窑系
青釉钵

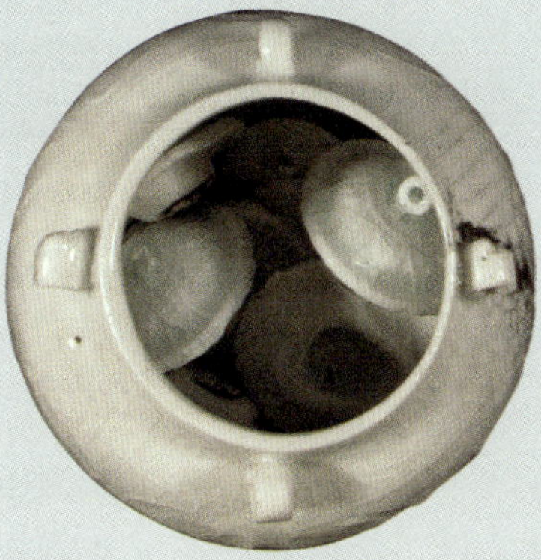

图 2-11
南海Ⅰ号出水福建窑系
白瓷罐

图 2-12
南海Ⅰ号出水福建窑系
白瓷执壶

图 2-13
南海Ⅰ号出水江西景德镇
青白釉碗

但是出水文物中有银锭，而且金质的链子也不是中国传统的样式，因此，作为一艘古代的商船，它也可能属于阿拉伯人、蒙古人或者波斯人。”

陈日喜作为翻译，送英方人员离境时他也一直陪同，毕竟在一起苦过一段日子，大家相处得也不错，人非草木，孰能无情？在南海Ⅰ号整体打捞出水后，陈日喜回忆起这一幕，颇为动情：“临走时，英方负责人赖浩杰（莱尔·克雷吉–哈克特）要求广州打捞局允许他们带走哪怕两件小瓷器，以便向英国的集资人有所交代。广州打捞局的有关同志按照国家法律规定，不能同意他们带走捞获的任何文物。在离开广州回英国的那

在我们轰轰烈烈地进行南海Ⅰ号考古打捞项目时，我将故事说出来，一方面是想与大家分享过去，另一方面是想让大家知道曾经为这个考古项目做出过贡献的人们，包括英国海上探险和救捞公司的工作人员。

一刻，赖浩杰百感交集，悲从中来，在前往机场的车上号啕大哭，场面悲切，令人动容。”

经过认真的鉴定，1987年8月，广东省文物部门正式宣布，在广东台山上下川岛海域发现了一艘宋元时期的沉船，从出水文物推断，它应当是航行在海上丝绸之路航线上的商船，沉船遗址被命名为广东台山海域宋元沉船遗址。

面对这样一小段文字，各位读者可能顿生疑惑，难道前面说的不是南海Ⅰ号被发现的过程吗？如果是的话，怎么名称和年代与今天的南海Ⅰ号并不相同呢？

1987年南海Ⅰ号被发现之初，文物考古工作者根据命名遗址的惯例，确实将它命名为广东台山海域宋元沉船遗址。中国文物考古学界命名古遗址的惯例是以遗址所在的地名来命名的。例如，中学课本中出现的半坡遗址、大汶口遗址等，都是如此。20世纪90年代初，联合国教科文组织发起的海上丝绸之路考察活动也涉及了当时的广东，广东省文物部门为了配合这次行动，编辑出版了名为《广东海上丝绸之路》的文物图录，当中收集了南海Ⅰ号若干件出水文物，包括著名的金腰带；书中对于沉船遗址名称的表述十分明确，即广东台山海域宋元沉船遗址。关于南海Ⅰ号的命名问题，我们留在后面的章节中专门介绍，这里就它的年代问题为读者做些介绍：即原沉船遗址名称中认为它的年代是宋元时期，而今天媒体普遍的说法是南海Ⅰ 号是南宋时期的，这又是怎么回事呢？

从南海Ⅰ号被发现至今，一直有学者认为它属于宋元时期，也就意味着南海Ⅰ号最晚的年代可能至元代。持这种看法的专家主要的依据是出水瓷器的特点，同时，对目前所见最晚的铜钱所见的年号来推断沉船年代表示出异议。

判断一艘沉船遗址的年代，与判断其他考古遗迹现象的年代道理是一样的，即以沉船中所见的年代最晚，并且外形要素变化快的文物为主要依据，那么就南海Ⅰ号出水的文物而言，瓷器是首选。南海Ⅰ号的瓷器中哪些具有元代瓷器的特点呢？

认为南海Ⅰ号属于南宋时期的观点认为：磁灶窑瓷器确实存

图 2-14
南海 I 号出水磁灶窑瓷器

在，且该窑址所出土的瓷器中也有南宋时期的；同时南海 I 号所见的景德镇窑口的瓷器基本上是南宋风格的，并且，还引入了出水铜钱中最晚的纪年为佐证，推断南海 I 号为南宋时期的海外贸易商船。

目前在广东海上丝绸之路博物馆展出的出水瓷器中有一类瓷器是来源于福建磁灶窑者，例如三号展区第4展厅的一件绿釉印花葵口碟即是这类瓷器的代表（图2–14）。该瓷碟釉色呈深暗青绿色，碟口沿仿葵花瓣，上面印有葡萄纹。此外，南海 I 号出水的磁灶窑产品还有青瓷、黑瓷者，还有相当数量的陶瓶、罐，有刻划花也有印花，很多底部写着墨书，例如“黄”、“李大用”等。1995年秋，福建省博物馆对晋江磁灶窑的土尾庵窑址进行了抢救性发掘，发掘面积为100平方米，揭露龙窑残基一段，出土大量陶瓷器。当时发掘的器具分为青瓷（以及青釉褐彩）、酱黑釉器和黄绿釉器三大类，初步推断，土尾庵窑址的年代为南宋晚期至元代。2002年夏季，福建文博部门为配合泉州申报“海上丝绸之路”世界文化遗产，对磁灶窑的金交椅山古窑址进行全面考古发掘，至今已揭露龙窑遗迹4座、作坊遗迹1处；出土陶瓷器主要是青瓷、酱黑釉瓷，器形有碗、盏、壶、瓶、罐、水

磁灶窑

磁灶窑址位于福建省晋江市磁灶镇，因此得名，发现于1956年。烧造时间开始于南朝，结束于清代；宋元时期是磁灶窑生产的鼎盛阶段，产品种类繁多，胎骨灰白而薄，器形主要有军持、瓶、碗、执壶、壶、罐、盘、灯盏、注子、炉、薰炉、盆、洗、盒以及雕塑人物等。釉色主要有青、绿、黄、黑等，装饰技法有模印、堆贴、剔刻、刻划、彩绘等。

南海I号发现之初，李德金等专家观摩出水瓷器，认为有些绿釉瓷器为该窑口元代产品，故曾认为南海I号的所处的时代是宋元之际。

磁灶窑现为全国重点文物保护单位。

注、执壶、盏托、灯盏、灯座等。从废品堆中清理出来的瓷器标本，发现少量的五代瓷器，但大多数仍然是宋元时期的瓷器。经过专家们的研究，磁灶窑以生产外销瓷为主，它兴盛于宋元时期。南海Ⅰ号最早的出水瓷器中也包含有磁灶窑的产品，中国社会科学院考古研究所陶瓷专家李德金先生与广东的陶瓷专家，基本上是依据磁灶窑的产品，将南海Ⅰ号的年代确定为宋元时期，或者说是南宋晚期至元代早期这样一个时间段内。

关于钱币作为遗迹或者沉船的断代依据考古学界早有定论：在有其他文物和遗迹可以作为断代依据时，钱币可以作为断代的佐证，但是不能作为主要依据。

这是因为一种钱币的颁行时间可以看作是它的最早使用时间，例如建炎元宝最早的使用时间可以看作是公元1127年，即建炎年号开始的年代，但它流传使用的最晚年限不一定就是在该年号结束的时候，即公元1131年。历史事实和考古研究的结果告诉我们，颁行新币后，原有流通的钱币并没有立即退出历史舞台，往往是与新币共同流通，有的流通时间还相当长，比如五铢（汉）、开元通宝（唐）等钱币流通寿命特别长。根据广东参加过20世纪70年代西沙水域考古工作的专家介绍，当时在礁盘中发现的明代沉船还可以见到汉晋时期的五铢钱和唐代的开元通宝。南海Ⅰ号目前为止共出水钱币万枚，其中最早的也有五铢（汉）钱。从这个角度来说，南海Ⅰ号发现的钱币用来断代至少要满足两个条件：①穷尽南海Ⅰ号出水钱币的前提下，寻找最晚纪年的；②即使有纪年最晚的钱币，还要与瓷器等其他物证相结合，进而推断出证据间没有矛盾的年代。

南海Ⅰ号发现了，但是等待人们的并不是所谓的豁然开朗、揭开面纱，而是谜团中套着谜团，要真正准确地解开南海Ⅰ号年代的谜团恐怕还要相当长的时日，这也是沉船遗址吸引人的魅力之一吧。1987年夏秋之际，中英合作要寻找的莱茵堡号至今仍然静静地沉卧在那片海域，等待着后人的发现，当初发起寻找莱茵堡号的英国人马丁和他的公司现在又怎么样了呢？

南海Ⅰ号被发现之后，广州救捞局与英国人的合作根据中国法律和双方的协议被终止了。第二年，1988年，马丁和他的公司再次与广州救捞局的船队来到上下川岛西南海域，继续寻找莱茵堡号，一直工作到1989年夏秋。与1987年的工作有所不同，第二次合作过程中，探测船上一直有广东省博物馆的文物工作者随行，以防止再有文物被破坏的事件发生。最近打捞广东汕头南澳Ⅰ号的水下考古队长之一的崔勇就是随船参加工作的人员之一，还有现任珠江航道局副局长的刘胜根，他是当时救捞局方面的现场工作人员之一。由于崔勇与刘胜根的相识，为制订南海Ⅰ号整体打捞方案初期，文物考古机构和潜水工程机构的良好沟通架起了一座合作的便捷桥梁。令他们都想不到的是20年后，两人因南海Ⅰ号再度合作。顺便需要交代一笔的是，马丁的公司在中英第二次合作结束之后，由于没有找到莱茵堡号而宣告破产。从查找荷兰东印度公司沉船莱茵堡号档案到意外发现南海Ⅰ号，直至再次进入上下川岛西南海域的第二次努力，如果说马丁一心想续写海难故事的下半部分，但事与愿违，他意外地找到了一艘满载中国瓷器的古代沉船。故事的发展没有按照他预想的方向进行，他当然也就没有收获到那下半部分带给他的惊喜，相信更多的是失望吧。而今，与那些荷兰东印度公司的沉船不同，我们的南海Ⅰ号，没有档案里的故事，需要未来水下考古人一点一滴地搜集证据，为它书写前传。

正如陈日喜说的，南海Ⅰ号的发现，没有马丁他们的工作是不可能发现的，也许会发现但不知道在何年。所以，无论马丁和莱尔·克雷吉–哈克特处于什么动机，他们与广州救捞局的合作是合法的，因此，在谈到南海Ⅰ号发现的过程时，我们应当也记住他们。现在，马丁和莱尔·克雷吉–哈克特都居住在英国南安普顿，他们从那以后，从事了一些海事历史的研究工作，并于2006年出版了两人合著的书《里斯登比兹利——海上救援者》，马丁现在还在从事二战时期被毁沉没船只的研究，并正在撰写一本名为《潮起潮落》的书。

另一位中方的关键人物尹干洪后来怎么样了呢？当南海Ⅰ号整体打捞出水时，中央电视台节目主持人采访国家交通部救助打捞局宋家慧局长时，宋局长谈到这艘古沉船20年前被发现的过程，他特别提到尹干洪："尹干洪，是发现南海Ⅰ号的第一功臣！"宋局长的评价从发现的现场情况来说，并不为过。事后，尹干洪坦诚地说："当年的文物保护意识不强。因此，此前打捞上来的很多碎瓷片大部分又冲回海里去了。金腰带的出现，我就觉得不对劲，继续用抓斗打捞，就是搞破坏。"讲这番话时，他已经在南海救助局局长任上。主要人物都有了交代，我们的大主角南海Ⅰ号呢？它在被发现后怎么样了呢？

毕竟南海Ⅰ号沉没水域距离大陆最近的港口也有近20海里之遥，所以南海Ⅰ号被发现后，出于保护的需要，并没有如同今天这般地宣传，很显然，这容易招来水底盗贼的惦记。万一出现被盗情况，从最近的港口出发，以公安边防快艇的速度，也要半个多小时才能抵达沉船海域，那时，可能盗贼已经逃逸。所以，最好的保护，就是将南海Ⅰ号继续深藏于茫茫大海之下。依然是蓝天、白云、海浪，似乎什么都没发生过。

它安卧的海域像往常一样平静，但在北京，南海Ⅰ号的发现，却在一个中国人的心中涌起了不小的波澜，在他的脑海中，南海Ⅰ号并不是凭直观能感觉的那个仅仅凸出海床的一个小小泥沙堆，而出水的瓷器和船板经历了时间和海水的侵蚀，已经成为陈迹，在他眼前的是：南海Ⅰ号经历了大自然伟大力量的考验与洗礼，曾经的一艘古代商船不仅没有从历史的视线中消失，反而，它正云帆高张，昼夜星驰在辽阔的海上！他是谁？他就是俞伟超先生，中国著名考古学家，中国历史博物馆馆长，水下考古事业的创始人。1986年，耿宝昌先生一行从荷兰阿姆斯特丹拍卖现场回国后，联名几位专家，上书国家有关部门，建议为了保护祖国的海洋文化遗产，尽快组建中国自己的水下考古队伍。现在，南海Ⅰ号已经被摆上了桌面，它将面临怎样的命运？俞伟超先生与它又有着怎样的因缘呢？

第三章

中国水下考古的起点

如果说，荷兰阿姆斯特丹的拍卖刺激了中国人，使中国水下考古事业的创建加快了步伐，那么也许有人会问：中国的水下考古事业才短短一年多的时间就走完了从无到有的里程么？回答是否定的，这个创建过程实际上经历了相当长的准备阶段，在这个准备阶段中，积累了相当丰富的水下文物资源和线索。

中国有着漫长的海岸线，从鸭绿江到北仑河，其中大陆海岸线1.8万千米，岛屿海岸线1.4万千米。可以通航的内陆水道不仅有长江、珠江、鄱阳湖、洞庭湖等大江大湖，还有人工奇迹京杭大运河。历史上，距今六七千年前的河姆渡遗址还出土六支木质船桨和一件陶舟，证明那时我们的祖先已开始用船、筏载人荷物，来往于水上。从汉代开始的海外贸易一直延续到明清。这样的地理环境和历史人文背景，使得中国的水下文化遗产十分丰富。

自中华人民共和国成立至20世纪80年代初期，我国的考古工作者在广阔的国土及领海内发现了丰富的水下文物，遍布从华北到南海诸岛的辽阔空间，让我们略举少许。

1950年以降，中国台湾文物考古工作者相继在澎湖列岛的通梁、中屯、后寮、吉贝、姑婆、岛屿、七美灯塔、赤嵌、竹湾、虎井等地点采集到万余件宋、元、明、清等不同历史时期的陶瓷器物，其中宋、元陶瓷就近万件，明清陶瓷几十件，基本可以确定为福建古代各陶瓷窑口产品。

1956年，山东梁山县宋金河里发现一艘明代沉船。该船经过复原后可见船长21.8米，艏艉（艏音同首：船的前端或前部；艉音同尾：船的尾部）窄，舯（舯音同中：船体长度的中部）宽，平底。共出文物174件，其中一铜铳有铭文为“杭州护卫教师吴在孙习举□人王宦音保铳筒洪武□年□月□日造”；另一四爪铁锚铭文为“甲字五百六十号八十五斤洪武五年造□字一千三十九号八十五斤重”。

1960年，江苏省文物工作队于扬州施桥的唐宋码头遗址中发现两艘沉船。两艘沉船一大一小，大船用楠木制造，残长约18.4米，复原长度24米，中部宽约4.3米，分隔成5个大的舱位。小船是用楠木刳制的独木舟，长13.65米，宽75厘米。大船内所出的遗物有青瓷钵、四系罐、铁刀等文物，具有显著的唐宋时代特点。

20世纪60年代末至80年代中期，广东省文物考古工作者在珠海市所属范围，陆续发现沉船和相关遗物。1969年，在南水镇蚊洲岛北面的沙滩冲积层中发现并发掘出200余件宋元瓷器，应当属于福建沿海土龙泉窑所产，瓷器成摞分层叠放，还有包装物的草木痕迹。1972年，在三灶草堂湾东面海域约2米深的水下，发现了一处古代沉船，船长20多米，大致属于晚清沉船。1976年，在平沙前锋村的深泥潭中发现三艘古代沉船，其中一艘全长20多米，柚木质外壳板外裹一层铜皮，应为晚清船只。1977年，在担杆镇外伶仃岛海面打捞出14件古代陶瓷器物，系唐代广东新会窑产品，是古代沉船遗物。1985年，在南水镇荷包岛与乌猪岛海域打捞到21件陶瓷器物，也是唐新会窑产品，同样是古代沉船遗物。

1973年，福建省和厦门大学历史系的考古人员在泉州后渚港的海滩上发现一艘宋元沉船。残存长度24.20米、残宽9.15米，复原长34米、宽11米左右。形态呈艏艉尖梢的椭圆形，横剖面呈两侧船腹下鼓的尖底。长方形龙骨和艏柱全长22.15米，肋骨和隔舱板将船舱分隔成13个舱位，每列隔舱板的底部挖有小的水眼作为水密设施。第一、六舱位分别保存两个用樟木做成的大型桅座，沉船中还有丰富的船货、货签和船员用品。沉船上的大宗船货有香料和药物，陶瓷制品中有青瓷、黑釉瓷、白瓷、影青瓷，应分别属于建窑、龙泉窑及泉州各窑口的产品。后渚沉船保寿孔铜钱所见最晚者是北宋宣和通宝，而船舱中年代最晚的铜钱是南宋咸淳元宝。据此，船只沉没的时

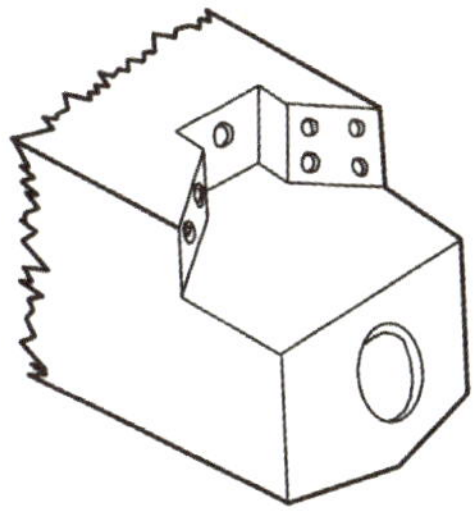

保寿孔

海船建造时，船底龙骨与船艏龙骨是通过榫卯连接的，在船底龙骨的卯眼（凹入部分）挖出的圆孔，为保寿孔，通常为七个小孔和一个大孔，小孔呈北斗星状排列，孔内放置铜钱；大孔有时放置铜镜，象征七星伴月，寓意为明镜照亮七星洋之暗礁险滩，航行平安。它是福船的建造传统。

代被确定为南宋。

1975年，河北省磁县文化馆在南开河发现6艘元代沉船，其造型为典型的北方平底沙船。6艘沉船中的二号沉船保存较好，船长10.08米，沉船中的瓷器以本地磁州窑为主，还有铁质工具及开元通宝和元代八思巴文的大元通宝等钱币。

1975年，山东省平度县泽河东岸的海滩空地上因洪水冲出一艘古代沉船，1976年，山东省博物馆组织了清理发掘。这是一艘双体船，左右两侧分别是由三段粗大树干刳成并纵向连接的加长式独木舟，残余部分船体长20.24米，复原后，推测船长23米左右，宽2～2.82米，独木舟的宽度0.62～1.05米。船材为南方特有的木料——樟木和枫香，所以，推测该船的产地应为南方。沉船所在地层里发现了10余件陶瓷器物和五铢铜钱，青瓷罐残片为隋代产品，五铢钱的笔画和造型也属于隋五铢，因此，它被认为是一艘隋代沉船。

1978年，天津市文物管理处在静海县元蒙口地下的古河道中发掘清理了一艘宋代沉船。船只为方艏艉，平底，长14.62米，最宽4.05米。沉船内出土的瓷器具有明显的宋代特征。

1978年，上海市文物保管委员会在嘉定县封滨杨湾5米深处的淤积层中发现一艘沉船残骸。沉船残骸为船体前部，残长6.23米，尚残存7列隔舱板和7个舱位。侧舷板外部纵向钉合一块护舷的整木，相当于舭（音同比，指船底和船侧间的弯曲部分）龙骨。船舱内发现的砖瓦与上海地区出土的宋墓壁砖相似，米黄釉瓷碗则为宋代江西吉州窑产品。因此，推断它是一艘南宋沉船。

1978年，浙江省宁波市文物考古人员在该市东

五铢钱

五铢钱始于西汉武帝元狩五年（公元前118年）废止半两钱，诏令各郡国铸造的“郡国五铢”。郡国五铢钱文“五铢”二字，光背，因非中央统一铸币，所以郡国五铢形制变化多样。其后武帝时代五铢钱又经历了赤仄五铢、上林三官五铢等改革后，五铢遂成为稳定的法定流通货币一直沿用到隋末唐初。东汉末及南北朝时期虽然有些“五铢”面文有所改变，如北魏太和十九年铸“太和五铢”，面文增加“太和”二字；北齐文宣帝天保四年铸“常平五铢”面文增加“常平”二字，但始终没有脱离“五铢”钱文的形制。隋文帝开皇元年始铸的开皇五铢（又称隋五铢）乃是五铢钱的绝笔之作，隋朝后中国结束了以“铢两”制为钱文的货币名称，改用“通宝/元宝”制。五铢钱从西汉初年一直沿用到隋末唐初，前后历时700余年，是我国使用时间最长的古代货币。

门口宋元码头遗址发现了一艘木结构沉船的残段，残长9.30米，形态为尖艏圆底的龙骨船。沉船内发现少量开元通宝、乾德元宝、元丰通宝等铜钱和零星的船上生活用品，从沉船旁侧之宋元码头遗址中，发掘出土了大量古代瓷器，主要系浙江上林湖窑五代至北宋青瓷，龙泉窑、越州窑宋元青瓷，江西景德镇窑宋元青白瓷、白瓷，福建建窑黑釉瓷等。据此，推断这艘沉船的年代为宋代。

1984年，在山东省蓬莱县登州港的清淤工程中先后发现了3艘古代木质沉船，考古工作者对其中一艘进行了清理发掘，并确定为元代战舰。这艘战舰残长28.6米，残宽5.6米，是当时我国发现的最长的古代沉船，船只尖头阔艉，船型瘦长，复原长度35米，宽度6米，船底采用圆弧形态。沉没的战舰上发现有铁剑、铁炮、铁铳、铁炮弹、灰弹瓶等武器装备；还有瓷器等生活用品，包括龙泉青瓷碗、高足杯、草席、滑轮等。

除内地及附近岛屿，在海南岛、南海诸岛发现颇丰。

1989年，海南省文化厅组织文物考古人员，在海军潜水人员的配合下，于文昌县城东的宝陵港海域发现一艘古代沉船。

西沙群岛是我国古代前往西洋、南洋的必经之地，这里岛礁众多、分布广泛，也是海上航行的危险之地，用现在的话来说，就是黑点区域。丰富的历代沉船大多沉卧在西沙群岛各个礁盘的北、东、西侧。早在1920年，渔民就在西沙礁盘发现了大量钱币，最早的是王莽钱，最晚的是永乐通宝。值得一提的是1974、1975年，广东省博物馆的文物考古工作人员曾两度南下西沙考古，最近笔者还访问了其中的一位——广东省文物考古研究所第一任所长徐恒彬先生。他回忆说，他所参加的是第二次赴西沙的活动，距离中国与越南西沙海战时间不长，虽然远征西沙并不完全是为考古而去，但还是有相当丰富的发现：除甘泉岛、永兴岛有古代居址外，大约10处礁盘、沙滩都有沉船。发现遗物年代最早的是南朝广东窑瓷器，还有唐五代时期广东、湖南、江西各窑口的瓷器；宋元瓷器数量最多，为广东、福建、浙江、江西各窑口的外销瓷器；明清瓷数量次之，主要是广东、福建、江西各窑口的瓷器。打捞钱币数量可观，除1件秦半两外，其他还有唐、宋、元、明四朝铜钱，特别是明永乐通宝，达1215件。此外，还有铜锭、铜镜、铅锌锭等金属制品。在全富岛、珊瑚岛、南沙洲、南岛、北岛、东岛、金银岛都有众多发现。

1936年，东沙岛气象台的工作人员在该岛外约2米深的水下礁盘上发现一批古代铜钱，数量有300多枚，其中最晚的是明代的永乐通宝。

南沙群岛水域的沉船资源虽然发现得比较晚，但相当丰富。

于世界各地，在菲律宾、泰国、印度尼西亚、马六甲乃至印度洋、大西洋、太平洋等地，至20世纪80年代中期都发现有中国的，或装载有大量中国瓷器的沉船。丰富的水下文物和沉船，都反映出古代中国在海上丝绸之路为纽带的国家与民族交往之中所占据的重要地位。然而，那时，我们还没有自己的水下考古队伍，面对这些遗产，中国甚至连开展专业的水下考古调查的能力都没有，而中国南海又不断传来中国瓷器被寻宝者肆意打捞的消息。当时还没有《保护水下文化遗产公约》，仅仅凭借1982年颁布的《海洋法公约》怎能阻止水底海盗呢？水下文物的家底不清楚，又面临着来自国外的种种威胁，应当说中国水下遗产保护的局面相当严峻，又何谈研究？

而当时世界范围内水下考古学处于什么样的状态呢？

自古希腊时期起，人们就对古代的沉船充满了兴趣，古希腊人在地中海海底的采绵中就发现了不少沉船。至19世纪中叶，考古学方法正式在欧洲诞生，1830～1833年，英国著名地质学家查尔斯·利尔（Charles Lyell）爵士在他的《地质学原理》一书中指出，“海底长期堆积起来的人类文化遗存比欧洲大陆上任何时代存在的遗存还要多”。1863年，恩格哈特（C.Engelhart）在丹麦斯列斯威格（Schleswig）的尼达姆（Nydam）沼泽地（现属于德国）中发现了4世纪的沉船，并按陆地考古的方法进行了发掘和记录。这大概是人们从考古学角度第一次系统记录古代沉船信息的工作了。

由于潜水技术的进步，至20世纪初，原始管供重潜技术发明并在沉船打捞上得到初步的运用，1900年希腊组织调查安提基希拉（Antikithera）附近地中海60米深水下的中世纪沉船，1907年英国伦敦文物学会对肯特郡赫尔纳湾（Kent county Hull accepts bay）罗马时期的沉船进行了调查。

第一次世界大战时，出于战争的需要，法国物理学家发明了声呐装置，用来追踪德国潜水艇。这一发明不但是海底探测的革命性进步，同时也为搜寻水下文物或沉船提供了方便的工具。时隔不久的第二次世界大战期间，法国海军发明了自携式水下呼吸器（水肺）之后，为包括考古学在内的水下科学探索提供了最基本的保证。这两项革命性的技术进步，促进了水下考古学的长足发展。

第二次世界大战后，英国于1964年成立了"航海考古学会"，并编辑出版《国际航海考古与水下探索杂志》（*International Journal of Nautical Archaeology and Underwater Exploration*，简称*IJNA*），1965年以来，学会相继调查并打捞了多艘古代沉船。例如，分别发现于布拉斯基特海域和拉卡达（Lacada）海域的西班牙无敌舰队的圣玛利亚·罗莎号（Santa Mariade la Rosa）、希罗娜号（Girona）。1959年，瑞典动用了千余名潜水员打捞出水了瓦萨号（Vasa）。1960年美国宾夕法尼亚大学教授乔治·巴斯（George Buss）（图3–1），带领学生对土耳其格里多亚角海域的沉船进行了水下调查和发掘，这被公认为水下考古学诞生的标志。1967～1971年，英国王储查尔斯还主持了都铎王朝战舰玛丽·罗斯号（Mary Rose）的打捞。70年代后期以来，水下考古学有了明显的发展。吉米·格林（Jeremy Green）在澳大利亚海域的工作相当出色，他也是乔治·巴斯的得意门生之一。从1973年起，他组织了对巴达维亚号（Batavia）等沉船的调查与发掘。1988年，格林领导的澳菲联合考古调查、发掘了吕宋岛西博利瑙（Bolinao）、圣安东尼奥（San Antonio）和民都乐岛北维德（Verde）岛等海域的古代沉船，成果斐然。中国水下考古在六七十年代曾经有过两次探索

图 3-1
乔治·巴斯 2004 年访问中国时与水下考古队员合影

性的行动，据说，时任中国社会科学院考古研究所所长夏鼐先生曾找当时的海军协商西沙水下文物的调查，但未成行。1974、1975年广东省博物馆西沙考古借助其他行业的潜水员，进行了水下的调查活动。1981年，福建泉州海外交通史博物馆邀请了福建省体委军体处和航海俱乐部的潜水员，在泉州湾的后渚港水域进行水下沉船调查，寻找并打捞了郑和时期船队的铁锚和民国时期的沉船，但收获不大。由于潜水力量均来自非考古行业人员，更重要的是并没有在考古学的范畴内开展工作，因此，这些都还不能算是真正意义上的水下考古工作。

可以说，中国人面对着如此丰富的水下考古资源，面对如此落后的学科建设发展状况，又面临着哈彻等人的猖狂破坏与威胁，怎么办？中国人选择了创建自己的水下考古事业，自打耿宝昌先生从阿姆斯特丹回国后，在厚重历史与丰富现实积累条件下的中国人加快了自身行进的步伐。

1986年4月22日～5月2日

文化部文物事业管理局委派故宫博物院陶瓷专家冯先铭、耿宝昌赴荷兰考察，了解中国古代文物在阿姆斯特丹被拍卖的情况。

1986年4月22日

新华社《参考清样》刊登《我国陶瓷专家建议重视水下考古工作》的情况反映，引起党中央、国务院有关领导的重视。

1986年7月9日

国家科委科技促进发展研究中心与文化部文物局联合召开了有故宫博物院、中国社会科学院考古研究所、中国历史博物馆、北京大学、广州市博物馆，以及国家海洋局、交通部救捞局、外交部条法司、海军司令部等单位专家、学者参加的座谈会，研讨在中国开展水下考古工作的筹备工作。

1986年9月

国家科委科技促进发展研究中心与文化部文物事业管理局联合发出《关于加强我国水下考古工作的报告》，党中央、国务院有关领导做了重要批示。

1987年2月6日

文化部发出《关于筹建国家水下考古工作协调小组的通知》。

1987年3月13日

国家水下考古工作协调小组第一次会议在中国历史博物馆举行。会议由文化部文物事业管理局主持，国家科委科技促进发展研究中心、中国人民解放军海军作战部、国家海洋局海洋管理司及科学技术司、交通部救捞局、水上安全监督局、外交部条法司、中国历史博物馆、中国社会科学院考古研究所、北京大学等单位的代表及联络员出席了会议，中国人民解放军总参作战部的代表因事未到会。会议标志着国家水下考古工作协调小组正式成立并制定出今后的工作和规划。

1987年3月25日

文化部文物事业管理局在杭州考古工作汇报会上召集沿海各省区代表召开水下考古工作座谈会。会上通报了有关在我国开展水下考古工作的设想，布置了任务。

1987年4月

中国历史博物馆派代表参加在威海举行的济远号沉船打捞技

术论证会。

1987年6月15日～8月16日

文化部文物事业管理局杨林、中国历史博物馆张威应荷兰文化部邀请赴荷兰学习，参加荷兰北海沉船的调查、发掘工作。

1987年8月

交通部广州救捞局与英国海上探险和救捞公司在我国南海勘察作业中发现一艘中国宋元时期沉船和一批瓷器、银锭等重要文物。

1987年8月20日

国家文物事业管理局发出《国家水下考古协调小组第一次会议纪要》。

1987年9月8日

国家文物事业管理局发出《全国部分省区水下考古工作座谈会纪要》。

1987年9月14日

香港《明报》报道香港渔民在西沙群岛发现两尊中国古代石雕佛像。

1987年11月

根据国家文物事业管理局与国家科委科技促进发展研究中心联合发出《关于加强我国水下考古工作的报告》的精神，在党中央、国务院的直接关怀下，由中国历史博物馆承担，组织成立了中国第一家从事水下考古学研究的机构——水下考古学研究室。

1987年，南海Ⅰ号发现3个月后，中国历史博物馆挂起了“水下考古学研究室”的牌子，第一任主任张威，副主任刘本安，研究室的第一批工作人员还有徐海斌、李滨，后来又加入了孙键（2010年广东汕头

水下考古学

考古学通过对人类历史痕迹的分析来研究人类文化，解释人类文明的起源和发展。水下考古学是考古学的一个分支，研究被水淹没的遗址、人类制品、人的遗骸和地理景观。如果从更宽泛的海洋考古学的角度来看待水下考古学，那么它研究人类与海洋和江河湖泊的关系，与研究船舶制造和使用的航海考古学相互补充。水下考古遗址能提供重要的历史信息。由于水下保存环境的特殊性，因此水下遗址经常能发现陆地遗址所不能发现的材料。

对于中国来讲，有中国特色的水下考古学，其特点是中国境内和领海的大量沉船，以及境外发现的大量古代外销瓷器和沉船。

俞伟超

俞伟超先生祖籍江苏江阴，1933年出生于上海，17岁考入北京大学。经过五年的系统学习，大学毕业后，分配至中国科学院考古研究所工作。1957年他再次进入母校北京大学，攻读副博士学位（50年代，中国全面学习苏联，副博士是俄式说法，相当于我国现在的硕士）。研究生毕业后，留校任教于历史系考古专业，历任讲师、副教授、教授，北京大学校学术委员会委员。1985～1998年任中国历史博物馆（现国家博物馆）馆长，三峡建设委员会文物保护组组长、国家文物局专家考古组成员、中国考古学会副理事长、中国人类基因组多样性委员会六人专家组成员，北京大学、中国科学技术大学、南开大学、南京大学等高校兼职教授。2003年，俞先生仙逝于广州。

由于长期在田野考古一线，同时又博览群书，俞伟超先生在诸多领域都有建树，著作有《考古学是什么》、《考古学伊甸园》、《考古类型学的理论与实践》等，是水下考古、航空考古、环境考古及古代遗传物质考古等新分支学科的奠基人。

南澳Ⅰ号沉船水下考古队队长之一）、鄂（音同奥）杰。此外，国家文物事业管理局的两位年轻人王军、杨林也是经过国外培训的兼职水下队员。这就是当时我们国家第一支水下考古专业队伍的全班人马。

中国的第一个水下考古专业机构之所以落到了当时的中国历史博物馆，究其原因，不能不提到一个人，即已故著名考古学家，时任中国历史博物馆馆长的俞伟超先生。

作为水下考古学科奠基人的俞伟超先生，所走过的人生路程相当曲折，但对学术和真理的追求却伴随着他的一生。从某种意义上说俞伟超先生似乎就是为了中国的考古事业而来到世间的。据老一辈师长回忆，俞伟超先生在“文革”前的北大青年教师中是有名的“四大才子”之一。然而，史无前例的“无产阶级文化大革命”如海啸般席卷了中国，俞先生并没有因为是才子就能幸免，在那场运动中，他遭受了人生最大的挫折与考验。1966年，33岁的他在一次被批斗中，受到了难以承受的人格污辱，他决定结束自己的生命，同时结束这段污辱。出于对老师的尊敬与怀念，我不想，也不忍心将那些细节写出来。总之，那天，他抱着结束一切的念头，一而再，再而三地要结束自己宝贵的生命。但是，也许上苍有眼，上苍比血肉之躯、肉眼凡胎的人类要看得更透彻、更远大。因此，上苍没有接受他的想法，又让他回到了人间。以后，俞伟超先生对自己和身边的一切进行了反思，其后的言行说明，他真正超越了生死，超越了自己，他升华了。1973年，学校又搞政治运动，他又成了“运动员”，但这次，他表现得相当平静。后来，俞伟超先生与作为学生的张承志先生（现代著名作家），一同回忆起1966年和1973年的事情，俞伟超先生坦然说起重生，言道：“那一年（指1966年）对我来说是收益最大的一年，有好处的一年。但是我没有任何怨言。真的，我没有一点怨言。后来，1973年学校搞运动的时候，他们想收集我的言论，他们觉得至少我对那件事是有怨言的。‘四人帮’垮台后，有的同志告诉我，当时，人家总觉得至少对那件事是不可能没有什么言论的。我听了哈哈大笑，我说他们不可能搜集到，因为我根本没有了那种想法。”张承志说：“我不能想象。我常想，我比您脆弱多了。”俞伟超先生答道：“1966年那次以后，我有了相当大的变化。……总的来说，对人生的看法，对自己的看法，对人的看法，对别人态度的理解。我体会到了，随着社会地位的变化和其他条件的变化，自己身上承担着东西。……”也许应了孟老夫子的话：天将降大任于斯人也！他专心在学术中徜徉，没有任何怨言，同时增添了一样宝贵的东西——责任感。

1990年初，俞伟超先生在接受关于什么是考古学的访问时，谈到的一个小题目，就是当时中国考古学研究的国际化问题。当时他也回忆起创建水下考古的想法，说道：“……水下考古学自（20世纪）40年代走上科学的道路以后，中国迟至70年代中期才开始了解这门新的学科。著名考古学家夏鼐先生在‘文革’期间曾找过海军司令员萧劲光，希望能在海军的帮助下建立我国的水下考古学。……”但是，“文革”期间国家的政治环境和经济、技术条件都不允许，因此，这只能是个想法。1985年，俞伟超先生调任中国历史博物馆馆长后，他觉着自己有责任为中国的水下考古事业尽责，他不断向各方呼吁、建议，积极推动中国水下考古前进的车轮。同时，提出了一整套关于如何开展水下考古工作的设想。应当说，俞伟超先生在20世纪80年代中期，就世界的中国考古学如何发展，中国考古学如何赶上世界的学术前进脚步而谋划，而布局。从考古学的角度，他的言行诠释了什么是世界的中国，和中国在世界的位置。而中国的水下考古事业正是在他深谋远虑的思考中产生，在他的责任感中被定型，并付诸实践。1990年前后，中国的水下考古事业已经蹒跚起步了，曾经有一位英国青年考古学者到北京拜

图 3-2
《水下考古通讯》第一期封面

访俞伟超先生，交谈中，聊起中国的水下考古，英国人用关心的态度询问俞伟超先生："水下考古的经费开支极大，中国还那么穷，你们为什么现在就要搞水下考古呢？"俞伟超先生答道："中国的海域那么辽阔，自古以来，通过海上，东边和朝鲜半岛及日本列岛发生联系，南边与南洋群岛发生联系，往西通过印度洋又会和欧洲发生联系，我们不搞水下考古行吗？"这就是俞伟超先生的国际视野，对于当时的中国考古学界来说，水下考古是个新鲜事儿。

让我们再回到1987年11月。机构组建了，队伍也随之成立了，同时，俞伟超先生策划着让年轻人为自己的事业开辟一块学术园地，于是机构挂牌的当月，中国第一份水下考古专业杂志《水下考古通讯》正式创刊，虽然只是内部刊物（从封面的印刷都可以看出，它确实有些稚嫩），但是俞先生以他特有的远见和热忱，为这块新园地亲笔题写了发刊词（图3-2）。对于那会儿的水下考古研究室的后生们来说，这是多么大的鼓舞、荣誉和鞭策。

草创阶段的水下考古队伍，说起来与咱们中国人民解放军海军的创建初期有一比，队员都是学田野考古或类似专业出身，水下考古对于他们来说最多也仅仅是看过资料，听说过而已，如何才能下水是当务之急，加之南海Ⅰ号所在的广东，处于保护与研究的急切需要，都需培养水下考古的专门人才。第二年，1988年春天，中国水下考古的第一个培训班诞生在广州潜水学校。

广州潜水学校位于现在广州大学城附近的南洲路146号，创办于1985年，直到目前，它仍然是全国唯一的全日制潜水学校，同时也是世界潜水联合会和中国潜水运动协会会员，中国民用水下工程90%的潜水员都出自于此。1988年4月6日，由国家有关部门组织的“全国首届水下考古SCUBA潜水培训班”就在这里开班了，学员有：国家文物事业管理局文物处杨林，中国历史博物馆张威、刘本安、李滨，广东省博物馆崔勇、王晓、杨少祥，广东省文物管理委员会邹伟初，深圳市博物馆彭全民共九人。后来，我采访崔勇，并和他聊起在广州潜校的学习，他的话说得长：“一开始是好玩，本身正在干田野考古，而且觉得自己身体条件好，就报了名，还被选上了。一进潜校，看着那个潜水塔，第一天我就想跳下去看个究竟，因为从小在珠江边游泳，但没见过这个，太专业了。”“我知道，在这之前你没接触过水下考古吧？”“没有，在潜校也是以学轻潜技术为主，就是SCUBA，考古的内容少，1987年到北京历博听过田边昭三先生讲的水下考古讲座，1990年中澳班考古的内容才比较多而且系统。”“好玩吗？”“不好玩。”说这句话时，他一脸严肃，我俩对视了一下，又都哈哈大笑起来，接着他讲了很长的不好玩的理由：“就光是潜水生理课，就够吓人的。……”听他聊完，看了当时的讲义，我把它们简化成了如下的文字。

水肺潜水

SCUBA, Self-Contained Underwater Breathing Apparatus的缩写，又称水肺潜水，指潜水员自行携带水下呼吸系统所进行的潜水活动。

考古潜水时，人要面对的是一个黑暗的水世界：高压的区域、低温的场所、动荡环境与高噪音、没有方向感的空间、有毒的生物等，这些物理和生物的变化，与在陆地上完全不同。它们可以引起潜水者生理上的一系列变化，归纳起来有五个方面。

光的影响

自然光从大气层直线射向水面时，发生反射作用，大部分光线被水面反射回大气层中，而少量射入水中的光线就减弱了；同时，光线又被水分子及水中的颗粒物质、浮游生物散射到各个方向。从而，导致水中的能见度从总体上讲要远远低于大气中者，在同一水域能见度随水深而降低，不同水体区域、不同季节，因水中浮游生物的繁殖情况不同也能造成能见度的变化。例如，南海Ⅰ号所在水域由于距离河流入海口不远，水中生物量大，加之水深达20余米，能见度相当差。

自然光是由红、橙、黄、绿、蓝等光谱组成的，光在空气中传播时不会明显改变其光谱组成，而光在水中传播时，不同的光谱因自身的能量与性质的不同，会不同程度地改变其表面状态，如颜色。研究表明，红光在水深4.5米处即丧失原色，依次橙光在8米处、黄光在11米处、绿光在20米处、蓝光在30米处，都分别丧失原色。简单地说，就是色差严重，与改善能见度一样，必须采用人工光源补光，但即使如此，我们看到的南海Ⅰ号之水下影像也无法与在陆地的大气中看到的颜色相比。

当自然光线穿过不同密度的介质时，光线会发生弯曲作用，即光线的折射。在水面，空气和水体界面，在水下，水体与潜水员面罩之间的界面，均会发生光线的折射现象。但是，如果潜水员下潜不戴面罩，那么，人在水下所见的东西基本上是模糊的。当潜水员戴上面罩后，面罩内充满气体的空间与面罩外的水体属于明显不同的传播介质，就存在光的折射。折射导致的结果是所观察的物体距离失真，大小也有变化，通常略为变大和变形，如同我们在岸上看到河流或水塘里的一条鱼，但是，它的真实位置并不是你的眼睛所看到的。

水下考古队员在水下作业时，首先会面临因光线、能见度的降低所产生的暗适应。出现暗适应时，瞳孔会变大，如同人在光线不好的夜晚看东西的效果。适应之后，对光的敏感性增加，物体显得亮些。其次，所看到的物体失去了原有的颜色。再次，对于观察和判别微小物体的能力大大降低。

压力变化的影响

根据压强的原理我们知道，作为单位面积压力的压强是从水面往下逐渐增大的。水面上的常压以一个标准大气压（1atm）计算，水深每增加10米，相当于增加一个大气压。所以变化最大在10米水深处，在这里压强成倍增加，而在20米水深处只是增加10米处压强的1/2倍。人体的不同器官对于压强的变化适应程度不尽相同。10米水深处最容易引起呼吸系统、耳朵、鼻孔、面部、牙齿等的压伤。而且，随着深度的增加，潜水员所用气体中的氮、氧随着分压的提高还会造成潜水员的有毒伤害。现代潜水时，有相应的对策。

控制上浮速度，减压舱治疗。潜水员从水下向水面上浮的过程，也是压力减小的过程，这时，肺叶内的同量气体体积就会增加，当气体体积增加到一定程度时，就会出现扩张的空气冲破肺膜，给人的肺叶造成创伤。这时，随着潜水员继续上浮，速度越快，创伤越严重。预防的唯一办法是掌握上浮的速度和不断呼气，使肺叶中的气体尽量减少，不断达到肺叶容量与肺叶内气体体积的平衡。如果真的发生了创伤，要将受伤的潜水员平放，输氧、检查心脏跳动或设法复苏、起搏，并及时送入减压舱治疗。肺部创伤病人不能用飞机运输，不能爬高。

人体头部的几处孔、窦结构，同样会由于压力变化造成创伤，比如耳膜、窦孔壁、面部等。

预防耳朵创伤的办法是，下潜时要捏住鼻子，由外鼓气，以补充中耳气体；上浮时，速度要慢，以防气体来不及排出，冲破耳膜；而在水下作业中不能戴耳塞，感冒不能潜水，头盔近耳处应留有孔洞。对鼻窦和牙齿的保护也有相应的要求。

除此之外，还有一种潜水带来的严重威胁，这就是氧中毒与氮麻醉。科学研究表明，两个大气压的氧对于大脑组织有强烈的烧伤作用，四个大气压的氮气对于人的神经系统有麻醉作用，这就是氧中毒和氮麻醉。水下考古作业的氧中毒、氮麻醉是由随着下潜深度的增加，潜水员呼吸的压缩空气中的氧气、氮气的分压增大而引起的。实际经验告诉我们，在30米的水深时，潜水员就有明显的麻醉感：像酒醉，极端自信、不理智、思维混乱；或反应迟钝、焦虑、不能读取仪表数据、处于模糊危险状态。因此，下水前疲劳的人、喝过酒的人都是容易受氮麻醉的，不能下水。潜水员要锻炼自身的心理素质，以防这些症状出现时，不能做出正确的反应。从技术角度而言，超过40米水深时，要在压缩空气加入氦气，即所谓混合气体，以防麻醉和中毒现象的出现。

水流动的影响

我们所看到的海洋、河流、湖泊的水体，实际上都在运动中，而水的运动对水下作业影响很大，潮汐、波浪和水流是水运动的主要方式。海洋中潜水最好选择平潮的时间，而涨、落潮时，由于水中颗粒被搅起悬浮于水中，导致能见度很低。波浪影响能见度、潜水员出入水的安全。水流会引起水体混浊，能见度低，急流甚至能冲走潜水员。潜水要在水流平缓的地方进行，而且要逆流潜水，顺流上浮。

由于水的浮力作用，在水中作业时可以通过不同的潜水服和系压铅来调整平衡，以适应水下考古工作的需要。崔勇由于对水浮力的感觉比较好，并刻苦练习，在后来南海Ⅰ号的摄影、摄像工作中可以悬浮于被拍摄物体上方。由于他善用浮水，没有触动海底的沉积物，最大限度地保持水下能见度，辅助以人工光源，所以拍摄获得了比较理想的效果。

温度和声音的影响

水下作业时，虽然有潜水服，但水温过低时，仍会导致人的体温下降，当到达一定程度时，就会危及生命。因此，要选择下水的季节，并在饮食中多摄入高热量的食物，同时不能在水下停留过长的时间。声音在陆地和水下的传播速度是有很大差别的，声波在水中传播的速度是空气中的四倍，超出人体的适应范围，导致潜水员很难辨别声源。当有螺旋桨发出声音时，潜水员根本无法辨认方向，实施水中爆破等能产生巨大声响的作业危害更加严重。为了避免这些危险，需要事先在潜水区域发布航行通告，并在水面上设置潜水旗。

有毒、有害生物和物体的影响

电影中的大白鲨是潜水者的噩梦，可是能给潜水员造成危害的生物不止它一种，概括来说有四类有毒、有害生物：一类是鲨鱼等凶猛并有利齿的；二是有毒的，它们往往有着漂亮的外表，例如蓝圈章鱼、海蛇；三是有刺的，如石鱼、海胆；四是会蜇伤人的，如水母，有些珊瑚也会蜇人。南海Ⅰ号水下考古队员几乎都被水母蛰过。此外，水下丢弃的旧渔网、绳索等物体对于潜水员也是极为危险的，潜水员被缠住后可用潜水刀切割渔网，并以潜水绳与水面联络，获得救援。

不难看出，确有不少吓人之处，所以说水下考古是勇敢者的职业，全体学员在被吓了之后，还是都坚持完成了所有课程的学习和操练。5月20日，全体学员都获得了SCUBA潜水合格证，这着实令人开心，证书意味着可以下水啦。

机构、园地、培训、实际操练，中国水下考古事业成立之初的四步棋，已经完成了三步，俞伟超先生又在想什么呢？回忆起1989年对南海Ⅰ号的调查工作时，俞伟超先生说："虽然我们分别派人到国外学习，自己也办培训班，但是，我们最缺的是实践！"于是，就考虑到和国外学术机构合作，共同调查和发掘这艘沉船，经过一年多的筹划，便由中国历史博物馆与日本国水中考古学研究所合作，组成了中国南海沉船水下考古调查队。就此，双方签订了有关的协议书（图3-3、图3-4），俞伟超先生出任队长，副队长为田边昭三。田边昭三先生是俞伟超先生的老朋友，他既是京都艺术短期大学的教授，又是日本国水中考古学研究所的所长，他带领日本水下考古队曾经与叙利亚合作，成功发掘了一艘属于13世纪的沉船。中国方面在接到包括美国、澳大利亚、英国等多个国家的表现出有合作意愿的机构中，经过认真筛选，最终，田边昭三所在的机

南海沈船共同考古学発掘調査の意向書

中国
中国歴史博物館

日本国
水中考古学研究所

一九八九年八月一日　北京

-5-

图 3-3
中日合作调查南海Ⅰ号意向书封面（日文）

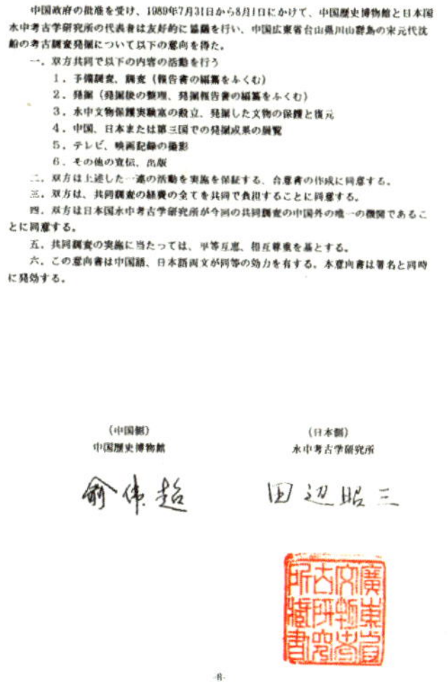

中国政府の批准を受け、1989年7月31日から8月1日にかけて、中国歴史博物館と日本国水中考古学研究所の代表者は友好的に協議を行い、中国広東省台山県川山群島の宋元代沈船の考古調査発掘について以下の意向を得た。

一、双方共同で以下の内容の活動を行う

1．予備調査、調査（報告書の編纂をふくむ）

2．発掘（発掘後の整理、発掘報告書の編纂をふくむ）

3．水中文物保護実験室の設立、発掘した文物の保護と復元

4．中国、日本または第三国での発掘成果の展覧

5．テレビ、映画記録の撮影

6．その他の宣伝、出版

二、双方は上述した一連の活動を実施を保証する、合意書の作成に同意する。

三、双方は、共同調査の経費の全てを共同で負担することに同意する。

四、双方は日本国水中考古学研究所が今回の共同調査の中国外の唯一の機関であることに同意する。

五、共同調査の実施に当たっては、平等互恵、相互尊重を基とする。

六、この意向書は中国語、日本語両文が同等の効力を有する。本意向書は署名と同時に発効する。

（中国側）
中国歴史博物館
俞伟超

（日本側）
水中考古学研究所
田边昭三

-6-

图 3-4
意向书之俞伟超、田边昭三两位先生签字

构被中国历史博物馆选中。

实施水下考古调查前，中国历史博物馆水下考古学研究室主任张威率领队员们进行了调查准备工作，即所谓预备调查。这是水下考古工作实施水下现场工作前的必要阶段，了解海域、气象等环境因素和历史背景，做到心中有数。通过预备调查，考察了沉船遗址的自然环境与历史背景，得出了这样的结论：

“对它进行水下考古勘察和发掘，将为研究复原海上丝绸之路的历史、中国航海史、造船史、陶瓷史提供极为难得的实物，甚至很可能获得一些文献，获得陆地考古无法提供的信息；同时也为世界各国人民了解古代中国与各国的交往和世界贸易提供翔实生动的材料。”张威如是说。

1989年11月15日，中日联合南海沉船水下考古调查队集结到位，并按照考古工作惯例，给这艘沉船起了一个名字——中国南海Ⅰ号沉船。从此南海Ⅰ号的名称正式出现了。

参加南海Ⅰ号第一次水下考古调查的中方队员有：张威、杨林、王军、刘童童、徐海斌、尚杰；日方队员是：小山内恭一、后

关于南海Ⅰ号名称的出现和含义，一开始就是这么简单命名的，因为它是水下专业队员在南海海域发现的第一艘古代沉船，因为1987年8月就已经知道它的存在了。而俞伟超先生所率领的是中国南海沉船水下考古调查队，它是第一个发现。同时，考虑到未来南海的古代沉船会陆续有所发现，即还有可能有南海Ⅱ、Ⅲ号，因此，Ⅰ号非它莫属。前书曾经说到，按照惯例水下考古队员们在开展工作之前给这艘沉船起了个名字——南海Ⅰ号。后来在汕头南澳发现的明代沉船曾经被命名为南海Ⅱ号，也证明了他们的预见（汕头南澳沉船现在被定名为南澳Ⅰ号，目前正在打捞中）。作为考古现场的惯例，遗迹或者沉船的编号仅仅是是个顺序号，我们以广州著名的南越王墓来说，在发掘现场时它的名称是象岗山M1，即象岗山一号墓。也就是说，南海Ⅰ号当时的名称并不是专指，而仅仅是个序号而已，所以当时，对于南海Ⅰ号的称呼还没有统一，有的书上称其为台山川山岛海域宋元沉船。《东南文化》1990年第3期有一篇对俞伟超先生的采访文章，当时，俞伟超先生称该船为"南海一号"，直至1997年俞伟超还叫"南海一号"，张威则称"南海Ⅰ号"，而现在我们所熟悉的名称是2000年以后，广东省文物考古研究所文件资料的规范命名。据有的队员回忆，用罗马数字主要是为了和田野考古使用阿拉伯数字顺序号相区别，以体现它是水下考古的特点。

藤雅次、吉崎伸、酒田裕次。日本朝日新闻电视台有五名记者组成摄制组随行。广州救捞局派出了穗救201、穗救205轮作为工作船，并派四名职业潜水员和一名潜水医生加入了这个队伍，参加这次调查的还有地矿部第二海洋地质调查大队（图3–5、图3–6）。

此次调查，中方提供的主要设备有：SMS–960旁侧声呐、福康484定位系统、精密回声测深仪。可是，第一天的扫测工作令人十分沮丧。折腾了一天多时间，至17日下午两点多，终于地矿部第二海洋地质调查大队从穗救205轮传来了令人振奋的消息，找到南海Ⅰ号了（图3–7～图3–9）！

说起这次找到南海Ⅰ号，还有个小插曲：

扫测工作围绕着广州救捞局提供的地理坐标进行，扫测范围按照以该坐标为中心，500米×700米的范围进行，但是，经过将近一天的工作，仍然没有任何进展，这时，原中英合作时的中方总指挥尹干洪也参加了调查，他提示地矿部第二海洋地质调查大队的工作人员说，向西偏100米再做个测线试试。船只立即按照他说的测线行

图 3-5
1989 年俞伟超、田边昭三、张威在南海 Ⅰ 号水下调查工作船上

图 3-6
1989 年俞伟超、张威在南海 Ⅰ 号水下调查工作船上

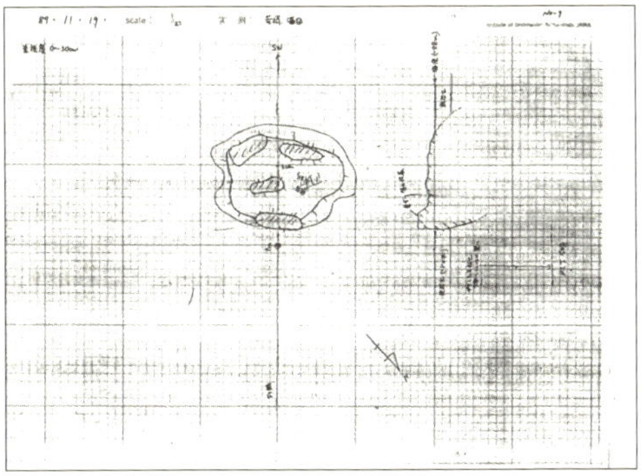

图 3-7
1989 年日方队员吉崎伸、酒田裕次绘制的南海 Ⅰ 号海床表面堆积图

南海宋元时代
古沉船扫测定位报告

地质矿产部第二海洋地质调查大队
一九八九年十一月

图 3-8
1989 年扫测定位报告封面

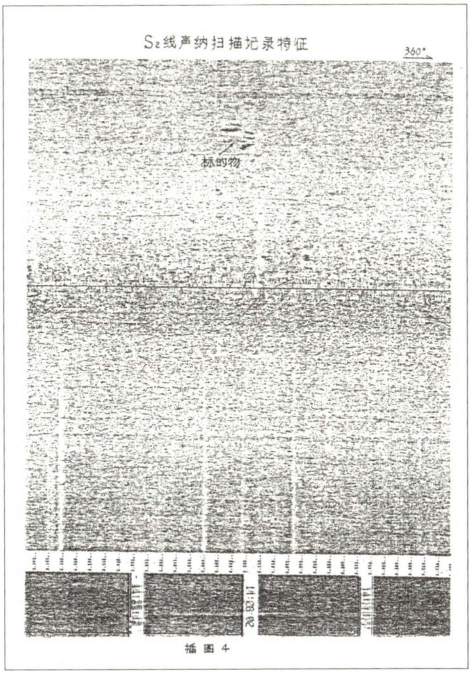

图 3-9
1989 年声呐图上显示的南海 Ⅰ 号

驶过去，果然，17日下午2点40分，从穗救205轮传来好消息：找到南海Ⅰ号了！此时，停泊在虎门沙角的穗救201轮以8节的航速，驶向现场。11月18日8时许，两轮在工作水域会师，在穗救205轮指挥作业的尹干洪立即登上穗救201轮，向俞伟超和田边昭三两位汇报了情况，并正式宣告1989年南海Ⅰ号水下考古调查工作完成预定目标并进入第二阶段——水下测绘和采样。只是，尹干洪并没有谈到他向西100米建议的理由，后来笔者在地矿部第二海洋地质调查大队的文件档案中看到了明确的说法：尹干洪是根据第一次发现南海Ⅰ号时海床表面的特征，就是海床表面那个小小的凸起物，而建议向西偏100米再做调查的。

由于当时使用的地理定位仪器可能存在一定的误差，使得当时的地理坐标数据在实际扫测时出现了偏差。真可谓失之毫厘，差之千里啊！

19日上午，通过EC-107型直读式电磁流速计测得风力4级、海浪为2米的中浪，海水表层透明度2.3米，海底进阶零。9点钟，潜水员下潜，首先由广州救捞局一位职业潜水员顺着浮标下水——他就是周信。非常巧合，2010年5月，笔者在南天顺船上，即南澳Ⅰ号水下考古现场遇到了他。他和笔者聊起那次潜水的事情："因为我当时刚从海军复员，当兵时就干潜水，那会儿体力好，我才26岁，所以领导就派我先下，当时按计划，19号是最后一天，我们领导说，摸到摸不到就看你了，实在摸不到，也没办法。所以，领导说你得尽力。我当时将入水砣，解释一下，什么叫入水砣。简单地说，就是一根长绳子，一头儿绑个重金属物体，有两吨左右吧，一头在水面船上，正规叫潜水绳。那回我用了一条入水砣，一条通往水面，我还带了另一条绳子，把绳子一头绑在那两吨的砣砣上，把另一头拴在自己腰上，这样可以以同水面的入水砣为圆心，另一条为半径，地毯式摸一个圆的范围。我记得在水下，移动着摸了三个圆的范围，差不多还剩下十分钟的时间吧，我摸到水底有个小凸起，我马上向水面报告。""怎么通话的？""我们用的是管供式潜水，可以通话。上面指示我，扒开泥沙看看，我扒开泥沙，摸到两片碎瓷片，又报告了上面，说让专家下来鉴定。”周信的这次下潜，确定了沉船位置，并停留在原地接应日方潜水员后藤雅次，确认了水下的瓷片。这次潜水长达50分钟。两人出水后，后藤雅次设置好潜水绳，吉崎伸、酒田裕次下水，在水下完成了遗址表面测绘，绘制了平、剖面图。张威第五个下水，进行了探摸和采集工作，带回水面了一块怀疑是船板的木块；紧接着，朝日新闻的高桥雅彦、藤山亨下水，进行水下摄像，采集回一块青白釉瓷片；之后杨林、王军下水工作。下午，高桥雅彦、藤山亨再度下水摄影、摄像，但是因能见度太差而未果。之后，广州救捞局潜水员再次对遗址周围进行了探摸，最后后藤雅次回收潜水绳，第二阶段工作结束。当晚，载着南海Ⅰ号被重新发现和定位的消息，水下考古调查队返航，途中，船上举行了小范围的庆功会，“当时，那个日本的队长，发给我一个奖品，奖励我第一个下水摸到南海Ⅰ号。”“奖品是什么？”“是一支日本的自动铅笔，很精致，你知道，那会儿可是稀罕物件儿，那天我也很开心。”周信说到这里，脸上泛出满足的表情。

考古队于20日清晨到达广州。当日下午，俞伟超和田边昭三两位先生到达广东省博物馆，将水下采集的瓷片与1987年打捞的瓷片进行了比对，确认两者完全一致。

张威回忆起与南海Ⅰ号的第一亲密接触时说：“我沿着水面浮标绳拖坠下来的定点标志，潜入水下。在黑暗的海水中，只能依靠被海水放大的呼吸声和吐出的气泡位置，感知方向和同伴之间的距离……突然，我感觉手碰到了一个凸起物，表面很粗糙，但不是礁石。我用自己的手臂量了量，大约高出海床30厘米。接着，我又摸到了一块硬物，感觉像是一片船板，这时，我断定那块凸起的东西应该就是沉船的凝结物。”

这次调查，达到了预期的目的，主要有三个方面的收获：

（1）确定了沉船的准确位置；

（2）了解到沉船遗址的表面状况——仅仅是平面1平方米、高30厘米的堆积物；

夕刊 読売新聞
1989年(平成元年)9月11日(月曜日)
文化
「中国南海沈船」調査への期待
既に一級品の陶磁器など引き揚げ
海のシルクロード 解明の手掛かりに
田辺昭三

图 3-10
1989 年日本《读卖新闻》报道的调查

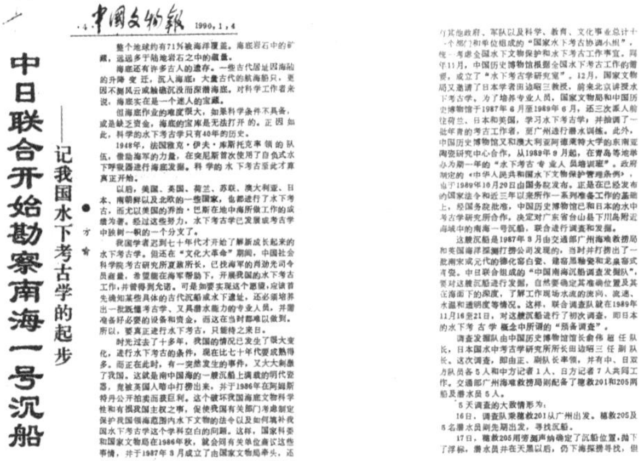
中国文物报 1990.1.4
中日联合开始勘察南海一号沉船
——记我国水下考古学的起步

图 3-11
1990 年《中国文物报》报道的调查

（3）了解了海况等自然环境的基本情况，特别是海底能见度的情况。无论是田边昭三先生、俞伟超先生还是张威，对于南海Ⅰ号沉没水域的水下能见度都表示，未来对南海Ⅰ号开展工作的重大困难之一，将来自于此。

张威他们的那次工作本身创造了历史：刚刚组建的水下考古队伍进行了第一次调查，南海Ⅰ号即将迎来第一批为保护它而来的访客。这次调查活动不仅被中国媒体报道，在日本也受到了媒体的普遍关注（图3–10）。

1990年1月4日《中国文物报》关于这次调查的报道标题是《中日联合开始勘察南海一号沉船——记我国水下考古学的起步》（图3–11），按照张威的话说：“这是中国水下考古的起点。”

第四章

陶瓷之路的缘分

中国水下考古队实现了和南海Ⅰ号的第一次亲密接触，然而，俞伟超先生心里明白，自己的队伍虽然经过了广州潜校的培训，张威本人虽然在南海Ⅰ号的调查中能够顺利地完成水下任务，但距离一支可以独立开展水下考古工作的专业力量的要求还有相当的差距。显然，广州潜水学校的学习在水下考古的调查和未来发掘工作中是远远不够的，其只是基本解决了潜水的技术问题，对于下水后如何考古的问题还需要更多的学习和训练。所以，他在与田边昭三先生商谈合作调查南海Ⅰ号的同时，又与澳大利亚阿德莱德大学积极协商举办以水下考古业务工作为主、潜水技术为辅的训练班，希望借此将自己的队伍正式建立起来。在俞先生的努力下，1989年9月1日，中澳合作举办的第一届中国水下考古培训班正式开班。培训班分成了两步走：首先是潜水和水下考古技术的学习，第二步是实习。

中国历史博物馆水下考古学研究室李滨、刘本安，广东省博物馆崔勇、刘大强，深圳市博物馆彭全民，广西壮族自治区博物馆李珍，福建省博物馆栗建安，福州市文化局林果，厦门大学人类学系吴春明，山东省青岛市文化局邱玉胜等11人为学员，澳大利亚阿德莱德大学东南亚陶瓷研究中心水下考古专家保罗·克拉克先生、戴维博士、凯瑞恩女士为主教练。经过三个多月的学习，学员们完成了潜水、水下考古理论、水下考古调查、水下发掘技术、水下绘图、摄影及计算机应用等项课程的学习，并全部通过了考试，获得了国际通行的相应等级的潜水证书。1989年12月15日，第一阶段的学习全部结束。

第二阶段的学习是在实战中完成的。1990年2月28日，由学员和教练们组成的福建定海调查发掘队，调查并试掘了福建连江定海白礁Ⅰ号元代沉船遗址，学员们的技术和实践经验都得到了全面的提高。5月30日，圆满地完成了培训实习任务。7月28日，在中国历史博物馆举行了中澳合作水下考古专业人员培训班结业典礼，俞伟超先生到场致辞，澳大利亚驻中国大使沙德利和国家文物局局长张德勤向全体学员颁发了结业证书。自此，可以说：中国第一支水下考古专业队伍成立了（图4-1～图4-5）。

图 4-1
中澳水下考古培训班学员学习

图 4-2
中澳水下考古培训班学员领取证书

图 4-3
中澳水下考古培训班结业典礼俞伟超先生发言

图 4-4
中澳水下考古培训班学员

图 4-5
中澳水下考古培训班学员与国家文物局领导及北京大学有关学者、
澳大利亚驻中国大使馆官员合影

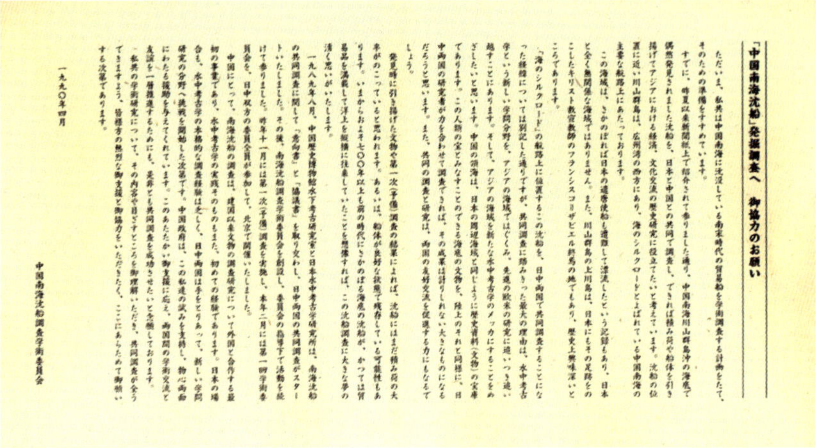

「中国南海沈船」発掘調査へ　御協力のお願い

ただいま、私共は中国南海に沈没している南宋時代の貿易船を学術調査する計画をたて、そのための準備をすすめています。

すでに、昨夏以来新聞紙上で紹介されて参りました通り、中国南海川山群島沖の海底で偶然発見されました沈船を、日本と中国との共同で調査し、できれば積み荷や船体を引き揚げてアジアにおける経済、文化交流の歴史研究に役立てたいと考えています。沈船の位置に近い川山群島は、広州湾の西方にあり、海のシルクロードとよばれている中国南海の主要な航路上にあたっております。

この海域は、さかのぼれば日本の遣唐使船も遭難して漂流したという記録もあり、日本と全く無関係な海域ではありません。また、川山群島の上川島は、日本にもその足跡をのこしたキリスト教宣教師のフランシスコ＝ザビエル終焉の地でもあり、歴史上興味深いところであります。

「海のシルクロード」の航路上に位置するこの沈船を、日中両国で共同調査することになった経緯については別記した通りですが、共同調査に踏みきった最大の理由は、水中考古学という新しい学問分野を、アジアの海域ではぐくみ、先進の欧米の研究に追いつき追い越すことにあります。そして、アジアの海域を新たな水中考古学のメッカにすることをめざしたいと思います。中国の領海は、日本の周辺海域と同じように歴史資料(文物)の宝庫であります。この人類の宝とみなすことのできる海底の文物を、陸上のそれと同様に、日中両国の研究者が力を合わせて調査できれば、その成果は計りしれない大きなものになるだろうと思います。また、共同の調査と研究は、両国の友好交流を促進する力にもなるでしょう。

発見時に引き揚げた文物や第一次(予備)調査の結果によれば、沈船にはまだ積み荷の大半がのこっていると思われます。あるいは、船体が良好な状態で残存している可能性もあります。いまからおよそ七〇〇年以上も前の時代にさかのぼる海底の沈船が、かつては貿易品を満載して洋上を縦横に往来していたことを想像すれば、この沈船調査に大きな夢の湧く思いがいたします。

一九八九年八月、中国歴史博物館水下考古研究室と日本水中考古学研究所は、南海沈船の共同調査に関して「意向書」と「協議書」を取り交わし、日中両国の共同調査がスタートいたしました。その後、南海沈船調査学術委員会を創設し、委員会の指導下で活動を続けて参りました。昨年十一月には第一次(予備)調査を実施し、本年二月には第一回学術委員会を、日中双方の委員全員が参加して、北京で開催いたしました。

中国にとって、南海沈船の調査は、建国以来文物の調査研究について外国と合作する最初の事業であり、水中考古学の実践そのものもまた、初めての経験であります。日本の場合も、水中考古学の本格的な調査経験は乏しく、日中両国は手をとりあって、新しい学問研究の分野へ挑戦を開始した次第です。中国政府は、この私達の試みを支持し、物心両面にわたる援助を与えてくれています。このあたたかい御支援に応え、両国間の学術交流と友誼を一層推進するためにも、是非とも共同調査を成功させたいと念願しております。

私共の学術研究について、その内容や目ざすところを御理解いただき、共同調査が全うできますよう、皆様方の熱烈な御支援と御協力をいただきたく、ここにあらためて御願いする次第であります。

一九九〇年四月

中国南海沈船調査学術委員会

图 4-6
1990 年中国南海沉船调查学术委员会第一次会议文件（日文）

在学员们进行第一阶段学习的同年又发生了另一件大事，与中国水下文化遗产保护事业直接相关。1989年10月20日，国务院总理李鹏签署国务院第42号令，正式颁布实行了《中华人民共和国水下文物保护管理条例》。

那边，根据1989年中日的合作协议书，双方准备在中国南海进行长期、系统地沉船调查，正如双方达成的共识所说：南海也曾有过日本遣唐使船只沉没的记录，而且，这里自古是亚洲乃至世界贸易和文化交流的通道，双方都意识到了自己对于历史的责任；从具体对象来说，双方都将继续工作的第一对象指向了南海Ⅰ号（图4–6）。

1990年2月，中日南海沉船调查发掘学术委员会在京成立，苏秉琦、江上波夫分别担任主任委员、副主任委员，宿白、徐苹芳、黄景略、俞伟超、坪井清足、长谷布乐尔、田边昭三任委员。学术委员会下设中日事务局，由王育成、徐恒彬、村山英树等负责。成立后，委员会在北京召开了第一会议，时任文化部代部长贺敬之接见了全体与会者，并合影留念（图4–7、图4–8）。

为了落实委员会的中长期计划，时隔两年的1992年秋冬之际，在中国水下考古学研究室的专业人员陪同下，国家文物局和中国历史博物馆的领导来到珠海，正式就筹建服务于南海的水下考

图 4-7
1990 年中国南海沉船调查学术委员会第一次会议现场

图 4-8
1990 年中国南海沉船调查学术委员会第一次会议合影

古基地诸问题和珠海方面进行磋商，并实地考察了横琴等备选区域的实际情况。11月初，由中国历史博物馆与珠海市横琴管委会签订了在珠海兴建国家水下考古中心基地的意向书。不久，水下考古学研究室拟出了《珠海国家水下考古中心基地建设初步规划》，为制订珠海国家水下考古中心基地建设的可行性报告做准备。

1993年3月至9月，南海Ⅰ号出水文物第一次走出国门，在“中日南海沉船考古暨海上丝绸之路文物展”中充当了主角，分别在日本东京、大阪、名古屋、长岛等地巡回展出，展览取得了成功。崔勇曾经作为策展人员与出水文物一同前往。2007年，南海Ⅰ号整体出水后，他曾经和笔者谈到那次在日本展览的感觉：“我当时还说要和队友们打赌，明年（指1994年），最迟后年就得去搞南海Ⅰ号了！结果呢，大家都相信这一点，没人和我赌。直到它（南海Ⅰ号）被发现20年后，才成为现实。”不仅仅是水下队员们，就连当时广东的考古界同行都相信，在南海Ⅰ号文物东渡日本后，结合国家颁布条例、大举培训人员、商谈建立水下考古基地，这所有迹象都表明，继续调查进而对南海Ⅰ号进行水下考古发掘的日子越来越近了。然而，就像艺术高于生活一样，现实往往高于人们的想象。南海Ⅰ号的水下考古工作并没有按照人们的想象开展，南海Ⅰ号虽然在一段时间内成为人们注视的热点，但沉船仍然静卧在海底。

我们的水下考古队员自此又完成了辽宁绥中三道岗元代沉船遗址的调查和发掘（图4-9）。该项目1994年被评为全国十大考古新发现，这也是中国十大考古新发现开评以来第一个水下项目。接着他们投入到三峡的水下文物保护工作中，为后来的白鹤梁水下博物馆建设奠定了基础。水下考古队员们还远赴西沙，进行了“中国南海诸岛考古项目”之一的“96西沙群岛文物普查”工作，进而于1998年开始，以西沙群岛北礁为主要工作对象，开展水下调查、试掘工作，共发现了五代、宋、元、明、清及近代不同时期的水下文物遗存，收获甚丰。

时光荏苒，日月如梭。而我们的主角，南海Ⅰ号，被称为中国水下考古起点的沉船遗址，自1989年的调查之后，似乎快淡出了人

图 4-9
1993 年崔勇和俞伟超先生在绥中三道岗元代沉船遗址水下工作船上

们的视线，十年很快过去了，日历被翻到了1999年11月。

1999年，刚刚回归祖国不久的香港特别行政区决定引进迪士尼公司的项目，在大屿山岛的竹篙湾兴建香港迪士尼主题乐园。这事儿看起来似乎与南海Ⅰ号没有任何关系，实则不然：大家也许还记得，香港回归前，港英当局出于为宗主国利益的考虑，兴建了以香港新机场为重点的一批基建工程，与祖国内地一样，大型基本建设必然要涉及文物保护问题，当时港府的古迹古物办事处负责管理香港地区的文物古迹，办事处首长称为执行秘书。为了加强香港基建高峰期的文物保护工作，并强化与内地同行的联系，当时新机场建设范围内的抢救性考古发掘工作首先邀请了广东省考古界同行参加，时任执行秘书招绍瓒由于工作关系与广东省文物考古研究所保持着密切的联系。香港回归后，这种良好的合作关系一直保持着，当时，为了兴建迪士尼乐园，需要在竹篙湾海域进行填海工程，那么计划被填淤的部分水域，需要进行水下考古调查，而香港并没有专门从事水下文物考古调查的机构，于是通过广东省文物考古研究所，中国历史博物馆与香港特区政府的文物管理部门建立了联系，

图 4-10
香港竹篙湾调查期间张威接受媒体采访

图 4-11
香港竹篙湾远景

中国历史博物馆水下考古学研究室被邀请来港参加有关工作。1999年11月，在办妥有关手续后，由中心主任张威带队，由中国历史博物馆及广东省文物考古研究所的专业人员组成的水下考古队抵达工作地点（图4–10、图4–11）。

竹篙湾填海区的水下考古调查工作开始后，由于水下调查过程中需要一些潜水用的器材，于是张威派来自广东方面的队员张松前往商业区购买。张松在到处寻找潜水器材店时，在香港岛最北的北角终于寻到了一家店铺，专卖各类潜水器材。那天，他来到店中，想买几个水下用的挂钩，由于张松原本是四川长大，因此，他的广东话讲得相当有口音，有时还夹杂几个英语单词，与店员之间的交流自然要费些工夫。恰好，店主陈来发正在店中，听张松谈到自己是国家专业水下考古队员，十分好奇，就邀他坐下来聊天。

陈来发不仅自己经营着潜水器材商店，他本人还是一位资深潜水教练。所以，他身边有不少潜水发烧友，这些发烧友大多是出于爱好而潜水的，以此为职业的少。这些人中有不少知名人士，例如李泽楷先生、陈法蓉女士都曾经跟陈来发学习过潜水。陈来发当时对张松的专业身份感到好奇——来自祖国内地的水下考古专业队员。

聊天过程中，张松向陈来发介绍了他们这次来港的目的，并谈到祖国内地水下考古事业的基本情况，特别谈到发现、调查南海Ⅰ号沉船及它所涉及的陶瓷之路的贸易。陈先生本身是佛教徒，由于信仰的关系，他对于达摩东渡、法显西进等有一定的了解，但是由于隔行如隔山，对于古代陶瓷之路的事情他听起来非常新鲜。两人分手时约了下次再见，张松答应送给陈来发些书籍。有了头一回，就有了第二次。这次，张松带了一本书——《南海丝绸之路文物图集》。这本书中，选用了不少出自南海Ⅰ号的文物，有瓷器、银锭和金腰带等，还有台山、湛江海域出水的荷兰东印度公司铜炮，陈来发一边翻阅，一边赞叹。由于他是潜水教练，对于古代沉船有所耳闻，但是，他总以为那是外国的事情，没想到中国的水下文物这么丰富，古代的中国人在航海方面曾经如此辉煌，作为中国人的自豪感油然而生。于是，他非常自然和关切地问起：“内地方面为什么不继续打捞南海Ⅰ号呢？”张松告诉他：“南海Ⅰ号的打捞可不是件容易的事情，根据国内外的例子，进行水下考古方式的打捞或发掘，与一般捞沉船或捞宝存在着巨大的差别，通俗地说，水下考陈、张二人聊天所说的陶瓷之路和海上丝绸之路是怎么回事？两者又是什么关系呢？简单地说，这两条路都是中西贸易和文化交流的通道。

最早命名“丝绸之路”的人，是德国地理学家李希霍芬（*F.F.von Richthofen*，*1833～1905*年）。*1877*年，他的巨著《中国》（又译《中国亲程旅行记》）中，根据公元*1*世纪埃及亚历山大城一位不知名作者的书——《厄立特里亚海航行记》记载，将公元元年前后两个世纪间介于长安、洛阳与中亚巴克特里亚（*Bactria*）之间的丝绸贸易通道，称作是“丝绸之路”。之后，人们对丝绸之路的理解日益加深，它的路线是：以中国古代的“两京”（长安和洛阳）为中心，向西沿着河西走廊、塔里木盆地进入中亚，并经过阿富汗、伊朗、伊拉克、小亚细亚，最终到达希腊、罗马和欧洲腹地。

丝绸之路在现代汉语中开始出现，还是最近几十年的事。*20*世纪*60*年代，这个词语出现在当时的历史、考古学术刊物中，用来描述在塔里木盆地等地发现的汉至唐代丝绸所揭示的中国古代的文化交流。

“海上丝绸之路”自古有之，与丝绸之路同样古老，它是中国古代与西洋、南洋地区乃至非洲、欧洲海上交流的通道，它从中国沿海的古老港口广州、泉州、宁波（明州）等启航，经过近海与远洋，分别到达朝鲜、日本和印度洋，所以被称为海上丝绸之路。西方近代工业国家兴起之后，从中国沿海港口装载的瓷器、茶叶、丝绸等货物，还远航到了美洲。

“陶瓷之路”是日本著名学者三上次男先生在*20*世纪*60*年代提出的，他在自己的著作《陶瓷之路》一书中写道：“中国陶瓷是跨越中世纪东西方世界的一条友谊纽带，同时也是一座东西方文化交流的桥梁。”所谓“陶瓷之路”，是指水路与陆路两条陶瓷的外销路线。陆上即古老的“丝绸之路”。至于海上者，陶瓷之路包括两条：一条是中日航线，经明州（今浙江宁波）抵达日本、朝鲜；另一条是自广州经过马六甲海峡，再入印度洋，抵达波斯湾，到达红海、地中海沿线各国。

从某种意义上说，陶瓷之路与海上丝绸之路是一码事，它是对丝绸之路认识的深入与细化。丝绸之路从以陆地为主转入海上，标志着东西方交往途径的转变，世界史的新纪元也逐渐来到了，最直接的是经济利益、对东西方经济的促进作用，世界各个参与其中的国家、民族通过贸易获得了收益，同时也带来科学文化上的交流；而文化交流的价值和意义更为深远。海上丝绸之路与西方近代的殖民主义航海有本质上的不同，即它是和平之路、“对话之路”，是人类和平文化、和谐世界的缔造者。在文化交流方面，除了宗教沿此途径传播外，文学艺术、科学技术的交流是另一项重要内容。通过物产交换和文化交流，东西方不同文明之间得到相互理解，从而对于人类文明的共同发展发挥了促进作用。应当说，中国人通过丝绸之路，学到的和输出的，都同样具有伟大的意义。虽然海上丝绸之路之兴盛较陆上丝绸之路晚，但是具有更高的技术含量。它们都是古代中国综合国力和先进文化（生产能力、科技发明、工艺水平、运输技术、文化影响力等），以及中国文明特征、中华民族精神（兼收并蓄，宽容，和平共处）的体现，包含着古代中国人的大智慧。此外，海上丝绸之路对于世界不同时期的政治、经济、文化格局亦造成了重要的影响。以历史研究的终极目的而言，在当今纷繁复杂的国际环境中，在人类文明面临挑战的今天，海上丝绸之路所体现的文化交流及和平文化的精神，是构建和谐世界新秩序有益的史学明鉴。

古看起来更像磨洋工，也就意味着耗时长，花费大。”陈来发回答说：“它有它的价值。”张松笑道：“看来书没白看。”

隔了没几天，张松再次来到北角购买少许消耗材料，这回陈来发直接询问张松，“打捞南海Ⅰ号大约需要多少钱？”这话把张松问住了；陈先生看到张松狐疑的表情，哈哈大笑：“张生（香港人习惯以这样的方式称呼成年男性），我想为内地的水下考古做点事，就是想捐些钱。”原来如此，张松恍然大悟：“这个具体的我也说不太好，不过，应该不是小数目，陈先生你可想清楚了？想好了？”“我自己不是有钱佬，但有心；而且，身边还有一帮潜水友，前两天我同他们说起，他们也有兴趣。都是中国人嘛。”张松听完这话，心里一热，心想，原本那次聊天只是向香港同胞介绍一下自己的工作，谈些感兴趣的话题，没想到引出这个结果，他心里很清楚，陈来发是想要捐助南海Ⅰ号的水下考古工作。一方面张松非常敬佩陈先生，另一方面他没经历过这种事情，于是，他郑重地告诉陈来发：“我马上回驻地，并将你的想法立即告诉领导。”张松所说的领导即水下考古学研究室主任张威。

事后，张松说起这几回与陈来发的见面与热聊，相当感慨：“应了范伟的那句话，缘分啊，缘分！我自己大学学生物，后来干水下，怎么也想不到认识老陈，并且和他搞成这么件捐助南海Ⅰ号水下考古的事情，陶瓷之路的缘分吧。”或许冥冥中早有安排，南海Ⅰ号从被发现到1999年，在张松眼中发生了许多重要的、关键的偶然事件，而正是这些偶然事件将中国的水下考古队员一步步引向南海Ⅰ号。可以肯定的是，这回的捐助，缘起于他和队员，以及香港同胞对祖国珍贵文化遗产的热爱。

张威听到汇报以后，反应相当平静，作为一线中国水下考古第一人，他很清楚，这种赞助或捐献在国际上不鲜见，水下考古之父乔治·巴斯的很多科研教学经费不少来源于捐助；同时，由于责任感，也令他要考虑捐助方的诚意和能力及国家的有关政策。经过慎重考虑，他要张松陪同他一起到北角和陈来发好好谈谈，把情况了解清楚再做出反应。张松再一次陪同张威来到北角，与陈来发谈起捐助南海Ⅰ号水下考古的事情，最终还是得到了陈来发肯定的答复。在这样的条件下，张威也没有急于表态，仍然还是要求老陈考虑好，不要仅凭一时热情；同时，他也要向中国历史博物馆领导报告此事。

实际上，南海Ⅰ号和南海海域并不是想象中那样，似乎被人忘却了，恰恰相反，南海Ⅰ号一直被惦记着。张威率队完成辽宁绥中三道岗元代沉船的水下考古工作之后，1996年，又在南海海域完成了第一次远赴西沙群岛的水下考古调查。南海Ⅰ号是他从事水下考古工作以来，在中国水域亲密接触的第一个对象。张威也还记得，90年代初，有一位在广东中山图书馆古籍部工作的小师弟谢辉曾经在他重新发现南海Ⅰ号之后，搜集了广东的地方志材料，撰写了一篇文章，将文献中记载的鸦片战争前广东沿海沉没的舟船进行了统计——不下2000艘！所有这些，他都呈报了上去，并形成了对南海海域的水下考古工作规划。1998年1月，中国历史博物馆水下考古学研究室在珠海召开南海水下考古工作座谈会，邀请了广东沿海主要城市的文物部门领导和专家，座谈在广东沿海开展水下考古工作的前景与规划。国家文物局副局长张柏、国家文物局文保司司长杨志军等到会，会后，提出了中国水下考古重心南移的事业发展指导思想。紧接着，中国历史博物馆又重提当年俞伟超先生在广东建立水下考古基地的计划——当年之所以要在广东建立水下考古基地，重要原因之一就是南海Ⅰ号的发现。1998年4月1～16日，中国历史博物馆领导来到广东阳江，考察筹建水下考古工作基地的有关事宜。俗话说无巧不成书，陈来发捐助前并不清楚这一切，张威在珠海确定水下考古重心工作南移时也不是神仙，没有预料到两年后会有陈来发的出现。也许这都是缘分吧。听到陈来发提出赞助的想法，张威又怎能没反应呢?

张威走后，陈来发陷入了疑惑中，“怎么我要捐助，张威主任的反应如此平淡”，琢磨不透，没辙的他打电话询问张松：“……是否不需要我们香港同胞的捐助呢？”张松反复给陈来发谈了他所了解的南海Ⅰ号水下考古的情况及国家的有关政策，并给陈来发两个重要建议：一是有机会到内地的水下考古工地走走，因为陈来发本人就是资深潜水教练，捐助当然可以做得更专业，发挥自身行业优势；二是和身边志向相同的朋友商量一下，是否可以成立个民间机构，因为陈先生曾经不止一次地说到还有不少身边的友人有志于此，如果有个机构更具代表性，可以团结更多的人一同谋划善举。陈来发听罢，茅塞顿开。在竹篙湾水下考古调查队完成工作返回内地不久，名为“香港中国水下考古研究探索协会”的香港民间组织宣告成立，陈来发任会长，会员有警察、公务员、医生、艺员、商人等各界人士。之后，在张威的安排下，张松陪同陈来发到福建等地参观考察。最终，形成了120万元赞助南海Ⅰ号沉船水下考古调查的工作协议，协议的大体内容如下。

赞助方：香港中国水下考古研究探索协会

接受赞助方：中国历史博物馆水下考古学研究中心

赞助目的：对南海Ⅰ号沉船进行水下考古调查

赞助方责任：提供潜水工作船及十五套高氧潜水设备，并配备水下考古调查所需的声呐设备

支付20万元人民币，与广东省救捞局合办一个潜水班，培训中国历史博物馆水下考古学研究中心相关人员掌握高氧潜水技术

支付以上项目总值港币120万元

权利：

发掘文物可在香港展出

安排香港新闻发布

根据《中华人民共和国文物保护法》，无权要求分配出水文物

接受赞助方责任：

制订南海Ⅰ号水下考古调查工作计划，协调相关辅助工作单位

指挥现场工作

提供所有港方人员设备进入工作现场的有关报批手续

委托广东省文物考古研究所派员参加水下调查工作并承担后勤工作

负责南海Ⅰ号水下考古调查队工作人员的日常费用

联系内地媒体

说话间，日历指向了2000年9月6日，香港同胞捐助南海Ⅰ号水下考古项目仪式和新闻发布会在广州星海音乐厅举行，仪式和发布会进行得顺利、简朴而庄重，会上宣读了时任广东省副省长、文物管理委员主任李兰芳同志发来的专门信函，她感谢了香港同胞的爱国善举；时任国家文物局副局长张柏同志在讲话中更是赞扬香港同胞的善举开创了香港民间组织赞助祖国内地水下考古与文物保护事业的先河（图4–12、图4–13）！

此时，从广州星海音乐厅的新闻发布会开始，媒体的镜头再次对准南海Ⅰ号，它似乎又从人们淡忘的脑海边际扬起了云帆，起航了。

由于张威本人参加过1989年南海Ⅰ号的水下调查，他非常了解沉船海域开展工作的困难，设法增加队员在水下安全停留和工作的时间不失为一个很好的方法。陈来发的赞助中恰好包括了高氧潜水培训。

2000年10月，香港中国水下考古研究探索协会举办的高氧潜水培训正式开班，学员们主要来自“第二期全国水下考古专业人员培训班”，也有一些一期班的老队员，这是为开展南海Ⅰ号水下考古调查科研项目而专门进行的，同时也是赞助的组成部分。全体学员都顺利完成了高氧潜水的培训课程，并考核合格（图4–14）。

无论是第一期还是第二期全国水下考古专业人员培训班，水下考古队员们所学习掌握的潜水技术——呼吸的气体都是模仿空气中氧气比例的。而高氧潜水是指呼吸的混合气体为氧气比例高于21%的混合空气，相对氮气的比例就小于79%。这意味着同一深度下身体所吸收的氧气比例增加，氮气比例减少。使用一般混合空气潜水时，特别是在较深水域工作，可能导致身体吸收过量的氮气。在正常的上浮过程中人体内过多的氮气可能排不净，那么，就需要执行减压程序。氮气吸收量的降低使潜水员能在较深的水域内有更多的免减压时间，这有助于提高潜水作业的安全性。简单地说，使用高氧潜水会让我们的水下考古队员在水底安全停留更长的时间。但高氧潜水所需要的设备和操作技术与一般的混合空气潜水有所不同。因此，需要专业的训练方可掌握。

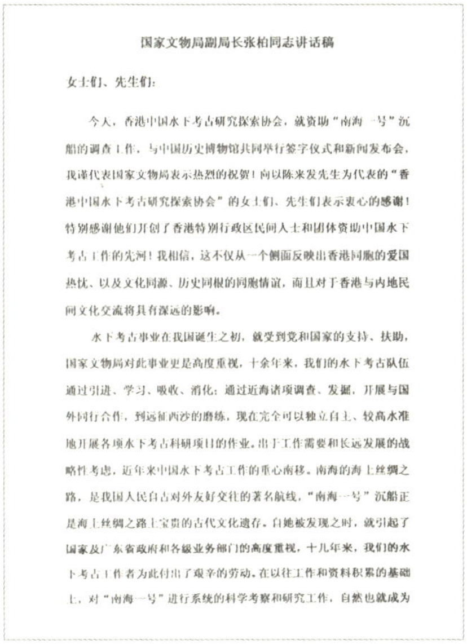

国家文物局副局长张柏同志讲话稿

女士们、先生们：

今天，香港中国水下考古研究探索协会，就资助“南海一号”沉船的调查工作，与中国历史博物馆共同举行签字仪式和新闻发布会，我谨代表国家文物局表示热烈的祝贺！向以陈来发先生为代表的“香港中国水下考古研究探索协会”的女士们、先生们表示衷心的感谢！特别感谢他们开创了香港特别行政区民间人士和团体资助中国水下考古工作的先河！我相信，这不仅从一个侧面反映出香港同胞的爱国热忱、以及文化同源、历史同根的同胞情谊，而且对于香港与内地民间文化交流将具有深远的影响。

水下考古事业在我国诞生之初，就受到党和国家的支持、扶助，国家文物局对此事业更是高度重视，十余年来，我们的水下考古队伍通过引进、学习、吸收、消化；通过近海诸项调查、发掘，开展与国外同行合作，到远征西沙的磨练，现在完全可以独立自主、较高水准地开展各项水下考古科研项目的作业。出于工作需要和长远发展的战略性考虑，近年来中国水下考古工作的重心南移。南海的海上丝绸之路，是我国人民自古对外友好交往的著名航线，“南海一号”沉船正是海上丝绸之路上宝贵的古代文化遗存。自她被发现之时，就引起了国家及广东省政府和各级业务部门的高度重视，十几年来，我们的水下考古工作者为此付出了艰辛的劳动。在以往工作和资料积累的基础上，对“南海一号”进行系统的科学考察和研究工作，自然也就成为

图 4-12
张柏的讲话稿

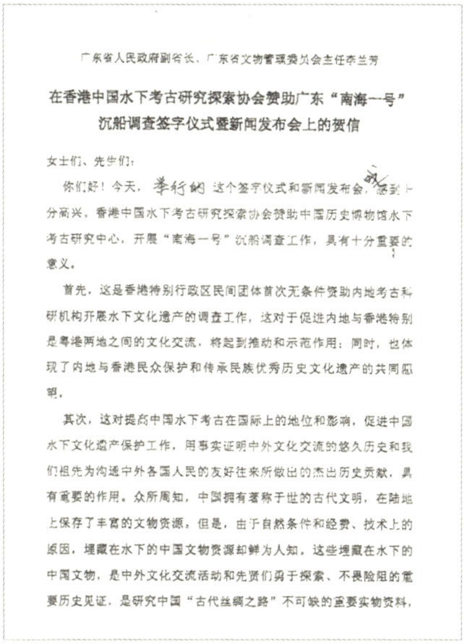

广东省人民政府副省长、广东省文物管理委员会主任李兰芳

在香港中国水下考古研究探索协会赞助广东“南海一号”沉船调查签字仪式暨新闻发布会上的贺信

女士们、先生们：

你们好！今天，举行的这个签字仪式和新闻发布会，感到十分高兴，香港中国水下考古研究探索协会赞助中国历史博物馆水下考古研究中心，开展“南海一号”沉船调查工作，具有十分重要的意义。

首先，这是香港特别行政区民间团体首次无条件资助内地考古科研机构开展水下文化遗产的调查工作，这对于促进内地与香港特别是粤港两地之间的文化交流，将起到推动和示范作用；同时，也体现了内地与香港民众保护和传承民族优秀历史文化遗产的共同愿望。

其次，这对提高中国水下考古在国际上的地位和影响，促进中国水下文化遗产保护工作，用事实证明中外文化交流的悠久历史和我们祖先为沟通中外各国人民的友好往来所做出的杰出历史贡献，具有重要的作用。众所周知，中国拥有著称于世的古代文明，在陆地上保存了丰富的文物资源，但是，由于自然条件和经费、技术上的原因，埋藏在水下的中国文物资源却鲜为人知，这些埋藏在水下的中国文物，是中外文化交流活动和先贤们勇于探索、不畏险阻的重要历史见证，是研究中国“古代丝绸之路”不可缺的重要实物资料，

图 4-13
李兰芳的贺信

图 4-14
陈来发对第二期全国水下考古专业人员培训班部分学员进行高氧潜水培训

为南海Ⅰ号进行的高氧潜水培训结束后，准备工作兵分两路，紧锣密鼓地进行着。

张威率领的一队人马，不停地奔波于北京和广东之间：制订和完善水下调查计划，办理国家文物局方面的批准文件，与广州打捞局协商委托水下工程辅助工作的内容和经费，与中国科学院南海海洋研究所协调声呐和浅地层扫测计划，向阳江海事部门申请办理工作船只进场手续及说明工作海域使用计划；……总体目标，对南海Ⅰ号进行精确定位并采集标本，了解海况，为今后工作打下坚实的基础。

香港方面，陈来发领导的团队也忙得不亦乐乎：根据协议，南海Ⅰ号水下考古调查的海上工作母船由香港方面提供，该船名为印洲塘号，是由木质渔船改装，长20多米，可乘载40人，船上配备先进的卫星导航定位系统及声呐设备（图4–15）。与此同时，为了保险起见，陈来发还向当年的英方负责人之一——莱尔·克雷吉–哈克特（Lyle Craigie - Halkett，被中国人称为赖浩杰）购买了他们当时确定的沉船坐标，谈好十万港元，先付一半，找到沉船后再支付另一

图 4–15
陈来发赞助参加 2001 年南海Ⅰ号调查的工作船

图 4-16
2001年南海Ⅰ号水下调查新闻发布会

图 4-17
广东省文化厅厅长曹淳亮向张威授队旗

半。……后来证明位置却是错的！五万元立时泡汤。对于此事，陈来发说：“我不敢说英国人故意点错位置，好心地想，可能年纪大，忘记了吧。”

2001年4月20日，“南海Ⅰ号水下考古调查授旗仪式暨新闻发布会”在广州星海音乐厅举行，张威作为队长，郑重地从广东省文化厅厅长曹淳亮手中接过了南海Ⅰ号水下考古调查队队旗（图4-16、图4-17）。之后，调查队立即起锚，驶往阳江，这次调查工作的目的十分明确：再次找到南海Ⅰ号，并准确定位。为了更顺利地开展水下考古工作，广东省有关方面出面协调，将大小帆石附近海域划给阳江海事局代管，以便办理有关手续。

参加2001年南海Ⅰ号水下考古调查队祖国内地的主要工作人员有以下诸位。

队长：张威（国家博物馆水下考古学研究中心，此时中国历史博物馆已与中国革命博物馆合并为中国国家博物馆）

副队长：张松（广东省文物考古研究所）

队员：崔勇（广东省文物考古研究所）

赵嘉斌（国家博物馆水下考古学研究中心）

鄂杰（国家博物馆水下考古学研究中心）

孙键（国家博物馆水下考古学研究中心）

张勇（福州市考古队）

朱滨（福州市考古队）

张万星（阳江市博物馆）

徐好武、薛平（广州打捞局，原为救捞局，后改为广州打捞局）

梁添明、王平（中国科学院海洋研究所）

黄德全（中山大学）

香港方面除陈来发外，还有五位志愿者同行。

2001年4月20日，根据张威队长的安排，崔勇与陈来发及印洲塘号工作船船长一同，根据广州打捞局提供的坐标，并参考英国人，即莱尔·克雷吉–哈克特提供的坐标，将要探测的区域标在图上。旋即崔勇、孙键、朱滨、鄂杰四人登船，学习配制高氧气瓶的操作，并将所有的空瓶全部充满38%的高氧混合气。所有这一切，都是为了第三次探访南海Ⅰ号而进行的战前准备。第二天，继续准备工作并办理边防和报关手续。

4月22日，天公不作美，海上掀起了7级风，张威宣布避风，队员们只好在港口避风；此时此刻，整个团队士气高涨，甚至有些上火。除了张威以外，还没有人亲眼看见或亲手触摸过南海Ⅰ号，但听说的可不少，用如雷贯耳形容一点也不过分，大家巴不得立即找到沉船并潜到水底，看个究竟。

老天好像有意难为水下考古队员们似的，23日的风仍然很大，海面上起的尽是白头浪。他们这时并没有想到，更多的考验还在后头呢！

24日上午6时，工作船准时出发并来到工作海域，声呐首先登场，可是搜索了一阵子，没有信号；好在陈来发准备了另一个备用声呐可以使用，可是备用声呐开机不久主机烧掉了。这事相当影响情绪，老陈提议，天尚早，返航太可惜了，建议用锚钩钩挂搜索，也许能挂上些东西。搜索到下午2时30分，挂钩果然钩住异物，队员们纷纷走到甲板上，张威发出潜水员入水的指令，崔勇、孙键首先入水调查，结果一无所获。按照崔勇的话说：“在水下没有发现任何异常现象。但这次潜水，开创了国内高氧潜水的先河。”也许是由于出师不利，队员们情绪沮丧，第一天出海工作，绝大部分人都晕船晕得一塌糊涂，特别是媒体记者们，更是晕头转向。

大海似乎是被某位仙人无意识摇动着，浪峰浪谷交替着，队员的心情也一会达到了波峰，一会儿跌进了谷底。几天下来，搜索的情况很不理想，陈来发请来港方志愿者中的心理医生，一块和徐好武聊天，想通过这个办法，以便老徐回忆起关于南海Ⅰ号具体位置的一些细节。1987年发现南海Ⅰ号时，老徐是带队的潜水员，他也亲自下水探摸过南海Ⅰ号。4月30日，根据老徐的记忆，声呐搜索的区域选择在大帆石以南的水域，老徐回忆，1987年他探摸南海Ⅰ号时的水深大约是27米。广州救捞局有规定，凡超过25米水深作业时，必须使用减压舱，他清楚记得，正是由于水深的缘故，请示过局领导，而大帆石以南海域的水深恰好接近27米。十天下来，搜索未果，队员们有些沉不住气了，开始对1989年标出的南海Ⅰ号坐标点产生怀疑，崔勇甚至还冒出过南海Ⅰ号被盗捞了的念头！实际上，水下队员们正在遭遇另外一个不为他们所预料的问题——淤积速率！

张威倒是老道很多，老徐所回忆的大帆石以南的水域虽然没有发现南海Ⅰ号，但勾起他1989年探摸时发现的一个细节——南海Ⅰ

图4-18
2001年南海Ⅰ号
工作照1

图4-19
2001年南海Ⅰ号
工作照2

号表面有许多渔网，说明渔民在捕鱼过程中渔网被挂住过。想到这里，他安排广东省文物考古研究所的李岩走访渔民，看看是否能访问到一些线索，即附近海域哪些地方经常出现渔网被挂住？那就是需要再探测的水域！5月1～4日连续几天，李岩带着这个问题走访了二十几位渔民，但毫无线索。从调查开始，已经半个月过去了，仍然一无所获！大家的心情和南海Ⅰ号沉船海域的能见度一样，都很差（图4-18、图4-19）。

5月4日晚上，队员崔勇、孙键、朱滨和李岩一同向张威队长建议：上浅地层剖面仪。他们的想法与张威不谋而合，前一天，张威已经安排张松与中科院海洋研究所，即南海海洋研究所取得了联系，安排浅地层剖面仪上船的事宜。

5月5日晚，崔勇、朱滨奉命回广州接南海海洋研究所的仪器。第二天下午，上船安装调试旁侧声呐仪和浅地层剖面仪，南海海洋研究所的梁添明负责这两套仪器的操作和图纸判读，他的同事王平负责定位。

5月7日，浅地层剖面仪带着所有人的希望出海了。一天下来，虽然发现了几个疑点，但与原有的南海Ⅰ号坐标差距很大。

5月8日，大风，无法出海。

5月9日，考虑到小船走测线比大船相对精确，队员们将设备从大船移动到小船上，并进行了调试。

5月10日，大风，无法出海。

从广州星海音乐厅的授旗仪式开始算起，整整一个月过去了。

5月11日，好不容易风浪小了些，探测再次开始，可航行了一个小时后，小船的发动机、电动机又先后出现故障，梁添明想放弃使用小船，将仪器转移回大船，可是涌浪大，两船不能靠在一起，设备无法搬运，于是只能返航。

5月12日，出海，但是设备故障令当天的工作仍然很不顺利：先是岸台定位仪器蓄电池电力不足，船上收不到差分信号，航迹图无法绘出，而且影响定位精度。接着，浅地层和旁侧声呐的拖鱼电缆接触不良，仪器无法工作。经过一轮紧张的抢修，直到中午12时恢复正常，小船驶上测线，经过原定的疑点（即1989年南海Ⅰ号的坐标点）时，浅地层图上就有明显的反应，经过反复探测都有反应。随后李滨（水下录像）、崔勇、鄂杰，孙键、张勇，崔勇、朱滨三组队员下水，在水下发现了渔网，在淤泥中发现了较大的凝结物，还采集到了一片青釉瓷片，所有这些——

线地层剖面仪

浅地层剖面仪与声呐都是利用声波在水中或水下沉积物内传播或反射的特性对水底进行探测的仪器。但声呐的长处在于水中和海床表面物体的探测，而浅地层剖面仪则擅长对海床以下的堆积中不同物体的发现。仪器由船只拖曳，在航行过程中，仪器垂直向水底重复发射大功率低频脉冲声波，声波遭遇不同介质时，反射也不同。在南海Ⅰ号的调查中，大体可以将海水、淤泥、船体和瓷器、金属凝结物等看作不同的介质，因此反射回来的回波信号就会有所差别，经过放大、滤波等处理，在干式的移动记录纸上显示出不同灰度的黑点组成的条带，就代表着不同密度和结构特点的物质——或是海水，或是淤泥，或者是沉船凝结物，这样，即可发现南海Ⅰ号。

图 4-20
2001 年拍摄的南海Ⅰ号沉船遗址堆积表面

坐标点、渔网、凝结物、青釉瓷片都与1989年的记录吻合。张威判断，南海Ⅰ号被找到了（图4-20）！

5月13日，队员们再接再厉，下午2时许，崔勇和李滨先下水，水下的能见度很差，他们几乎是用手来代替眼睛来探索。他们摸到了高出海床面的两块比较大的凝结块，第一块高出海床面约30厘米，第二块高出海床60～70厘米。同时，队员们也再次进行了精确定位。

一直到16日，队员们轮番下水，收集资料。陈来发和他率领的志愿者们也都经历了与以往不同的潜水经历，他的赞助善举画上了圆满的句号。回忆起找到南海Ⅰ号前的巨大压力时，他说："至少这次赞助活动不至于烂尾了！"南海Ⅰ号从它被发现直到2001年5月的再发现与再定位，可谓是一波三折，古人和今人、内地和香港同胞聚首水下文化遗产保护的第一现场，苦与乐、压力与释然的轻松交织着，在后来几天的潜水过程中，大自然给队员们几乎都留下了纪念——几乎个个都被水母蜇伤了，有的在颈部，而大部分在脸上，红肿不说，又痛又痒。不知道谁出的主意，说胡须可以使水母的触须不至于直接扫过脸部的皮肤，所以，自那儿以后，他们中的大多数人都留起了胡须，以至于一些媒体记者采访时，以为队员们扮酷。由于再次成功造访南海Ⅰ号，这点苦头也就算不了什么了。也许有人会问，他们再次找到沉船时应当非常惊喜吧？用张威的话说："我相信一定能找到它，可中间那些日子也有些提着心的感觉，这回总算可以有个交代了。"语气相当平静。

自1989年张威下水，12年之后，2001年5月12日，南海Ⅰ号又迎来了新客人，因为除了张威，他们全都是新人，南海Ⅰ号也给了他们，包括张威一些新的感觉，1989年它还是海床表面明显的突起，可是12年后，它隐身了。隐身的原因在于沉船所在海域泥沙的沉积速率在不断加快，它基本被泥沙掩盖了，从海床表面已经看不到它的真容。这为水下队员们寻找沉船提供了宝贵的经验。

水下考古的试掘或者说发掘，与陆地上进行的发掘有不少方法都是相同的：在水下将发掘的区域划分出有一定尺寸的方格，即探方，布设探方不是使用绳子，而是钢材。因为水下的各种水流十分常见，使用绳子拉出的方格很容易在水流的作用下变形，那样，给水下的测绘工作带来不便。钢质的探方不仅方便固定，而且，它不会由于水流作用而变形，方便测量。电视中常常可以见到陆地考古发掘的场面，发掘现场使用铲子、小刷子等进行清理；水下则主要使用抽泥机，将要发掘清理区域的淤泥抽到水面并排放到距离发掘现场比较远的地方。水下采集的标本需要用吊篮吊至水面的工作船上，进行清洗和编号。其他过程与陆地一样，需要进行文字记录、绘图、摄影和摄像。水下的照相机和摄像机都有防水罩，并以水下人工光源进行补光。在南海Ⅰ号沉没水域的拍摄不仅有能见度的困扰，并且，它所在的水域底部为淤泥沉积，如果潜水员在水底走动，或者使用抽泥机器，势必将淤泥搅动起来，使能见度更差。崔勇练就了水中悬停的技术，即潜水员不着水底，像直升机一样，悬停在被拍摄物的上方进行拍摄，以利用十分有限的能见度。谈到水下的绘图，队员孙键曾经谈起一件趣事：当年，曾经有美国公司研制了专门在水下使用的绘图笔拿到他们水下考古学研究中心销售，队员们听完美国人的介绍之后，都笑了起来。因为他们研制的绘图笔相当昂贵，而我们的队员所使用的水下绘图笔就是普通的中华牌铅笔！既廉价又实用。当然，图不是画在纸张上，而是画在不怕水的塑料绘图板上，返回水面后，再誊到透明的硫酸纸上（图4-21、图4-22）。

图 4-21
布设的水下探方

图 4-22
水下绘图

经过2001年的调查，南海Ⅰ号的位置最终被精确地确定了下来。如何对它进行保护成了急切需要解决的问题，时任广东省副省长的李兰芳同志在听取了有关汇报后，立即赶赴阳江，亲自主持召开会议，布置安全保卫工作。

2001年的调查和探摸，解决了南海Ⅰ号在哪儿的问题，紧接着，现状怎么样的系列问题就摆在了水下考古队员们的面前，如果不进一步做出勘察和了解，从专业角度对它的保护也就无从谈起。于是，围绕着南海Ⅰ号沉没环境与状态怎么样？是否解体？如果没有解体，它的外形有多大？船内的货物情况如何等一系列问题，2002年3～7月，水下队员们又再战阳江，对南海Ⅰ号的具体状况展开了调查和试掘。

2002年的第一次调查试掘仅仅在水下布设了16平方米的发掘范围（图4-23）。十分幸运的是，这16平方米的探方恰好位于一个货舱的位置，前后月余的时间，试掘出水的各类瓷器多达6000件。绝大部分瓷器完好如新，只有少量胶结在一起。种类有碗、碟、盘、壶、盒等。从产地来看，绝大部分来自于江西和福建各个窑口，品种与1987年出水的瓷器基本类似。瓷器在船舱里成摞码放，有些瓷壶中还放满了小盒或壶的盖子。有些碗底也保存了墨迹，可以辨认

图 4-23
2002 年南海 I 号
试掘时的水下队员

的有“李大用”、“林六哥”等字样。除了瓷器，还出水了一定数量的铜环、银锭及船板残件（图4-24～图4-36）。

第二次调查试掘从6月开始，经过一个月的工作，使用物探和抽泥这两种主要手段对沉船的尺寸和埋藏状态进行了调查。这次调查天公作美，天气情况好，工作相当顺利，其中出海工作20天，遇大风浪中途返回6次，因预先得知天气状况没有出海6天。可以说因气候原因造成的工作影响非常小，工作效率很高，可工作天数比例超过50%，队员们都说这回是相当幸运、相当顺利。

图 4-24
2002 年出水瓷片上的“林六哥”墨迹

图 4-25
2002 年南海 I 号试掘出水的镀金铜环

图 4-26
2002 年南海 I 号试掘出水的漆器残片

图 4-27
2002 年南海 I 号试掘出水的果核

图 4-28
2002 年南海 I 号试掘出水的景德镇窑系瓷器

图 4-29
2002 年南海 I 号试掘出水的龙泉窑系瓷器

图 4-30
2002 年南海 I 号试掘出水的银锭

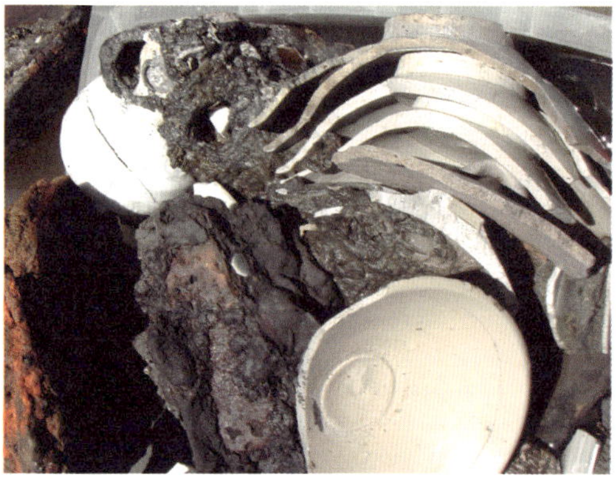

图 4-31
2002 年南海 I 号试掘出水时瓷器的胶结情况

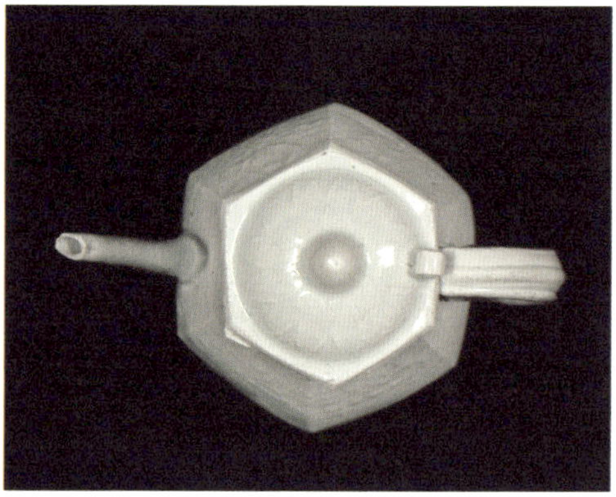

图 4-32
2002 年南海 I 号试掘出水的瓜棱壶

图 4-33
2002 年南海 I 号试掘出水的船板残件

图 4-34
2002 年南海 I 号试掘出水的大小相套的瓷器

图 4-35
2002 年南海 I 号试掘出水的大量瓷器

图 4-36
2002 年南海 I 号试掘出水的大量瓷器

2002年的第二次调查选择在6月份，主要出于对工作环境的能见度的考虑。因为每年的6月1日至8月1日是南海的伏季休渔季节，大马力的双拖渔船在休渔季节是禁止捕鱼的，调查队希望这样的情况能保障海底的能见度。但是这三个月也是南海海域气象条件最不稳定的季节，由于连续的大风雨，使得能见度没有真正得到改善。第二次调查试掘期间，海底能见度最好的一天，潜水员在水下没有灯光的情况下可以看到覆盖在南海Ⅰ号表面的渔网，能见度超过了20厘米，但这种能见度仅维持了一天。因此，总体评估，沉船水域能见度相当低，几乎无法满足摄影、摄像的要求。

这次调查还包括了一个重要的内容：南海Ⅰ号的沉态。用通俗的话说就是南海Ⅰ号在水底是什么样态？是翻转着、侧卧着还是像在水面上航行那样？队员们访问了在1987年下潜探摸过南海Ⅰ号的潜水员，从他们的回忆中得知一个重要细节：就是当年发现南海Ⅰ号沉船时使用的是旁侧声呐系统，而根据2001年所见的沉船埋藏情况分析，当年声呐所发现的是沉船上的一根桅杆，桅杆与海底垂直并高出海底平面2米多，正因为如此，南海Ⅰ号的这根桅杆上挂了很多渔网（后来桅杆被锯掉了）。声呐发现的是高出海底平面的桅杆和渔网的影像。根据桅杆的保存状况，可以推断出沉船的沉没状态应是平躺在海底的，也就是说，它在海底的状态与在水面航行时的基本一样。

水下的试掘过程对于了解船只的大小十分重要，经过几天的抽泥终于见到了船舷的两侧，因水下能见度为零，测量只能使用结绳方式，用绳索量得的长度是8米，但是是绕过凝结物测量来的结果，所以应该减去1米左右的弯曲度，实际宽度在7米左右。如果再减去测量绳角度的误差，实际宽度可能还要稍微再窄些，在了解宽度的同时，还沿着一侧进行清理，共清理出约20米的沉船船舷。综合第一季度的发掘情况，以及潜水员提供的早期沉船线索，初步估算出了沉船的大致尺寸：船长约30米，宽约7米。出于对潜水员的安全和对沉船保护的综合考虑，这次试掘并没有将沉船的底部全部抽出，船只的型深是根据浅地层上的影像估算出来的：沉船的高度在4米左右。这些数据在以后的历次工作中得到了验证，这是最早关于南海Ⅰ号尺寸的数据。

在工作即将结束前，抽泥机抽出了一块较大且平坦的凝结物，下面是一块巨大的平面木板，推测是船的甲板。取出部分凝结块经分析后可以看出，该平面是二次凝结造成的，凝结块中的瓷片非常碎，而且各种不同窑口、不同器形的瓷片混杂在一起，与第一季度发掘时每种器形都单独存在于某一相对位置的情况有所区别。推断这种情况应该是1987年发现南海Ⅰ号时，部分被抓斗抓坏的瓷器碎片重新倾倒入海后形成的二次堆积凝结而成。由于堆积的位置正好位于主甲板上，因此形成了平面凝结块。凝结块下的木板很平，潜水员用手伸到了甲板内，发现里面有很大的空间，这是一个较为完整的船舱。这些情况表明，1987年所下的抓斗对南海Ⅰ号造成了一定程度的破坏，但破坏的具体位置尚不清楚，从各种情况分析判断，南海Ⅰ号船体仍然基本保存完好，并没有解体或者断裂。

第二次试掘出水的文物主要有陶瓷器、漆器、金器、铜器，以及煤块、动物骨骼等，种类上比第一次要丰富，漆器碎片比较多。这同时出现了一个问题，即如果对南海Ⅰ号进行水下发掘，如果继续采用抽泥的方式进行，那些容易损毁的文物可能只见得渣儿了！此外还有一件纯金的环，以往这类物件多是镀金的。煤块、石枕、数量较多的动物骨骼的出水则让人很容易对当年船上的生活场景产生好奇。海上航行的船只可以说是个浮动的小社会，除了货舱里的瓷器等船货外，应当还有为数不少的船员或者乘客的生活用品，这些对于未来复原以南海Ⅰ号为代表的船上生活都具有不可或缺的重要价值。

可以说时间的指针指向2002年时，对于南海Ⅰ号来说，走完了发现之旅。同时，对它的基本情况有了进一步了解：它所处的环境与海况对未来的保护和发掘而言，最大的困难是水下的能见度很差。

南海Ⅰ号的沉态状况相当好，虽然经历了已知的一次破坏，即1987年的那次抓斗挖掘，但它没有解体，而且在水下保持了正沉态，船板还具有相当的强度，船舱的基本结构也保持了下来，船只的基本尺寸尽在掌握中。

船上所载除了货物，还保存了一定数量和种类的船员的生活用品。

关于南海Ⅰ号的年代，根据出水文物，特别是瓷器的特点，对它的年代和相关问题的研究也有了进展。现任广东省文物考古研究所副所长邓宏文当年在工地现场，协助水下队员整理出水文物，他仔细观摩了数次出水瓷器和钱币，对于南海Ⅰ号的年代，给出了一个开放性的看法：

绝大部分瓷器的特点都可以认为是南宋早期的，出水的钱币也与这个情况大体吻合。但是，磁灶窑的绿釉碟和龙泉窑系的菊花瓣碟，根据目前陆地考古对窑址的发掘和研究，一般来说前者年代被定在南宋晚期至元代，后者则被定在南宋晚期，这与南海Ⅰ号所确定的南宋早期有矛盾。如果从考古遗物的共存关系来看，沉船中的瓷器共存关系非常明确；相比之下，窑址的发掘不仅瓷器破碎者众，而且，地层单位中由于存在早晚遗物混杂的可能，所以在确定相同地层单位遗物的年代时，往往以最晚的遗物为年代指示器，于是，不排除陆地窑址发掘的同类瓷器年代有偏晚的倾向。如果南海Ⅰ号发掘结束的时候，这整船的瓷器由于时间上的共存关系十分明确，它甚至会改写部分瓷器出现的年代。

正如前述所讲，通过水下考古手段，对于涉及南海Ⅰ号物的方面有了相当的了解，但以考古学的终极目的而言，则是恢复历史。历史中的物是人造出来的，反映着当时社会的生活状况，面对着这些物，自然令人遐想作为古代的一艘远洋商船，我们还应该能够找寻到更多的关于当时社会的信息。

第五章

中古世界的中国制造

大约在中国元代，欧洲人开始了著名的文艺复兴运动，直至1258年，蒙古军队攻陷阿拉伯帝国首都巴格达，阿拉伯帝国灭亡。阿拉伯帝国灭亡后，其原来统治的区域，即中近东和北非，先后被伊尔汗国和土耳其奥斯曼帝国所统治。南亚地区先后被德里苏丹国和莫卧儿帝国所统治；东南亚地区有占城、真腊等国家；中国的东方是古代朝鲜和日本，此时朝鲜半岛的主人是高丽王国；自中国宋朝开国，日本遣唐使的时代已经过去，东瀛处在政治巨变之中，镰仓幕府建立，日本处于武士阶层的统治，先后有镰仓时代和室町时代相更替。而美洲、澳洲等地作为新大陆，与前述旧大陆地区的人民基本处于隔绝状态。现在静卧在“水晶宫”中的南海Ⅰ号作为海商之货船，就是诞生于这样的历史环境中。眼望着南海Ⅰ号，脑海里装着旧大陆的古代国家和人民，即使没有很好的能见度，这艘沉船，也足以令人产生连篇的遐想，南海Ⅰ号，曾经在碧海蓝天间，云帆高悬，乘风破浪……可是，那个年代，也就是宋元时期，往来海上的船只到底是什么样子呢？满载中国瓷器的南海Ⅰ号是中国造的吗？船主一定是中国人吗？还是让我们先从那时候的船说起吧。

宋元时期船只航行在茫茫大海之上，前行的动力装置主要是风帆，依照现在流行的观点，以风为动力的远洋运输可谓是低碳之至。中国自古就有与之相关的词语：顺风顺水、一帆风顺，等等。通常有人会认为：帆船要靠顺风才能被推动前行，但这只是其中的一种情况，大多数时候，并非如此；根据流体力学中伯努利定理，侧风或者逆风的条件下，才能为帆船提供持续的动力。

中国人对于风向与船只航向之间的关系早有认识。仅举一则：朱彧（音玉），字无惑，湖州乌程（今浙江吴兴）人。著有《萍洲可谈》一书，虽然原书已经亡佚，但今仍然可从《永乐大典》中辑出，接近原书。该书记载了北宋时期的土俗民风、朝章国典、轶闻琐事，谈到驶船时云：“……海中不唯使顺风，开岸就岸风皆可使，唯风逆则倒退尔，谓之使三面风，逆风尚可用矴（同碇）石不行。……”他所说的开岸风即为侧风。至于逆风行船，根据明代兵书《筹海图编》卷13中载有：“沙船（一种平底帆船）能调戗（音

丹尼尔·伯努利

丹尼尔·伯努利（Bernoulli，Daniel），1700年2月8日生于荷兰，1782年3月17日卒于瑞士巴塞尔，数学、物理学、医学家。由于伯努利定理的发现，他被尊称为“流体力学之父”。1726年他首先提出了定理的内容：在水流或气流里，如果速度小，压力就大，如果速度大，压力就小。其实质是流体的机械能守恒，即：动能+重力势能+压力势能=常数。其最为著名的推论为：等高流动时，流速大，压力就小。关于这个物理学定理，也许大家还记得有个著名且非常容易的小实验：将一片纸条放在嘴唇下，当嘴向外吹气时，那纸条会飘起来，这个实验常常被用于介绍飞机的升力原理——飞机机翼的上表面是流畅的曲面，下表面则是平面。这样，机翼上表面的气流速度就大于下表面的气流速度，所以机翼下方气流产生的压力就大于上方气流的压力，飞机就被这巨大的压力差“托住”了。简单地说，如果将飞机机翼沿着垂直方向放置，它就相当于帆船的风帆，而升力则为帆前进的推力了。将顺风行船时帆受到风的直接吹动看成是动态的压力，则侧风时，由于帆两面空气流速的不同，就会产生静压力，这个静压力才是推动帆船持续前行的主要力量，即伯努利效应；反之，过于顺风的条件并不是俗话说那样理想的状态，因为顺风时伯努利效应消失。船靠风对帆的动压力推动，而动压力的大小决定于风对帆的相对速度，相对速度越大，动压力就越大。当船在顺风产生的动压力的推动下时，前进速度会逐渐增加，相对而言，风与船相对速度就会减小，因而风对帆的动压力减小，船速会再度慢下来，同时会进入不稳定状态，所以顺风之动压力对帆船来讲，并不是持续高效率的动力来源，只有船的航行方向与风向呈一定夹角，船在静压力的推动下，才能得到持续稳定的推力，使船获得比较高的航行速度。若是逆风行驶，船的航行方向应与风向呈一夹角，必须采取“之”字形的路线（图5-1）。

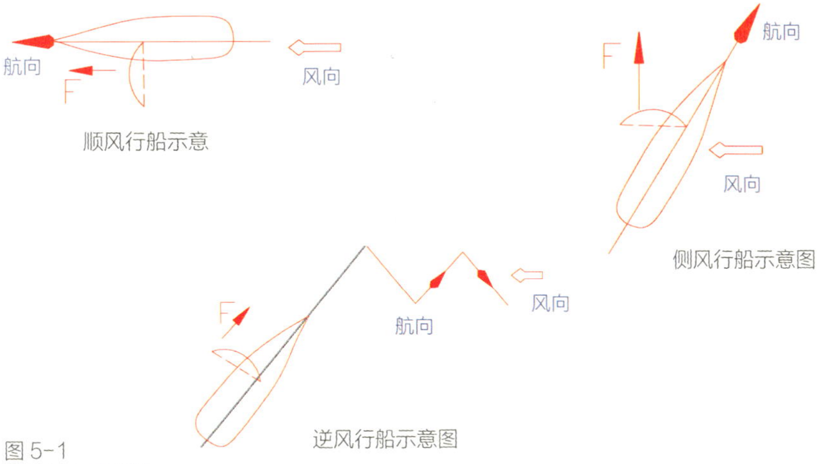

图 5-1
帆船航行原理图

抢，逆行，调戗即轮流换向）使斗风。……”虽然古代中国人尚不知伯努利定理的科学理论，但是，他们在航海的实践中已经基本掌握了利用静压力作为帆船持续稳定动力的实用技术。

从航海技术的角度而言，仅仅掌握了风的使用是不够的，还要将一系列相关的知识和技术整合于一处，才能保证漂洋过海的帆船顺利到达目的地并返回故土，当中主要包括：对季风、洋流、潮汐的认识及利用，以及导航等技术的认知与利用。

季风与洋流等天文气象的知识与利用

季风一词最早来源于阿拉伯语，相当于中国唐代时期的阿拉伯商人就开始利用风向的季节变化从事航海活动，而现代气象学意义上季风的概念是英国科学家哈莱（Halley）提出来的。1686年，他在《英国皇家学会会刊》上发表了关于季风形成原因的文章，指出：季风是由太阳对海洋和陆地加热差异形成的。夏天，由于海水比热大且体积大，被加热的程度缓慢，因此，海面较冷，气压则高；相反而大陆由于加热快，就形成了暖低压，空气总是从高压处向低压处流动，于是，夏季风由海面吹向大陆。冬季则相反，冬季风由大陆吹向大洋。到18世纪上半叶，英国科学家哈得莱（Hadley）提出了哈得莱环流圈理论，并对季风的成因进行了补充和修正。他提出：以哈莱的理论，南亚地区阿拉伯海至印度的季风应该是夏季吹南风，冬季吹北风，但实际观测到的却是夏季吹西南风，冬季吹东北风。这是因为夏季当气流从南半球跨越赤道进入北半球时，由于地球的自转，气流会受到一个向右的惯性力作用，这个力就是地转偏向力，如此，气流在向北的运行过程中向右偏，形成了西南风，冬季又恰好相反。

我国古代对季风有着各种不同的称呼：如信风、舶风、落梅风等。东汉应劭在《风俗通义》已经提到：“五月有落梅风，江淮以为信风。”“落梅风”意即梅雨季节以后出现的东南季风；东晋时，高僧法显在《佛国记》中提到：他在大约义熙五年（公元409年），由多摩梨帝国“泛海西南行，得冬初信风，昼夜十四日，到师子国”，约义熙七年八月（农历）离开师子国，“得好信风，东下……”，在义熙八年四月十六日（农历），离耶婆提东北行，乘西南季风返回祖国，中间遭遇波折，结果于青州登岸。这是中国关于季风与航海实践相关的最早记录。中唐时期李肇所著的《唐国史补》中说道：“自白沙溯流而上，常待东北风，谓之潮信。七八月有上信，三月有鸟信，五月有麦信。”就明确记载了信风与行船的关系。及至宋元，中国的航海者更是熟练地掌握了季风的规律并运用到航行的实践中，相关的记录屡见不鲜。朱彧《萍洲可谈》：“舶船去以十一月、十二月，就北风，来以五月、六月，就南风。”赵汝适《诸蕃志》：“泉舶以酒、米、面粉、纱绢、漆器、瓷器等为货，岁杪或正月发舟，五、六月间回舶；若载鲜槟榔搀先，则四月至。”周去非的《岭外代答》则结合季风与具体航程加以记叙：其卷三《航海外夷》：“……诸蕃国之入中国，一岁可以往返，唯大食必二年而后可。大抵蕃舶风便而行，一日千里，一遇朔风，为祸不测。”因大食航程遥远，无法直达，一次风信仅航行半途，所以必须先停船，等候下次季风来临方才继续航行，这个过程称为“住冬”或“压冬”。其卷三《大食诸国》：“有麻离拔国。广州自中冬以后，发船乘北风行，约四十日到地名蓝里，博买苏木、白锡、长白藤。住至次冬，再乘东北风六十日顺风方到。”麻离拔即为现在阿拉伯半岛南岸之马尔巴特（Marbat），蓝里（Lamuri）是苏门答腊岛北部。往返中国与大食诸国之间，去大食时，中途住冬地多为苏门答腊岛北部一带。南宋时曾任泉州太守的王十朋《梅溪集·提舶生日》诗曰：“北风航海南风回，远物来输商贾乐。”所指的就是泉州下西洋的航船在东北风起的冬季出发，夏天乘西南风回航的情景，只是他用诗的方式表达，更有艺术色彩，更加简练。

洋流也称海流，是海洋中除了潮汐运动之外，海水沿一定途径的大规模流动。形成洋流的因素可以是风，也可以是热盐效应造成的海水密度分布的不均匀性。洋流是地球表面热环境的主要调节者。洋流有暖流和寒流：若洋流的水温比到达海区的水温高，为暖流；若洋流的水温比到达海区的水温低，则为寒流。通常说，由低纬度流向高纬度的洋流为暖流，由高纬度流向低纬度的洋流为寒流。船只顺洋流方向航行可以显著加快速度；如果暖寒流相遇，海上会形成海雾，对航行非常不利。唐代高僧义净，正是凭借着对南海季风、北印度洋及孟加拉湾的季风和洋流规律的认识和利用而乘船到达东南亚室利佛逝国，后还归祖国的。

元代来到中国的马可·波罗在《马可·波罗行纪》记录马达加思加儿岛（马达加斯加）时这样写道："马八儿船舶之莅此马达加思加儿岛及僧祇拔儿岛者，航行奇速，路程虽远，二十日可至。但在归途则须时三月。盖水向南流，归时须逆流而上。年中无论何季，海水常向南流，其流之急，询不可思议。人言位置更南之他岛，因海流阻碍船舶之归，故船舶皆不敢往。"更加明确地表述了洋流对于帆船速度的影响。可以说，与季风一样，宋元时期的中国航海者对洋流同样有所认识，并应用在航行实践中。

潮汐和山形水势等

潮汐现象是指海水在天体（主要是月球和太阳）引力作用下所产生的周期性运动，将海面垂直方向涨落称为潮汐，而海水在水平方向的流动称为潮流。中国古代称白天的潮汐为"潮"，晚上的称为"汐"，合称为"潮汐"。潮汐活动与船只进出港口、经过浅滩关系密切，台风等灾害性天气对航行的影响更是不言而喻。元代，航海者在长期的海上实践中，总结了有关潮汛和气象的口诀，成为航行的重要参考。

山形水势与航行的关系主要表现在对海水流速、海洋深度的判断。当时人们已懂得利用长绳系砣测量海深，并从砣底所黏附的海底泥沙判断航行位置及情况。

宋时，四川人李心传编撰了《建炎以来系年要录》，是一部记述宋高宗赵构一朝时事的编年史书，当中卷九十六对海图一事有如下文字："伪齐刘豫献海道图及战船木样于金主亶，金主亶入其说，调燕云两河夫四十万入蔚州、交牙山，采木为筏，开河道运至虎州，将造战船且浮海入犯。”海道图的出现令人称奇，中国人绘制海道图，至迟不会晚于宋代。参考《郑和航海图》我们可以知道，海道图中对于山形水势都有详细的描绘和记录，供航海者选择航线时做出正确决断。

宋元时期的中国人对航海事业最突出的贡献莫过于指南针的使用。此前，无论是阿拉伯人还是中国人，在海上航行时，都只能通过太阳、月亮或星辰的位置来导航，或者利用地形山貌的形状来判断船只所处的位置。故而，船只多数要在近岸的海域航行，以方便利用地物导航。法显从印度乘船回国时，这样记录着：“大海弥漫无边，不识东西，唯望日、月、星宿而进。”而唐代的李淳风《海岛精算》记载了利用矩或表进行两次观测，可求得海岛之高度和与船的距离的方法，将利用地文导航的技术推向了高峰。但是，跨越大洋的航行由于受到天气和地理位置的影响，无论是天文法还是地文法导航都有很大的局限性，指南针的出现则彻底改变了这种局面，它是中国人对世界文明发展做出的重大贡献。

1958年辽宁旅大对面沟元代墓葬中有“针”字碗出土（《考古》1966年第2期）。碗内底有两同心圆，圆内绘并排的三点，碗外之圈足内正楷墨书“针”字（图5-2）。

1975年河北磁县漳河古道中出土了六艘元代木船，其中一船出土有类似内底有两同心圆，圆内绘并排的三点状纹样的瓷碗。这两处文物证明了当时水浮法指南针的样式和使用。

北宋宣和年间，朝廷曾经组织了对朝鲜的出使访问，《宣和奉使高丽图经》载：“……洋中不可住，惟视星斗前迈，若晦暝，则用指浮针以揆南北。”说明当时的船只所用的指南针是利用水浮力制成的。

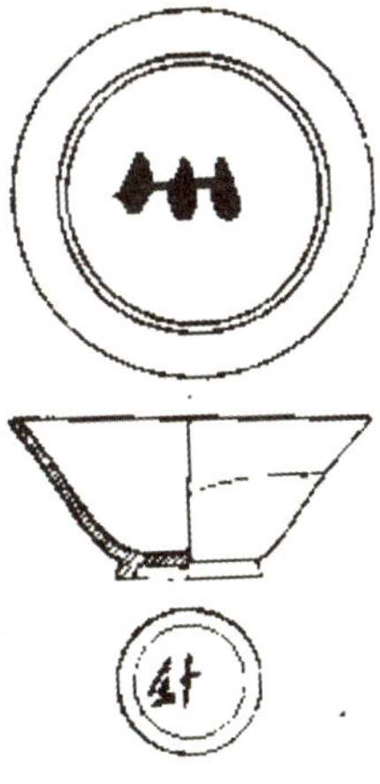

图 5-2
针字碗

南宋后，航海者将水罗盘和带有方位标记的部件与磁针一同组合成完整的罗盘，当时称为针盘、南针、经盘或地螺。南宋末年的吴自牧所著《梦粱录》记录了罗盘的重要性：“且论舶商之船。自入海门，便是海洋，茫无畔岸，其势诚险。盖神龙怪蜃之所宅，风雨晦冥时，惟凭针盘而行，乃火长掌之，毫厘不敢差误，盖一舟人命所系也。……但海洋近山礁则水浅，撞礁必船坏。全凭南针，或有少差，即葬身鱼腹。”

由于指南针的长期使用和经验积累，航海者们将船只航线的变动与磁针角度变化的对应关系进行总结并记录了下来，这就是所谓某条航线的针路。关于这方面最早的记载是元代周达观所著的《真腊风土记》：“自温州开洋，行丁未针……又自占城顺风可半月到真蒲，乃其境也。又自真蒲行坤申针，过昆仑洋入港。”

丁未针、坤申针即指针路中船行的方向，古人标示方向不像今天用角度或东南西北的方法，而是用天干地支及四卦来标示，例如子为正北。明代郑和下西洋的过程中所绘制编写的《郑和航海图》就有许多这样的例子，但实际使用针路最晚应当在宋代。

在用指南针导航的同时，通过测量天体高度来辨认船位变化的技术也更加成熟地应用在航海中。《马可·波罗行纪》中，马可·波罗提到在航海中天体高度的变化情况，表明当时的航海者仍然使用测量某些特定星辰的出水（海平面）高度来确定船位的古老方法。

宋元时期中国的海船还有一项重要的技术，就是利用鸽子进行通信。宋徽宗年间，浙江人江少虞编纂的《事实类苑》一书中就有相关记载：“古诗云‘袖中有短书，欲寄双飞燕。’诗意以燕春来秋去，似可寄书，故偶然耳。今人驯养家鸽通信，皆非虚言也。携至外数千里，纵之，辄能还家。蜀人以事至京师者，以鸽寄书，不旬日皆得达，及贾人舶舡浮海，亦以鸽通信。”虽在外洋，仍然可以与家中保持联系，令人惊叹！

有了先进的导航等航海技术，航行的基本装备，即船只的情况又怎样呢？放眼当时世界各国，除中国外，世界上尚有两个主要文明区域——地处西方的中世纪的欧洲和位于东西方之间的阿拉伯帝国。

中世纪的欧洲，并没有将希腊、罗马时期繁盛的海上贸易活动直接继承下来，从某种意义上说，他们的造船和航海活动就全世界来讲，处于相对落后的水平。到了接近文艺复兴时期比较早的阶段，以威尼斯人为首的欧洲人才重兴海上贸易。

图 5-3
欧洲朗希普型帆船

欧洲中世纪的船只航行，或用帆，或用桨，或两者兼而有之。与中国宋元时期年代相当的欧洲处于中世纪早、中期，那时，欧洲所建造的船只主要有三种类型：朗希普型（Longship）、克诺尔型（Knarr）及柯克型（Cog）（图5-3～图5-5）。

朗希普型也被称为长船，有龙骨，外国用木板建造成底部和船舷，单桅，并安装有横帆，即横向安置的方形帆，平时靠风力行驶，作战时将风帆降下，桅杆放倒，用桨划行。1962年在丹麦罗斯基勒（Roskilde）发现了以橡木建造的长船残骸，研究表明，船只建造于1042年。此船长约30余米，几乎是该类船只中的巨人了，但是这种船的长宽比通常为7∶1，故而船体相当窄，加之仅1米上下的吃水深度，所以，它的容量相当有限，其优势是有一定的航速。由于它的建造和使用者是北欧的维京人，所以也被称为维京船。

克诺尔型帆船与朗希普型相比，设计和体型更侧重于货运。船长约16米，宽4米有余，而且吃水较深，载重可达24吨，动力则以风帆为主。它曾经航行于波罗的海、地中海和其他海域。

图 5-4
欧洲克诺尔型帆船

图 5-5
欧洲柯克型帆船

柯克型帆船12世纪出现于维京船队，由维京船转变而来。与维京船相比，船身短而偏圆，长10～30米，可载百人左右，以风帆作为主要动力，载重60～80吨。因此，此船在海上航行时相对于当时的其他船种有很强的稳定性，也有相当不错的舱容量。其甲板即便在恶劣天气中行驶也能有效地保护货舱，避免进水。后来，安装在船艉部通过合叶转动的舵被发明，并使用在柯克型帆船上，使它的驾驶更加安全方便。

阿拉伯人处于阿巴斯王朝时期，他们的造船技术又如何呢？阿拉伯人的造船工业主要集中在波斯湾岸边的巴士拉、地中海东岸地区的阿卡里、埃及的亚历山大等地。他们所建造的帆船种类繁多，以单桅三角帆船为发展的主要线索，其中费卢卡型（Felucca）、柏格莱型（Baghlah）、萨姆巴克型（Sambuk）是当中的三种主要类型（图5-6～图5-8）。

费卢卡型帆船主要由船体和一个桅杆及三角帆组成，但是这种帆船体积较小，载重能力也就受到限制，适用于近海和少量的人、货运输。不过与欧洲帆船相比，费卢卡型帆船航海能适应风向，从而可以自由地航行，甚至是逆风时也可以通过“之”字形航行到达目的地。与长方形的横帆相比，它的操作也变得简单了许多，后来就在阿拉伯地区迅速得到推广。

柏格莱型与费卢卡型相比，是一种较大的、阿拉伯传统的深海帆船。它主要用于沿海岸的阿拉伯半岛、东非和印度洋地区的航行。大约配有30名船员。

萨姆巴克型帆船则更大些，载重达到百吨的水平，船员的人数也大大增加了，造型方面采用方艉设计，并有船桥。而此前，阿拉伯船只不分艏艉，船艏与船艉可交替使用。

关于阿拉伯人所造船只的其他特点在《中国印度见闻录》有所记载。该书是中古时期，阿拉伯人所著最早关于中国和印度的游

图 5-7
阿拉伯柏格莱型帆船

图 5-6
阿拉伯费卢卡型帆船

图 5-8
阿拉伯萨姆巴克型帆船

图 5-9
苏哈尔号

记。原著为阿拉伯文抄本，系根据唐代来华的阿拉伯商人苏莱曼等人的见闻所撰，公元851年，即中国唐朝时刊行。书中说阿拉伯人的船只“用绳索拴合船板”，元代《马可·波罗行纪》中也有类似的记载。马可·波罗在谈到忽鲁模思当地的船舶时说：“……其船舶极劣，常见沉没，盖国无铁钉，用线系缝船舶所致。取‘印度胡桃’（椰子）树皮捣之成线，如同马鬣，即以此线缝船，海水浸之不烂。然不能御风暴。……”马可·波罗所说的忽鲁模思即现在伊朗霍尔木兹甘省的一个海岛，是约在12世纪时由阿拉伯人在霍尔木兹岛上建立的一个叫作霍尔木兹的王国。大约8世纪中叶到9世纪中叶的阿拉伯名著《一千零一夜》记载了辛伯达远航到中国的故事，他所用的应当是阿拉伯船。为了验证辛伯达航海历险的真实性，爱尔兰探险家蒂姆·赛弗林曾在阿曼政府的资助下，建造了仿古阿拉伯缝合船体帆船苏哈尔号，苏哈尔号从阿曼出发，历时216天，1981年6月抵达广州黄埔港，行程接近6000海里，验证了阿拉伯古代船只远航的能力（图5-9）。德国人沃特法1998年9月至1999年6月，于印度尼西亚勿里洞岛外海打捞出一艘名为黑石号的古代沉船。因出水长沙窑瓷碗上有唐代宝历二年（826年）铭文，结合其他器物考证，沉船的年代最终被确认为9世纪上半叶。黑石号装载的货物基本来自中国，以陶瓷器为主，而且船体保存基本完整，采用绳索缝合捆扎船体，从结构上看是一艘阿拉伯造单桅缝合帆船的一种类型。黑石号以最直接的实物形式，证实了古代阿拉伯缝合船确曾到过中国。黑石号可能在返航途中遭遇风暴而沉没。

唐中叶以前，往来于南洋的船舶不少是外国船，具体说应当是以阿拉伯帆船为主，海外贸易的商船在《新唐书》中屡见不鲜，有“西域舶”、“西来夷舶”、“蛮舶”、“蕃舶”等名称。唐末以后，情况有所改观，到了宋元时期，中国海船蜚声世界，几乎垄断了中国到南洋之间的航线。无论是马可·波罗，还是伊本·白图泰都在他们的游记中，对中国造的帆船赞誉有加。宋元时期，中国远洋船舶已经定型，其中以福船、广船、沙船最为著名，被认为是中国古代的三大船型（图5–10～图5–12）。在漂洋过海的各种船型中，应用最广、影响最大的要数福船。

图5–10
福船

图 5-11
广船

图 5-12
沙船

福船

浙江、福建沿海的尖底船统称为福船。根据厦门大学庄景辉等人的研究，认为唐代中国人即可制造出装载二万至四万担的大型福船。这种船只的制造地点主要在泉州。福船的特点是：船底为尖圆形，也就是俗称的尖底船。这种造型使得它吃水深，破浪能力好；安装了纵向为骨干的龙骨，龙骨不仅可以增强船只纵向的结构强度，而且，在侧风条件下，还具有抵抗船只横向漂流的能力。当时的福船桅杆数量从两桅到十余桅不等，有些桅杆还可以随意竖倒，使用起来很方便。动力的主要来源为风帆或布或篷，此外还有桨和橹——以备在进出港口或航行于浅水海峡时使用，因为这时使用风帆很容易造成事故。水密舱则是一项非常先进的技术，宋元时期，水密舱技术得到了广泛的推广，使船只的抗撞击和抗沉没能力得到了空前的提高，即使某个舱发生破损，其他舱也不会受到波及，方便修复并保障了货物的安全。由于福船的种种先进之处，南宋人徐梦莘在他所著的《三朝北盟会编》一书中曾发出“海舟以福建为上”的赞叹。

广东各地制造的大型木帆船总称广船。其选材多用热带硬木，木材坚固耐用，使用寿命达数十年之久。广船的船型与福船相近，广船船底为尖状，抗摇摆性能好，不易翻沉。

沙船的形状与前面两种海船有明显的区别，它为方头平底，吃水浅，适合浅水海域航行。

总体说来，根据文献记载可知：福船与广船都是南洋深水航线的著名尖底船，而沙船则是航行日本、朝鲜等地的主力船只。为了使大家对宋元时期中国海船的雄姿有更加具体的了解，我们不妨将一些有关的海船形象介绍一二。

截至目前，我们能直接看到的宋代海外贸易之船仅仅出现于山西繁峙县岩山寺的壁画中。在这个寺庙的壁画中有一幅残缺的《海船遇难图》。残缺的画面上保留了海风呼啸、波浪汹涌、桅杆折断、船帆飘落和水手奔走的场面。其中关于船只的描绘可见甲板以上还有楼阁式结构，所描绘的水手或乘客有10多人。岩山寺壁画有“大定七年□□二十八日画了”的题款，可知，这幅作品的年代是金朝世宗时，而画作完成的年代为1167年。此时距离金灭北宋的1126年已经过去了四十年，而当年金军不仅俘获了徽宗、钦宗，还掠走了教坊乐工、技艺工匠等数千人。从《海船遇难图》所描绘的人物形象来看，均为宋人形象，因此，这幅残缺壁画所描绘的船只应当是北宋时期海船的模样（图5-13）。

1981年，江苏宝应县出土了一枚宋海船铜镜，镜为八出菱花形，穿鼻纽，纽上方有“秋水苍天”篆字铭文，下有独桅帆船及波浪（图5-14）。

在日本的古籍中也可以见到中国宋元时期海船的形象，成书于12世纪《华严缘起》是日本古籍，其绘卷中的宋代海船描绘为：海船有两桅杆，艉部的舵清晰可见，甲板上有楼阁式结构（图5-15）。

宋神宗、徽宗时期都曾经造海船出使高丽，当然，皇家的船只规模与一般从事海上贸易的商船不可同日而语。宋代周去非著《岭外代答》中对当时的海船有“浮南海而南，舟如巨室，帆若垂天之云”的

图 5-13
《海船遇难图》

图 5-14
宋代船纹铜镜

图 5-15
日本《华严缘起》所描绘的宋代海船

记载。据南宋吴自牧所著《梦粱录》记载：“海商之舰，大小不等，大者五千料，可载五六百人；中等二千料至一千料，亦可载二三百人。”南宋朱彧《萍洲可谈》说：“舶船深阔各数十丈。”

在外国人眼中，中国造的海船更是了不起。元代摩洛哥旅行家伊本·白图泰在他的游记《异境奇观》中对元代中国海船有描述，“要到中国海旅行只有乘中国船才行。这里先让我们看一看中国船的等级。中国船分三类：大的那种叫朱努克，单一艘叫艟（音冲）；中等的叫舟或艚；小型的叫舸舸木。大船上有十二面帆，最少也有三面。……这样的大船一艘上往往有上千人为它服务，仅水手就有六百名，再有四百名武士。……每艘船上有四个舱面甲板，设有客房、套间、商号。……”

《马可·波罗行纪》中对中国海船如是说：“应知其船舶用枞（音从，冷杉）木制造，仅具一甲板。各有船房五六十所，商人皆处其中，颇宽适。船各有一舵，而具四桅，偶亦别具二桅，可以竖倒随意。船用好铁钉结合，有二厚板叠加于上，不用松香，盖不知有其物也，然用麻及树油掺合涂壁，使之绝不透水。每船舶上，至少应有水手二百人，盖船甚广大，足载胡椒五六千担。无风之时，行船用大橹，每具须用橹手四人操之。……此种船舶，每年修理一次，加厚板一层，其板刨光涂油，结合于原板之上，……”

记载中虽然没有具体涉及更详细的船体尺寸，然而，帆的数量和人员及客舱等叙述，结合《海船遇难图》所描绘的形象，不难想象出它的巨大。将古人的这些描述与现代考古发现结合起来，大体可以想象出宋元时期中国海船的雄伟身姿。

除此之外，港口和设施、航线与目的地、交换的货物都是构成完整的航海活动之十分必要的因素。

宋元时期的港口和设施

根据现代历史学家对中国宋元时期海外贸易的研究，可知当时中国东南地区海外贸易的主要港口有三处，从北向南是：明州、泉州、广州。明州即现代宁波，泉州则在元代超过了广州成为当时中国对外贸易的第一大港。

宋元时期与港口有关的发现以1978年宁波宋元市舶库附近的东门口海运码头遗址最具有代表性。根据叶文成先生的研究：

“……遗址中出土了大批宋元时期的龙泉窑青瓷，估计是因运输损坏而丢弃于码头的，论数量特多，论品种极丰富。这批产品胎质细腻、洁白，釉层丰厚，滋润如玉，有粉青、翠青和梅子青等色。”

其中有宋元时期的碗、盘、盅、洗、瓶、炉等器类，特点与新安沉船出水瓷器十分相似，“特别是元代龙泉窑青瓷的外销港口主要是明州港，这就与新安海底沉船和打捞出水的瓷器紧紧地联系在一起。为此，我们有理由完全确信新安沉船的始发港口是明州港，而不是其他港口，那么，船上运载的瓷器中大量是龙泉青瓷也就容易理解了”。

这个考古发现表明宋元时期作为海外贸易的港口设施中，除了船只停靠的泊位外，还有用做货物储藏的仓库。

近岸地区，古人还利用高大体量的建筑作为船只的航标。唐代的泉州港附近曾经在安海港至围头沿海分别建造了卧牛、倒狮、龙吟、虎啸、凤鸣、马嘶、历象七石塔，作为航船进港的标志（《海上丝绸之路的著名港口——泉州》）。

广州的怀圣寺与寺内之光塔，建于唐贞观元年，元至正三年（公元1343年）曾毁于火，至正十年重建；其后明成化、万历，清康熙、道光、同治年间先后重修，现在仍然屹立在珠江北岸。塔为光身柱形，塔高30多米，塔体为圆柱形，下大上小，以石条为塔基，青砖为塔体，表面采用贝灰批荡，外观洁白光滑。塔内不分

新安沉船

新安沉船发现于1975年，并随即被发掘。沉船位于朝鲜半岛西南部新安海域，从船货和相关文字判断（两万多件青瓷和白瓷，两千多件金属制品、石制品和紫檀木，以及800万枚重达28吨的中国铜钱，出水文物中的铜制秤砣刻着“庆元路”）为一艘属于中国元朝的沉船，其满载瓷器，在前往朝鲜半岛的时候，沉没于韩国新安海域。该沉船对了解中国元代的海外贸易情况、瓷器的生产和输出及航线等，具有非常重要的研究价值。

层，中有实心圆柱形塔芯，塔芯与塔体内壁均有右旋梯级通向塔顶。当时，光塔白天飘旗，晚上悬灯，航行的货船见到光塔，便知已经到广州了。

航线与目的地

唐天宝十载，即公元751年，杜环随高仙芝在怛逻斯城（今中亚江布尔）与大食（阿拉伯帝国）军队作战被俘，过了近十年的俘虏生活。后来他游历了非洲埃及等国，宝应元年，即公元762年，乘商船回国，写成《经行记》一书。原著已佚，部分保存于杜佑的《通典》中，仅有1500余字保留至今。

中国人航行至海外，有系统文字记载者始见于汉朝，当中包括中国通往海外各国的航线和目的地港口，著名的有《汉书·地理志》，东晋法显《法显传》，唐代义净《南海寄归内法传》、《大唐西域求法高僧传》，唐代贾耽《广州通海夷道》（原著已佚，部分保存于《新唐书·地理志》），唐代杜环《经行记》，宋赵汝适《诸蕃志》，宋周去非《岭外代答》，元汪大渊《岛夷志》，元周达观《真腊风土记》等。不仅如此，唐至宋元时期，也有不少外国商人或旅行家写下了他们的中国行记，比较著名的有：唐代阿拉伯商人苏莱曼写下了到中国的行记，并被纳入《中国印度见闻录》之中，还有元代马可·波罗的《马可·波罗行纪》、摩洛哥人伊本·白图泰的《异域奇观》、意大利人鄂多立克的《鄂多立克东游录》等。这些古代书籍中，都记载了与中国通商或者有过友好往来的国家及地区，有些还有明确的航行路线，而宋元时期的航线和目的地港口正是在继承中外前人勇敢探索的基础上得到了长足的发展。

宋元时期，明州是对日本、朝鲜贸易的专门港口，也偶有通往东南亚地区的航线。泉州港通往海外的航线主要有三条：①泉州北上明州（宁波）至高丽（今朝鲜）、日本；②泉州经澎湖至麻逸（今菲律宾民多洛岛）、渤泥（今印尼加里曼丹）；③泉州—占城（今越南中部）—三佛齐（今印尼苏门答腊），穿越过马六甲海峡，经细兰（今斯里兰卡）至印度故临转入波斯湾沿阿拉伯海西行至亚丁湾和东非弼琶罗（今索马里）、层拔（今桑给巴尔）。汪大渊从泉州出发，所走的就是通往东非的航线。摩洛哥旅行家伊本·白图泰就是经过这条航线到达中国泉州的，不同的是伊本·白图泰是从印度出发经马六甲海峡，沿越南沿海再东行，并到达泉州。

广州港的海外航线也有三条：①广州—占城—三佛齐（今印尼苏门答腊）—莆家龙（今爪哇北岸）。②广州到印度和波斯湾的航线，从广州出发西南行，过马六甲海峡经斯里兰卡，到达南印度的港口古里；另一路则向西到达印度洋和波斯湾的霍尔木兹海峡。意大利旅行家鄂多立克自1318年4月乘船从威尼斯到达君士坦丁堡，转陆路经伊朗到达巴格达，沿底格里斯河南下到波斯湾，抵达忽里模子，这已经是三年后的1321年夏天了，从忽里模子乘船东行，经印度南端到达斯里兰卡，最后在广州登岸。③广州到非洲的航线，该线路与泉州通往非洲的航线基本类似。

根据宋赵汝适《诸蕃志》记载，当时有直接或间接贸易往来的国家和地区从唐代的三十多个增至五十八个，包括东南亚，印度、巴基斯坦，甚至波斯湾及阿拉伯半岛，远至东非海岸。如果加上东亚的日本、朝鲜，总数六十余，统计显示数倍于唐朝；而根据汪大渊《岛夷志略》的说法，则有二百余个国家和地区。与中国贸易的国家，西南的大食最为重要，其次是东南亚的阇婆（爪哇）、三佛齐（在苏门答腊），再次才是南印度诸国。

上述目的地，即使以今天的眼光来看，都可以说得上是非常遥远，汪大渊的《岛夷志》序中说：“东西南数千万里，皆得梯航以达”，意指航线和目的地虽然十分遥远，但经分为梯次航行可以到达。宋元时期与中国进行贸易及友好往来的目的地国家和地区多达百余。众所周知，这些国家和地区与中国的贸易货物中，中国出口的主要是瓷器、丝绸、钱币、银锭、铁锅等，其中瓷器是最大宗的商品，所以有陶瓷之路的说法。进口货物主要有宝物、布匹、香货、药材、木材、皮货、牛蹄角等。

至目前为止，南海Ⅰ号出水的货物中亦以瓷器为主，汇集了龙泉窑、德化窑、磁灶窑、景德镇窑等宋元时期著名窑口的产品。根据水下探摸的情况，瓷器码放有序，与《萍洲可谈》中“……货多陶器，大小相套，无少隙地。海中不畏风涛，唯惧靠阁，谓之‘凑浅’，则不复可脱”的说法一致。

中国宋元时期的瓷器相当受欢迎，应当说与造船、航海一样，都处于世界领先的水平，体现了那时中国的综合实力。根据南海Ⅰ号出水瓷器窑口或窑系的种类，分别介绍如下。

龙泉窑在今浙江省龙泉境内，并因此而得名。有大窑、金村、溪口、松溪等多处窑址，北宋时有20多处，南宋时有40多处，其中以大窑、金村两处最多，质量也最精。龙泉窑始于五代，盛于南宋和元，终了于清代康熙年间，在宋元时期，除浙江外，江西、福建两省的多处窑址也仿烧龙泉青瓷，形成了一个庞大的龙泉窑系，这种情况在宋元民窑瓷器中是屈指可数的。龙泉窑系繁盛的情况与海外市场的需求密不可分，不仅南海Ⅰ号上装运了大量的龙泉窑系瓷器，在国外发现的实物亦相当多，例如韩国新安海底沉船打捞出水的上万件瓷器中，绝大多数是龙泉窑的产品。

南海Ⅰ号所在的宋元时期，龙泉青瓷进入鼎盛时期，青瓷釉色之美达到了顶峰。其胎有白胎（灰白）和黑胎厚釉两大类。其中白胎青瓷约占90%以上，装饰技法有划花、印花、贴花、堆花、镂刻、点彩等。纹饰题材丰富，有云龙、飞凤、花鸟、鱼虫、八仙、八吉祥、杂宝等，各种器形的碗、盘、盆、碟、盏、壶、罐、水注、水盂、瓶等种类繁多。相信随着南海Ⅰ号考古工作的继续，还将有更多龙泉窑系的产品出水。

德化窑位于福建德化县，故名。该窑开创于宋，宋元时期烧青白瓷，主要以刻花、篦划纹装饰。器物中盒子多见，式样有圆式、八角式和瓜棱式等多种，盖面多印有折枝花卉纹饰，还有碗、碟等各种日用器皿。就目前的考古发现而言，在东南亚地区发现的德化窑瓷器较多。不仅如此，马可·波罗在他的著名游记中，对德化窑瓷器有过详细的记录：“……并知刺桐城附近有一别城，名称迪云州（Tiungug），制造碗及磁（瓷）器，既多且美。除此港外，他港皆不制此物，购价甚贱”，刺桐即现在的泉州，而迪云州即德化。记载瓷器生产情况时，马可·波罗写道：这里“做各种大小磁（瓷）碟子，品质皆是可想象的那样最美丽。他们不在别的城做，只是在这一城。由那里分散到世界的各处。这里制造很多，价极便宜。一个威尼斯格罗椟币可以买三个碟子，并且皆是顶好的，比那再好是你所想象不到的了。这些碟子是用一种土做的，关于这土我将要告诉你们，你们必须知道，这城里的人民收集一种泥，或腐烂的土，集了一大堆，放在那里三四十年，暴露于风雨太阳之下。所有这些年他们不去动它，经过这些时间，这泥土就被精炼了。所有拿这土做成的碟子皆是蓝的，发出奇异的光，是特别的美丽。他们可以涂上他们喜欢的颜色，然后放在炉中焙干，你们需要知道，一个人集一大堆土是为他的子孙的。因为在这长时间里，必须在那闲摆着，直等到它精炼。他不希望他本人由此得到利益，或者自己能利用这土。他后来的儿子，可是要由此得利了”。伊本·白图泰在他的游记中对刺桐（泉州）附近生产的瓷器如是说：“中国人将陶器产于刺桐与兴克兰（广州城），中国人将瓷器转运出口至印度诸国，以达吾乡摩洛哥。”甚至连瓷器的运输路线也记录得很清楚。

磁灶窑位于晋江的磁灶镇，故名。附近有梅溪，自西北流向东后折而汇入晋江，在泉州湾入海，是古代磁灶的主要水上通道。磁灶镇古窑址多沿溪分布，数量众多，其中属于宋元时期的窑址有12处，如蜘蛛山窑址、童子山窑址、土尾庵窑址、大坪山窑址等。磁灶窑产品之釉可分为五大类，即青釉、酱黑釉、黄釉、绿釉与黄绿釉；器形以生活日用器皿为大宗，有碗、盘、盏、碟、盆、钵、洗、罐、缸、瓮、壶、瓶、灯、盂、盏托、执壶、水注、军持、急须、瓷枕等，南海Ⅰ号绿釉碟即出自磁灶窑。日本、菲律宾、印度尼西亚、马来西亚、新加坡、泰国、斯里兰卡、肯尼亚等地都有磁灶窑产品出土。在磁灶窑出土的瓷雕塑中，还有高鼻深目的人物形象，为其贴上了外销瓷器的标签。

景德镇窑生产的瓷器影响巨大且深远，宋元时期它与龙泉窑一样，自成一个窑系。宋元时期，景德镇青白瓷窑系的青白瓷外销数量相当可观，从南海Ⅰ号所见景德镇窑系的产品来看，不仅数量大，而且制作十分精美，薄胎的各类器皿就是突出的代表。应当说，那时景德镇生产的胎薄釉净、色泽青白的青白瓷，以其美观和质量优良而无出其右者。所以，在它的影响之下，福建、广东、广西等地的许多窑场，相继仿烧青白瓷，影响甚为深远，以致在中国陶瓷史上形成了一个“青白瓷窑系”。

南海Ⅰ号出水的青白瓷器中不乏芒口者，这实际上是覆烧法造成的，所谓覆烧法，就是将碗、盘等反扣着焙烧，因口沿无釉，露出胎骨，称为“芒口”，也叫“芒口瓷”。虽然口沿无釉，但可以降低成本，提高产量。因此，宋元时期得到普遍的推广。景德镇湖田窑就曾大规模生产芒口瓷。官僚贵族在使用时，则多用金、银或铜镶装器口，不仅可避其“芒”，而且也可借以夸富。

还有些瓷器的造型带有阿拉伯风格，例如各类壶和大碗等，应当说是融入了异域艺术风格，但这还不能直接与来样加工相提并论。本书前面提到的哥尔德马尔森号之瓷器中，经中外学者研究，认定有部分是欧洲商人通过广东地区的买办商，将订制的瓷器模型发包到景德镇，这类瓷器可以确定是来样加工。来样加工在乾隆年间蓝浦的《景德镇陶录》中有所记载：“洋器专售外洋者。商多粤东人，贩去与洋鬼子载市。式样奇妙，岁无定样。”

南海Ⅰ号出水文物中还可见钱币、银锭、铁锅等物，关于它们的产地和销往国家，我们可以从《真腊风土记》略见端倪。元代成宗元贞元年（公元1295年），浙江温州人周达观奉命随使团前往真腊（现柬埔寨），他们从温州出发，达到真腊，逗留了一年，于1296年回国，回国后，周达观写成《真腊风土记》。周达观在描写当地人欲得中国货时说：“……以唐人金银为第一。五色轻缣帛次之，其次如真州之锡镴，温州之漆盘，泉州之青瓷器及水银、银朱、纸札、硫黄、焰硝、檀香、白芷、麝香、麻布、黄草、布雨伞、铁锅、铜盘、水朱、桐油、篦箕、木梳、针。”记载中说到铁锅生产于泉州。至于银锭和钱币在海外贸易中的情况，《宋史》的有关记载中有明确的说法。例如，开宝四年（公元971年）置市舶司后，云：“凡大食、古逻、阇婆、占城、勃泥、麻逸、三佛齐诸蕃并通货易，以金银、缗（音民）钱、铅锡、杂色帛、瓷器，市香药、犀象、珊瑚、琥珀、珠琲、镔铁、鼊皮、玳瑁、玛瑙、车渠、水精、蕃布、乌樠、苏木等物。”显然，中国人当时是以金银、缗（音民）钱、铅锡、杂色帛、瓷器来交换香药、犀象等商品的，其所说的缗（音民）钱是指用绳穿连成串的铜钱。南海Ⅰ号目前所见的铜钱已经数万计，相信随着日后的发掘，铜钱的数量还会大量增加。

了解了南海Ⅰ号的货物情况之后，让我们将目光再转到造船、始发港口等问题上来。根据前面所介绍的宋元时期中国之造船和航海技术及航向与目的地等背景，具体到南海Ⅰ号是哪里建造的？南海Ⅰ号从哪里出发的呢？它又准备往何处去？

经过2003年的水下考古工作，南海Ⅰ号沉船外形的基本尺寸为：长约为30米，宽8米左右，型深为3.5～4米。1974年泉州湾后渚港出土的宋代海船残长24.20米，残宽9.15米，残深1.98米；根据研究而进行的复原显示船长30米，宽10.5米，型深5米，吃水深3.75米，长宽比为2.9，排水量大约在454吨。如此看来，两船的规模基本类似。同时，南海Ⅰ号沉船在探摸过程中有些与造船相关的细节也得以确定，例如：崔勇在2003年探摸时，确定南海Ⅰ号为尖底，于船舷板部位发现南海Ⅰ号至少有两层木板，并观察到有铁钉艌料，有钉子残迹。也就是说，南海Ⅰ号是尖底海船，船舷板至少有两层木板，这些木板以铁钉连接，这些特征与马可·波罗所记载中国海船的情况是一致的。与前面所述同时期阿拉伯海船存在明显的不同，阿拉伯船只的实例也表明其是没有铁钉的。因此，可以明确地说，南海Ⅰ号是中国造无疑。那么它是中国造的哪种船呢？广船？福船？《海防纂要》中对广船、福船有过一番比较：“广船视福船尤大，其坚致亦远过之，盖广船乃铁力木所造，福船不过松杉之类而已，……广船若坏，须用铁力木修理，难乎其继，且其制下窄上宽，状若两翼，在里海则稳，在外洋则动摇。广船造船之费倍于福船，而其耐久亦过之，盖福船俱松杉木，……”两种船外形上存在一定的差别。然而，《海防纂要》在此透露了一个重要细节，即广船所用之木材为铁力木，铁力木是木质最坚硬的一种树，相当昂贵，生长于印度、斯里兰卡、孟加拉、泰国及中国云南南部、广东、广西等地，现在属于国家二级保护植物，为造船、建筑、乐器、工艺美术品等方面所用。福船则用松或杉，用料所费则廉价得多。南海Ⅰ号的水下考古工作中曾经采集到船板，经过专家鉴定为松木。因此，从这个细节推断，南海Ⅰ号是福船的可能性很大。至于南海Ⅰ号的具体形状、龙骨结构、舵及水密舱等细节，还需要假以时日，待发掘进行到一定程度时方可见分晓。

南海Ⅰ号沉没的位置在航线水域，可能的目的地有三：东南亚地区，波斯湾霍尔木兹海峡，东北非洲。

1987年发现南海Ⅰ号时，俞伟超先生曾明确地说过："南海Ⅰ号从哪里出发，不清楚。"20年后，2007年，南海Ⅰ号整体出水，关于它从哪里出发的问题一度成为热议，归纳起来主要有以下说法。

（1）广州说。理由是广州是当时最大的海外贸易港口和货物集散地，南海Ⅰ号沉没的水域是广州下西洋的航线，货物可以在广州集中后再上船。因此，南海Ⅰ号是从广州出发的。

（2）泉州说。理由是船上的瓷器有相当数量产自福建，泉州本身就是外贸大港。

（3）明州说。持广州说的观点从南海Ⅰ号本身能提供的证据而言，没能有什么比较具体的说法，而泉州说也面临一个重要问题：南海Ⅰ号还发现了大量的景德镇瓷器，如此说，也存在着南海Ⅰ号从宁波出发的可能了。毕竟从景德镇可以通过水路将大宗的瓷器通过长江水道，运往宁波，而且更近。

应当说，瓷器由于易碎且重，通过长途陆路非常不方便：瓷器颠簸容易损坏，所以古时候在运输瓷器时会尽量选择水路。最近，江西学者余家栋先生发表了他的看法："江西瓷器的外销主要是靠水运，其次才是水陆兼程。当时最主要的一条路线是由景德镇昌江流经赣江，再由鄱阳湖入长江，经明州（宁波）、泉州等大港出海，外销日本、南洋群岛和阿拉伯一带。第二条路线是由铅山河口镇，穿越福建崇安过武夷，泛江建阳，最终到达建宁，或者是由王虎打关经过光泽，下邵武，过顺昌，最后到达南平，这两条路线都是从闽江上游下船运至福州，而后抵达泉州外销。第三条路线则是由瑞金经过福建长汀，陆路至漳州、同安到泉州。这三条路均为水路与陆路结合，经肩挑和畜驮，转运到福建泉州出海。最后一条路线则是赣州贡江起程，经过短途陆路入浈水至广州出海。”余家栋先生还指出：“……但古代贸易方式同样是多变的，有从出发地直接到目的地的，也有从出发地起航后在中途靠港，变换商品的，或者是只到一定距离的中转站进行贸易交货。”汪大渊的梯航说法与这一说是一致的，即航线分段不仅在海外航路上，在国内航路也可分段行进。

从各地出水的宋元时期沉船遗物来看，木或竹质的货签屡见不鲜。此外，根据文献的记载，船只在出海前定要经过市舶司的检验，并发放相关文书。通过法显、义静、汪大渊等的著作，可以合理地推测：他们之所以能够写出那些名垂千古的著作，相信在乘船旅行途中有可能书写日记，积累相关的素材。当时的人记录当时事情的文字史料价值非常高，这当中，就有可能记载船只的始发港口及目的地等重要信息。南海Ⅰ号保留了一艘古代沉船近乎完整信息的可能性，这也就成了南海Ⅰ号需要整体打捞的重要原因之一。对日后南海Ⅰ号的水下考古我们可以有一个很高的期待，随着发掘的逐步开展，船只所蕴含的谜团将逐步得以解开。

第六章

制造船王的年代

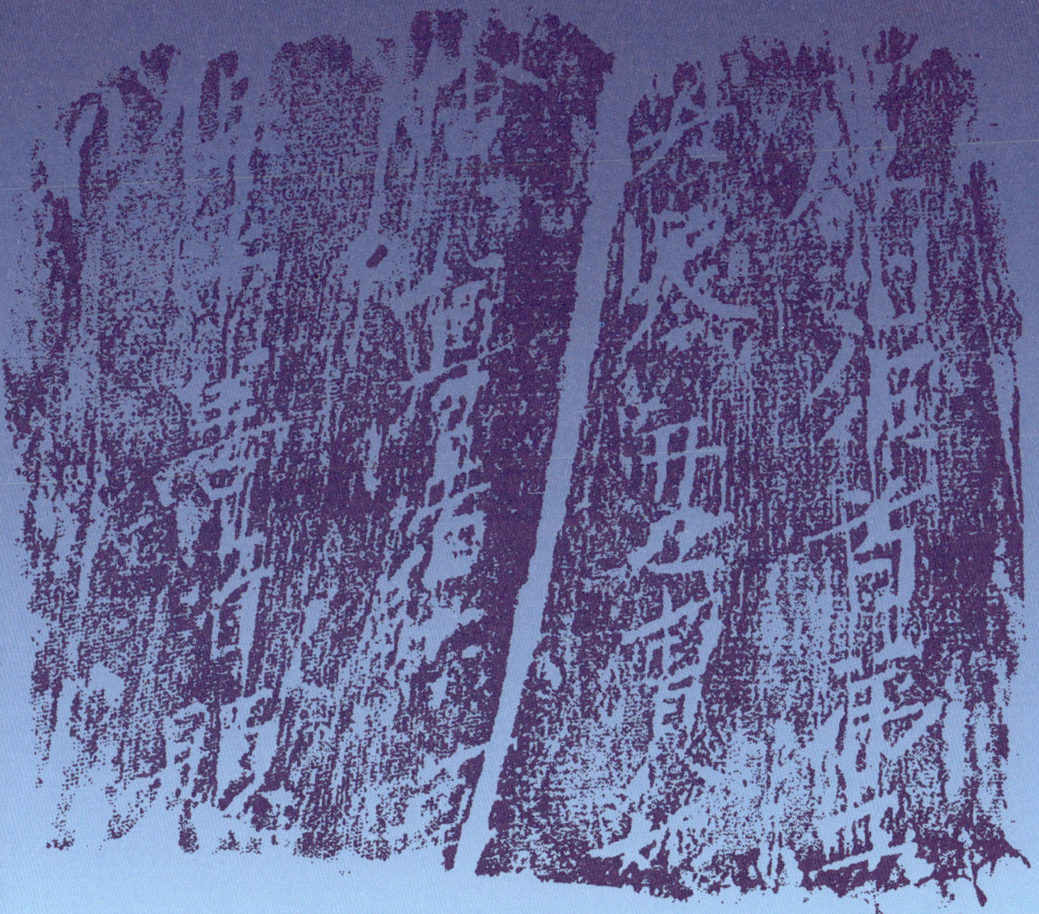

历史的经验告诉我们，经济的繁荣与发展，科学技术是第一推动力。但是，仅仅凭借技术是不够的，还需要社会和人的因素，才能造就持续的、如此规模的海外贸易盛况。以南海Ⅰ号来说，就是支撑它远航还要有相应的社会背景。与技术和设备相比，社会和人的因素，或者说背景，可以称为软性的条件。

之所以造就了宋元时期（特别是南宋以后）我国海外贸易的繁荣，其中重要的原因在于当时政治格局的变化：自北宋开始，中国北方由于少数民族政权的割据，使汉唐以来的陆上丝绸之路被阻隔，客观上使中原王朝和一般商人将通商道路转到海上。南宋以后，从皇帝到大臣对于海外贸易给国家和人民带来的好处都有比较客观的认识：南宋初年，岁入不过一千万缗，市舶收入即达一百五十万缗。《宋会要辑稿》中清晰地记录了高宗赵构的看法，他告喻臣下："市舶之利最厚，若措置合宜，所得动以百万计，岂不胜取之于民！朕所以留意于此，庶几可以少宽民力尔。……市舶之利颇助国用，宜循旧法以招徕远人，阜通货贿。"用有点年纪的中国人都熟悉的一句话来说：内因是变化的根据，外因是变化的条件，也就是说，宋高宗赵构皇帝的话说明他内心深处，领悟到了海外贸易给国家和人民带来的实惠。海外贸易帮助国家增富，还为人民减负；宋高宗甚至还主张招商以流通财货，主观上，他是乐于推动海外贸易发展的。君主务实、开放的心态，以及提倡与重视海外贸易是当时的重要社会内因。根据《元史》记载："元自世祖定江南，凡邻海诸郡与蕃国往还互易舶货者，其货以十分取一，粗者十五分取一……大抵皆因宋旧制而为之法焉。"元世祖忽必烈立国之初，即因循前朝旧法，仍然对海外贸易实施鼓励政策。

这个所谓的"前朝旧法"就是指市舶司制度。

中国古代的市舶司制度开始于唐代，北宋初期，禁止民间与外商贸易，但自宋神宗熙宁变法后，放宽海外贸易的限制，废除了一些不适宜的陈旧禁令，以鼓励贸易的开展。例如，铜钱出口禁令及与朝鲜贸易的禁令分别于熙宁七年（公元1074年）、元丰八年（公元1085年）废除。市舶司除在广州、杭州、明州设置相应机构外，还陆续增加泉州（公元1087年）、密州（公元1088年）、秀州（公元1113年）、温州（公元1132年）等多处。南宋以后，因宋金战乱影响了海外贸易，市舶机构受到了影响，但广州、泉州始终有市舶司存在。两浙路地区的市舶机构设置的情况变化很大，南宋前期时，江浙地区仅有明州继续有市舶机构存在。

根据《元史》记载，元代高峰时曾经设立八处市舶司：泉州、广州、明州、上海、澉浦（浙江海盐）、杭州、温州、雷州。至大德元年（公元1297年），全国之市舶司只剩下明州、泉州和广州三处。元朝在外贸的禁令中规定：金银铜铁和人口不得出口。《元史·食货二》："凡金银铜铁男女，并不许私贩入蕃。"所以在本书说到发现南海Ⅰ号时，英国人罗伊·马丁曾经据此推断：南海Ⅰ号上因有金、银和大量铜钱，船只应非中国籍，因为中国政府当时禁止这些贵重金属出口。

市舶司的作用大体如下所述。

发放许可证。从事外贸的商人，在准备好船只、人员及货物并找到可靠的担保之户，要向港口所在地的市舶司提出进行海外贸易的申请，市舶司的官员根据申请，对船上人员和所载货物进行仔细核查，经过批准后发给"公凭"或"公据"，即外贸许可证。公凭或公据上除了有事先印刷的有关例令之外，还要细登载船主、船员等姓名，人数，始发港，前往地点，货物品种、数量，保人姓名等内容。船舶离港时，市舶司的官员要登船检查，以防秘密夹带违禁货物，并护送出境。元代摩洛哥旅行家伊本·白图泰在游记中曾经记录了当时市舶司官员到商船上检查的场景。

商船在海外销售完所带货物，并购置各国蕃货返航回国，当船舶进入中国领海，首先由望舶巡检司派寨兵护送入港，同时派兵监视，这个程序叫作编栏。最后，由市舶司官员上船查验，首先验公凭，再看货物，作为抽解征收关税的依据。

征税。前文所谓抽解，就是官府征收的进出口关税，也叫抽分。市舶司所征之税率，因不同时期和货物的不同而不同，从10%

到40%不等，通常在10%至20%之间。

博买。博买指抽解征税之后，政府垄断一些货物的收购，不准民间经营。例如，象牙、犀角、珊瑚、玛瑙、乳香等货物，主要是奢侈品类，政府用不完的，再卖给商家。而粗货，例如一般的木材等则由商人自行买卖，或就地出售，或贩运外地。

作为政府的主要财政来源之一，市舶司的收入在宋元两朝均可圈可点。

四川人李心传以建炎年间史实为主要素材而撰写的著作《建炎以来朝野杂记》载："国朝混一之初，天下岁入缗钱千六百余万，太宗以为极盛，两倍于唐室矣。天禧之末，所入又增至两千六百五十余万缗。嘉祐间，又增至三千六百八十余万缗。其后月增岁广，至熙、丰间合苗役易税等钱，所入乃至六千余万。元祐之初，除其苛急，岁入尚四千八百余万。渡江之初，东南岁入不满千万。逮淳熙末，遂增至六千五百三十余万焉。今东南岁入之数，独上供钱二百万缗，此祖宗正赋也。"着重符号锁定的文字说明，南宋朝廷迁至行在杭州不久，年收入一千万缗，而东南，即闽、广，市舶司的收入就达到了二百万缗，为全年国家收入的五分之一。

《元史》载元世祖二十六年（公元1289年）"沙不丁上市舶司岁输珠四百斤、金三千四百两"，由于元代的国家收入记载相对较少，无法知道元世祖二十六年全国的总收入，但是从三千四百两黄金和四百斤珍珠的价值估算，数额巨大。这些史料当然不是南宋和元两朝市舶司收入的全貌，但相当具有代表性。

正是由于海外贸易占政府收入的比重大，因此，两朝朝廷都对商人采取了积极的保护态度。一方面惩治官员的腐败行为，《宋史·食货下八》记载："舶至除抽解和买，违法抑买者，许蕃商越诉，计赃罪之。"另一方面对海外商人给予优待和保护："蕃舶为风飘，着沿海州界，如损败及舶主不在，官为拯救，录物货，许其亲属召保认还。"（《宋会要》）这是北宋哲宗时拯救外商于海难的制度。

元朝还实行“站赤”制度，即驿站制度中，还专门为外商提供方便，《元史》至元二十六年（公元1289年）“丙寅，尚书省臣言：‘自泉州至杭州立海站十五，站置船五艘、水军二百，专运番夷贡物及商贩奇货，且防御海道为便。’”

宋、元两代，对于本国或外国从事海外贸易的商人之鼓励还体现在对民俗、宗教的尊重方面。

《宋史》载：“海上人户之中、下者”，也以十贯、百贯数目的铜钱，“结托”海商“买蕃货而归”。宋代，准许蕃商在中国设铺营业，也可与中国海商“结托”，即合作经商。

风对于航海者来说，它既是动力的来源，同时，海上狂风巨澜又对船只构成极大的威胁，因此，自古中国的航海者就有祭祀风等与航海有关的神祇的习俗。宋代官方对这些习俗相当尊重，经常有官方组织的祭祀活动。

福建省南安县丰州镇晋江北岸的九日山上保留着不少祭祀风神的石刻，使我们能够对这些情况有所了解。九日山上保留的祈风经石刻有10方，最早为南宋淳熙元年（公元1174年），最迟为南宋咸淳二年（公元1266年）。石刻中清楚记述了祈风的时间、地点、参加者。以淳熙元年一方碑文为例：“淳熙元年，岁在甲午季冬朔，吴人虞仲房帅幕属洪子用、朱彦钦、赵德季、赵致孚，祈风于延福寺通远王祠下，修岁祀也。与者许称叔、吴景温、闻人应之、赵子张。”

与此对应，广州南海神庙同样有官方组织的祭祀南海神活动，朝廷还封南海神为“洪圣大王”。

元代官方对民间的祭祀仍然采取了支持的态度，但蒙古统治者更钟情于妈祖。《元史》卷十至元十五年（公元1278年）八月乙丑记载：“制封泉州神女号护国明著灵惠协正善庆显济天妃。”《元史》大德三年（公元1299年）二月壬申：“泉州海神曰护国庇民明著天妃。”将妈祖从民间崇拜的神仙提高至护国庇民的海神。

由于贸易往来，不少外国商人在广州、泉州等地长期居住，因此形成了所谓“蕃坊”、“蕃巷”。南宋时期，外国商人不准进城居住，著名理学家朱熹在《朝奉大夫傅公行状》中记录了这样一件事：绍兴二十一年（公元1151年）赵令衿任泉州知府，傅自得任泉州通判。有外商将清净寺建于郡庠（文庙）之前，“贾赀矩万，上下俱受赂”。结果，被地方士人群起而告。傅自得受理时判决：贾胡蕃商“化外人法不当城居”，并“立戎兵官，即日撤去”，将清净寺由城内迁出，建于城外。由于泉州聚居的外商人口不断增加，为了适应这一情况，至元十二年（公元1352年），泉州城扩建，把原来的南城推到晋江北岸，使城池二周达三十里。繁华热闹的南郊港区，大部被圈入城内，这样城中居民不仅有蒙古人、汉人，还有来自世界各地的外国人，如阿拉伯人、印度人、东南亚人等，形成了真正的国际化的海港商贸城市风景，故泉州民间有“半蒲街”和“回半城”的说法。

广州的情况大体类似，朱彧《萍洲可谈》说：“广州蕃坊……蕃人衣装与华异，饮食与华同。或云其先波巡尝事瞿昙氏，受戒勿食猪肉，至今蕃人但不食猪肉而已。又曰汝必欲食，当自杀自食，意谓使其割己肉自啖，至今蕃人非手刃六畜则不食，若鱼鳖则不问生死皆食。”说明蕃坊居民大多为伊斯兰教徒。因唐以来，广州光塔路就已经形成了蕃坊，故宋元时期，外国商人多聚居于此。

按照现在的话说，政府为了优化商贸环境，还定期犒设蕃商，重视招商引资，并任用中外商人为官员。

《岭外代答》：“岁十月提举司大犒设蕃商而遣之，其来也当夏至之后，提举司征其商而复护焉。”《宋会要辑稿》绍兴十四年（公元1144年）九月六日，“提举福建路市舶楼璹（音熟）言：‘臣昨任广南市舶司，每年于十月内依例支破官钱三百贯文排办筵宴，系本司提举官同守臣犒设诸国蕃商等。今来福建市舶司每年止量支钱委市舶监官备办宴设，委是礼意与广南不同。欲乞依广南市舶司体例，每年于遣发蕃舶之际，宴设诸国蕃商，以示朝廷招徕远人之意。’从之”。由市舶提举官同守臣出面筵宴诸国蕃商，“以示朝廷招徕远人之意”，目的很明显，就是以此方法鼓励更多的外国商人来中国经商。

《宋会要辑稿》载绍兴六年（公元1136年）八月，大食商人蒲罗辛运载乳香到泉州，抽解得30万缗，福建（泉州）市舶司奏请朝廷批准，特补蒲罗辛为承信郎，“赐公服履笏”。蒲罗辛行前，宋朝政府特别吩咐：“令说谕蕃商，广行般贩乳香前来。如数目增多，依此推恩余人。除犒设外，更与支给银彩。”

《宋会要辑稿》：福建“蕃舶纲首”蔡景芳，因“招诱贩到物货，自建炎元年（公元1127年）至绍兴四年（公元1134年），收净利钱九十八万余贯”，授承信郎。

不仅如此，朝廷在蕃客聚居区还任用外国人进行管理，《萍洲可谈》：“广州蕃坊，海外诸国人聚居，置蕃长一人，管勾蕃坊公事。”

宋元时期，所有外国商人中，名声最大的莫过于蒲寿庚了，《宋史》景炎元年（公元1276年）：“蒲寿庚提举泉州舶司，擅番舶利者三十年”。后叛宋降元，作为阿拉伯人的后裔，他任职泉州市舶司三十年。

众所周知，阿拉伯人多信奉伊斯兰教，中国自唐开始，统治者对不同国家的宗教采取了宽容的政策，其中也包括伊斯兰教，宋元时期依然如此。广州的光塔寺即为当时蕃客从事宗教活动的场所。泉州城南通淮街的清净寺（也称清真寺），始建于北宋。不仅如此，外国商人还有专门的墓地。《诸蕃志》中就有“有蕃商曰施那炜，大食人也，侨居泉州，轻财乐施，作丛冢于城外之东南隅，以掩胡贾之遗骸”的记载。

长期侨居中国，通婚也成为十分正常的事情了。根据泉州出土的墓碑来看，此种情况并不少见。例如，元代的“黄公墓百氏坟”碑，根据其内容可知该墓是泉州人黄公与其“蕃妻”乌姆·百耶尔的合葬墓。

从帝王到城市社区，再到蕃坊的蕃长，可以客观地说，宋元时期的中国为本国和外国商人从事国际贸易提供了非常理想的社会环境。而阿拉伯帝国、东南亚、日本、朝鲜等国家和地区对中国商品的需求构成了陶瓷之路兴盛的另外一个重要动因。或者说，中国生产的瓷器在国际市场非常有销路，从东北非沿海到中国南海，从中国到朝鲜、日本沿海，所发现的唐以来之自中国出发的古代沉船无不满载瓷器，沿岸国家的考古发现也有众多中国瓷器的发现，以至于在中国专门有一门学问来研究外销瓷。

美国著名东方学家希提于1937年编写出版了《阿拉伯通史》一书，该书全面系统地记述了阿拉伯帝国时期诸王朝的历史及阿拉伯处于奥斯曼帝国统治下共长达千年以上的历史全貌。他描述阿巴斯王朝时期巴格达王宫陈设之奢华时，专门提到：统治者不惜代价采买中国生产的精美瓷器，陈列于皇宫，或者装饰于清真寺等建筑上。巴格达的市场中有专售中国丝绸、瓷器、茶叶的集市和商场。

不难想象，由于硬技术与国内外软环境的有利条件，在市舶司制度管理下的宋元海外贸易有官营、私营两种方式，无论官营、私营，当时造就了一批富甲一方的南海船王。这些船王中有中国人也有外国人，结合文献记载和考古发现，介绍几位：泉州蔡景芳，广州陈德安、樊密，泉州蒲氏，以及官办巨商杨枢。

蔡景芳

前文曾经提到泉州蔡景芳被朝廷授予承信郎官阶，这个官阶虽然在宋朝武官官阶中倒数第二，但是由于皇帝亲颁圣旨，其政治荣誉不可谓不高。蔡景芳之所以被授官阶，原因是他所领船队于绍兴七年（公元1137年）向泉州市舶司纳钱九十八万缗。前文提到南宋市舶司收入时，说到南宋朝廷迁至杭州不久，全国年收入一千万缗，而闽、广市舶司的年总收入为二百万缗，蔡景芳一人所纳几乎占市舶司收入的一半，用富可敌国来形容他应当是恰如其分的。

广州纲首陈德安、樊密

广州纲首陈德安的大名并没有见诸史书，而是由于一次重要的考古发现而被世人所了解。20世纪三四十年代，现代名僧虚云和尚主持南华寺重修，逢抗战时期，由于担心战火破坏，将原有的宋代木雕五百罗汉藏于大佛肚中，此后竟然被人忘却，至60年代初才又重新被发现。近期笔者还采访到当时第一个到发现现场的徐恒彬先生，徐先生回忆说：“我那时从学校毕业不久，刚好从省里（广东省博物馆）出差到曲江县，那天他们文化局打电话来说，南华寺有文物发现，于是我就到了现场，那会儿，省博物馆考古的机构是文物队，我就在文物队工作，当时简单看了一下，包括那些有铭文的，这批木雕罗汉是北宋时期基本可以确定，我感觉到这个发现很重要，立即向馆里报告，后来我参加了正式清理工作，包括最后由我编写了那本考古报告。”

南华寺的木雕罗汉现存360尊，其中有133尊为清代补刻。有154尊罗汉像上刻有铭文。从铭文中可知，五百罗汉像雕刻于宋仁宗庆历三年至八年（公元1043～1048年），由“会首弟子”杨仁禧组织募化和雕造这批罗汉像，捐助者当中，标明身份的有：郡武军（军人）1人，已故“都知兵马使”之妻1人，僧人7人，“纲首”2人。徐恒彬先生认为：“有17尊造像铭文记载了舍造人在广州的住址，这些住址既不是街巷，也不是坊市，而是厢和界。”厢有厢官，宋时称使——“吏部注大小使臣，分治烟火贼盗公事”。南宋时曾兼理讼事，从职能范围看，厢庭近似现在的警察分局或公安分局，厢制的形成是城市发展、人口与房屋增多和刑事案件频繁的结果。把城市分成大区管理的厢制，取代了唐以前把城市划分为一小块一小块的坊制。当中的两位广州人，自称纲首，“一为陈德安，捐七尊造像；一为樊密，捐五尊造像（图6-1、图6-2）。在他们舍造的罗汉造像铭文中，把‘广州纲首’这一身份摆在最前面，不提所住厢界，这说明他们在广州的社会地位是十分显赫的”。纲首是大海船上的商人头领，在船上的权力很大——“市舶司给朱记，许用笞治其徒，有死亡者籍其财”。纲首“蕃”汉均有，陈德安和樊密都是汉人。

木雕罗汉像（编号 036）

036 号木雕罗汉像铭文拓片

图 6-1
关于陈德安的铭文

木雕罗汉像（编号 049）

049 号木雕罗汉像铭文拓片

图 6-2
关于樊密的铭文

泉州蒲寿庚

关于蒲寿庚，《宋史》、《元史》中都有记载，可见其地位和影响不同凡响，他的家世在正史中鲜见，仅见《宋史》——“寿庚，西域人也”。所以，谈到他的家世必须提及南宋岳飞的孙子岳珂，岳珂所著《桯（音听）史》“番禺海獠”中对蒲寿庚有比较详细的记载，由于作者幼年时曾随父亲岳霖居广州，书中记述有些虽未亲身见闻，但从时间角度来看，具有很好的史料价值。因此，虽然蒲氏的来源学术界有不同看法，但本书仍从岳珂说。

岳珂写道：“番禺（广州）有海獠杂居，其最豪者蒲姓，号白番人，本占城之贵人也，既浮海而遇风涛，惮于复反，乃请于其主，愿留中国，以通往来之货。主许焉，舶事寔赖给其家。岁益久，定居城中，屋室稍侈靡逾禁。使者方务招徕，以阜国计，且以其非吾国人，不之问，故其宏丽奇伟，益张而大，富盛甲一时。……獠性尚鬼而好洁，平居终日，相与膜拜祈福。有堂焉，以祀名，如中国之佛，而实无像设，称谓聱牙，亦莫能晓，竟不知何神也。堂中有碑，高袤数丈，上皆刻异书如篆籀，是为像主，拜者皆向之。”当时，从南洋来中国的外国商人称海獠，又称舶獠，所以对阿拉伯商人也称海獠。蒲氏为占城人，推断是侨居占城的阿拉伯商人。占城，在今越南中南部。蒲氏遇到风暴，居留广州，并开始经营对外贸易，曾经在广州富甲一方。以至于居所宏伟侈靡，蒲氏非中国人，但是有利于朝廷，因此官府也就不过问，这位船王应当是蒲寿庚的父亲蒲开宗。后蒲寿庚随父亲迁至泉州，蒲寿庚继续家族的外贸生意，而且越做越大。恰逢宋元交替时，南宋遗臣立恭帝兄赵昰入闽，赵昰在福州另立朝廷，是为端宗，年号景炎。君臣都希望得到蒲寿庚帮助，继续在闽、广沿海抗元以图兴，于是，任命蒲寿庚为闽广招抚使，兼“主市舶”。《宋史》载：景炎元年，“授福建、广东招抚使总海舶”。

元代至元十四年（公元1277年）四月，董文炳谒见元世祖时说：“寿庚素主市舶，谓宜重其事权，使为我捍海寇（指南宋残余势力），诱诸蛮臣服。”故此，蒲寿庚降元后，受到忽必烈的重用。至元十四年（公元1277年）“进昭勇大将军，闽广都提举福建广东市舶事，改镇国上将军，参知政事。并行江西省事”。至元十五年（公元1278年）三月又升“蒲寿庚行中书省事于福州，镇抚濒海诸郡”（《元史》卷十）。蒲寿庚利用自己的威望，为恢复和发展泉州的海外贸易做了不少实事。《元史》卷十：至元十五年（公元1278年）八月，元世祖诏唆都、蒲寿庚，“诸蕃国列居东南岛寨者，皆有义慕之心，可因蕃舶诸人宣布朕意，诚能来朝，朕将宠礼之，其往来互市，各从所欲”。元世祖即通过蒲寿庚等人向海外各国传递了欢迎并保护通商贸易的国策。次年即有占城（越南）、马八儿（印度半岛东部之伊斯兰教国家）等国的使臣和舶商来泉州。至元十六年（公元1279年），忽必烈为征服日本，下令造战船600艘，其中泉州造200艘。至元十八年（公元1281年），蒲寿庚向皇帝进谏：“诏造海船二百艘，今成者五十，民实艰苦。”忽必烈后降诏停止。也有史料记载蒲寿庚投降元朝后曾杀戮赵氏宗族数千人，因此对他的评价也颇有贬者。但是，站在陶瓷之路历史的角度来看，他对于促进海外贸易还是有显著贡献的。宋元时期，与前所书之船王相比，其地位可谓登峰造极，影响远在商人之上。

元代的海外贸易中，有一种独特的方式，即官本船。也就是由政府建造海船并提供资金，委派代理人进行经营活动，这样的活动也造就了一位值得称道的船王——杨枢。

杨枢，祖籍福建，其父亲杨梓曾担任杭州路总管，杨枢成年时，家族已成为当地望门。他少年时即聪明敏捷，长而好学，为人厚道谨慎，居家注重包括柴米油盐在内的细节，没有一点儿官宦家庭之纨绔子弟之相，颇受好评。实际上，他已经表现出一位管理者的良好素养。大德五年（公元1301年），刚满十九岁的杨枢被委派为官本船的经营者，即代理人。他首航前往印度洋地区进行贸易活动，回航时，在波斯港口停泊，恰好遇到伊利汗国亲王合赞派遣拟往中国的使节聃怀一行，波斯使团随即搭乘杨枢的海船，于大德七年（公元1303年）平安到达中国，波斯使节登岸后前往大都，拜会元成宗，元人黄溍（元代文学家）为杨枢所作墓志铭保存在《文献集》中，即“松江嘉定等处海运千户杨君墓志铭”，节录如下：

杨氏之先世有显人，宋之盛时，有自闽而越，自越而吴，居澉浦者。累世以材武取贵仕，入国朝仕益显，最号巨族，今以占籍为嘉兴人。君讳枢，字伯机。赠中宪大夫、松江府知府、上骑都尉，追封弘农郡伯春之曾孙；福建道安抚使，赠怀远大将军，池州路总管，轻车都尉，追封弘农郡侯发之孙；嘉议大夫，杭州路总管致仕梓之第二子。母陆氏，所生母徐氏，陆以封，徐以赠，并为弘农郡夫人。徐夫人温之宦家女，生君甫数岁而没，陆夫人抚君不啻如已出。君警敏，长而喜学，一不以他嗜好接于心。自刮摩豪习，谨厚自将，未尝有绮纨子弟态。其处家虽米盐细务皆有法，仆隶辈无敢以其年少而易之。诸公贵人，多称其能。大德五年，君年甫十九，致用院俾以官本船浮海至西洋。遇亲王合赞所遣使臣那怀等如京师，遂载之以来。那怀等朝贡事毕，请仍以君护送西还。丞相哈喇哈斯达尔罕，如其请奏。授君忠显校尉，海运副千户，佩金符与俱行。以八年发京师，十一年乃至其登陆处，曰忽鲁模思云。是役也，君往来长风巨浪中，历五星霜。凡舟楫糗粮，物器之须，一出于君，不以烦有司。既又用私钱市其土物，白马、黑犬、琥珀、蒲萄酒、蕃盐之属以进。平章政事察那等引见宸庆殿而退。方议旌擢以酬其劳，而君以前在海上感瘴毒，疾作而归，至大二年也。阅七寒暑疾乃间，寻丁陆夫人忧。家食者二十载，益练达于世故，绝圭角，破崖岸，因自号默默道人。泰定四年，始用荐者起家为昭信校尉，常熟江阴等处海运副千户。居官以廉介称，被省檄，给庆绍温台漕挽之直。力刬宿蠹梏克之弊，绝无所容。天历二年，部运抵直沽仓，适疾复作，在告满百日归。就医于杭之私廨，疾愈剧，不可为。俄升松江嘉定等处海运千户，命下，君已卒。至顺二年八月十四日，其卒之日也。享年四十有九……

黄溍所以用波斯亲王这一称呼是有原因的，虽然自忽必烈后，蒙古帝国分裂，合赞即为伊利汗国之王，统治波斯地区，但在元朝统治者看来，他们原属于蒙古帝国的藩国，故以亲王称谓之。

受到隆重的外交礼遇。那怀完成使命后，要求杨枢护送回国，元朝丞相哈喇哈斯达尔罕答应了那怀的请求，并授予杨枢忠显校尉、海运副千户官职及佩戴金符的荣誉，现代汉语可以叫作给予了很高的待遇。大德八年（公元1304年）他们开始了前往波斯的远航，航程中几遭艰险，来往于长风巨浪中，大德十一年（公元1307年）才到达忽鲁模思（今伊朗境内）。

杨枢此行代表国家，但他此次远航从舟楫到粮草器用都自己准备，而不用政府资财。同时，他以商人本色，用私钱购买当地出产的白马、黑犬、琥珀、葡萄酒、蕃盐回国。至大二年（公元1309年）他回到祖国，并前往大都述职，在宸庆殿受到皇帝召见。由于长年奔波于海上，积劳成疾，当年他回到了自己的家乡，两年后在家乡离世，享年49岁。

杨枢两次远航波斯，并能安然返航，这位船王不仅是巨富之海商，还是位友好使者及航海家。

综观宋元时期兴盛的海外贸易，其有着深厚的社会背景，前文说到了从皇帝、各级官府直到船王们的林林总总，作为私营舶商，无论是中国的，还是外国的，总得以船为载体开展商贸活动，那么当时船上从纲首到普通的船员，或者叫作水手，又组成了一个怎样的社会呢？乘船漂洋，海上的生活又是怎样的状况？

根据宋元时期的文献记载，当时一艘海船，大的可容数百人，小的也有百余人。《萍洲可谈》说“海舶大者数百人，小者百余人，以巨商为纲首、副纲首、杂事，市舶司给朱记，许用笞治其徒，有死亡者籍其财”。说明船上有着自己明确的组织架构：每个人分工明确，各司其职，纲首由官方指定富商出任，并赋予一定的执法权力，例如可以鞭笞船员等。

元代的市舶关市法律比较完善，《大元通制条格·卷十八·关市》规定：“船商请给公据，依旧例召保舶牙人，保明某人召集人伴几名，下舶船收买物货，往某处经纪。公验开具本船财主某人、直库某人、艄工某人、杂事等某人、部领等某人、碇手等某人、作伴某人，船只力胜若干、樯高若干、船面阔若干、船身长若干。每大船壹支，止许带柴水船壹支、捌橹船壹支，余上不得将带。所给大小船公验、公凭，各仰在船随行。如有公验或无公凭，及数外多余将带，即是私贩，……”“海商不请验凭，擅自发船，并许诸人告捕，舶商、船主、纲首、事头、火长各杖壹伯柒下，船物俱行没官，于没官物内壹半付告人充赏”。“所载柴水、捌橹小船，于公凭内备细开写，亦于公验内该写力胜若干，樯高若干，船面阔若干，船身长若干，召到物力户某人委保，及与某人结为壹甲，互相作保”。意思为：船商在申请出国贸易许可证公验时，必须有保舶牙人作保；公验、公凭中必须填写本船船主、纲首、直库、艄工、杂事、部领、人伴等人的姓名，船只大小，附属设施的情况，并结为保，如果违反规定，擅自起锚发船，则要面临舶商、船主、纲首、事头、火长被处杖刑及没收船物的处罚。

根据《宋会要》关于互市舶方面的记载，除纲首外，船东另有“船户”、“船主”的名称。纲首由于经常与官方机构市舶司打交道，逐渐成为一种特殊人物，作为海商中固定的头领，只有他们才有资格出面办理出海手续，每次出海只有他们出面组织。纲首不仅有中国人，也有外国人。根据宋元时代的市舶法规定，出海贸易的船只、人员、货物，都要呈报市舶司审批，领取允许出海的“公凭”方可出海。元代的情况与前朝相同，这里需要说明的是：纲首与船主、货主不一定是同一人，这在元代关市的法令中已有说明，但在船上纲首是总负责人，船上人员还有舶商、事头、火长、直库、艄工、杂事、部领、人伴（散商即中小商人结伴同行者）等人。其中舶商指从事海外贸易的商人，事头是联系贸易事宜的负责人，火头是掌管驾船航行之人（宋吴自牧《梦粱录》中有明确记载），火长掌海船罗盘，确定航向，直库是船上掌管物货的负责人，艄工是掌驾船航行的人，杂事是负责船上日常事务的人员，部领是船上各部门的负责人，人伴指随船经商者，可能是随行的中小商人，碇手是掌锚碇的人。与船只出海相关的还有两类人：物力户，指有财产的富裕、殷实之户，通常为担保人；牙人是从事买卖的中介者。通过这些记载，我们大体可知一艘经营海外贸易的商船之上人员的编制以及公凭的大体内容。

成书于日本保延年间（公元1135～1141年）的《朝野群载》一书中保存了一份宋朝的公凭，即“李充公凭”。李充曾两次到日本贸易，第一次是崇宁元年（公元1102年），第二次是崇宁四年（公元1105年）。公凭文件反映的是他于崇宁四年（公元1105年）航行到日本的情况。李充先到明州办理出境手续，崇宁四年（公元1105年）六月由两浙路市舶司发给公凭，然后航抵日本。第二次前往日本的原因是三年前到日本时，将大量商品赊出去就回中国了，这次到日本，目的是索取货款并定购货物。所以，此航船上运往日本的货物并不多。文件中记载了船只前往的目的地为日本。公凭的携持人为纲首（船长兼货主）李充；船只一艘，乘员六十七名，船上人员自纲首以下还有梢工（水手）、杂事及水手，第一甲20人，第二甲25人，第三甲19人。船上装载的货物是李充从泉州采买的，计有"色布伍拾疋"，丝织品有"象眼肆疋，生绢拾疋、白绫贰拾疋"，瓷器有"瓷碗贰佰床，瓷碟壹佰床"（据专家介绍，床是装瓷器的工具，一床装20件）。公凭上同时写明，船上的瓷器都是泉州附近烧制的，并记录了船舶备件的名称与数量，如防船家什，就是万一在海上遇到危险时使用的工具，有锣一面、鼓一面、旗五面。

从船员的数量来看，李充这艘船的人员编制相对较少，根据泉州后渚沉船出土的遗物来看，有一批木签，形状各异，上书文字。属于乘员身份的有"曾干"、"林干"、"张干"、"朱库"、"礼实沓"、"丘碇"、"张绊"、"张什"、"杨工"、"尤工"、"陈工"、"三九工"、"安厨纪"等。每签的内容包括了不同身份船员的姓氏和司职，有些身份在宋元律令中没有记载，"干"就是其中之一，还有"礼实沓"、"绊"、"安厨纪"等。

关于"干"的身份，根据专家研究，宋代的"干

《朝野群载》

《朝野群载》是日本平安时代由算博士和三善为康编纂的各种文件合集，包括：诗文、宣旨、官符、书札等。研究表明其最终成书大约在保延年间（公元1135～1141年），共30卷，但相当部分已经散逸。其中的第20卷保留了北宋徽宗崇宁元年（公元1102年）及崇宁四年（公元1105年）中国商人李充前往日本贸易的公凭文件。

人”或称“干仆”、“干当人”等，于当时的社会，常出现在政府的法令与文件中，大户人家、官僚、大地主，都豢干人，替他们管理庄田，看守宅库，也包括做生意。故此，后渚沉船出土的“曾干”、“林干”、“张干”木签应当是某些货主的代理人，其职责是受货主委派，随船出海，押送并负责到岸后的交易。而“礼实沓”可能是司祭，“安厨纪”即厨工，“张绊”应当为缆工，负责索缆。众多“工”字者应为水手。

将文献与考古发现相结合，于是乎，一艘航行于大海之上的商船究竟有些什么人，就比较清楚了。这些人同舟共济，很显然，航海生活绝不是一帆风顺的。

正如宋代王十朋《提举延福祈风道中有作次韵》所说：“大商航海蹈万死，远物输官被八垠。”长风巨浪，望日披星，栉风沐雨的航程中，充满了危险与艰辛，中国第一位留下文字传世的航海者法显以亲身经历留下了以下文字。

> 得此梵本已，即载商人大舶，上可有二百余人。后系一小舶，海行艰崄，以备大舶毁坏。得好信风，东下二日，便值大风，船漏水入。商人欲趣小舶，小舶上人恐人来多，即斫絙断，商人大怖，命在须臾，恐船水漏，即取粗财货掷著水中。法显亦以君墀及澡罐并余物弃掷海中，但恐商人掷去经像，唯一心念观世音及归命汉地众僧：“我远行求法，愿威神归流，得到所止。”如是大风昼夜十三日，到一岛边。潮退之后，见船漏处，即补塞之。于是复前。
>
> 海中多有抄贼，遇辄无全。大海弥漫无边，不识东西，唯望日、月、星宿而进。若阴雨时，为逐风去，亦无准。当夜暗时，但见大浪相搏，晃然火色。鼋鼍水性怪异之属，商人荒遽，不知那向。海深无底，又无下石住处。至天晴已，乃知东西，还复望正而进。若值伏石，则无活路。
>
> ……

停此国五月日，复随他商人大船上，亦二百许人，赍五十日粮，以四月十六日发。法显于船上安居，东北行，趣广州。

一月余日，夜鼓二时，遇黑风暴雨，商人、贾客皆悉惶怖，法显尔时亦一心念观世音及汉地众僧，蒙威神祐，得至天晓。晓已，诸婆罗门议言："坐载此沙门，使我不利，遭此大苦。当下比丘置海岛边，不可为一人令我等危险。"法显檀越言："汝若下此比丘，亦并下我！不尔，便当杀我！汝其下此沙门，吾到汉地，当向国王言汝也。汉地王亦敬信佛法，重比丘僧。"诸商人踌躇，不敢便下。

于时天多连阴，海师相望僻误，遂经七十余日。粮食、水浆欲尽，取海咸水作食。分好水，人可得二升，遂便欲尽。商人议言："常行时正可五十日便到广州尔，今已过期多日，将无僻耶？"即便西北行求岸，昼夜十二日，到长广郡界牢山南岸，便得好水、菜。但经涉险难，忧惧积日，忽得至此岸，见藜藿菜依然，知是汉地。

然不见人民及行迹，未知是何许。或言未至广州，或言已过，莫知所定。即乘小舶，入浦觅人，欲问其处。得两猎人，即将归，令法显译语问之。法显先安慰之，徐问："汝是何人？"答言："我是佛弟子。"又问："汝入山何所求？"其便诡言："明当七月十五日，欲取桃腊佛。"又问："此是何国？"答言："此青州长广郡界，统属晋家。"闻已，商人欢喜，即乞其财物，遣人往长广郡。

太守李嶷敬信佛法，闻有沙门持经像乘舶泛海而至，即将人从来至海边，迎接经像，归至郡治。商人于是还向扬州。……

法显取经回国的航行途中，遭遇了大风浪、船只漏水、迷失航向、听闻海盗威胁、几近断水断粮，甚至要被同行者抛弃的状况，终于才在青州登岸。但实际上他所乘坐的船只已经偏离了航向，船只原本是要航行至广州的。

除法显外，《萍洲可谈》也记载了一些海上生活的场景："商人言船大人众则敢往，海外多盗贼，且掠非诣其国者，如诣占城，或失路误入真腊，则尽没其舶货，缚北人卖之，……""海中不畏风涛，唯惧靠阁，谓之'凑浅'，则不复可脱。船忽发漏，既不可入治，令鬼奴持刀絮自外补之，鬼奴善游，入水不瞑。舟师识地理，夜则观星，昼则观日，阴晦观指南针，或以十丈绳钩，取海底泥嗅之，便知所至。海中无雨，凡有雨则近山矣。商人言舶船遇无风时，海水如鉴。舟人捕鱼，用大钩如臂，缚一鸡鹜为饵，使大鱼吞之，随其行半日方困，稍近之，又半日，方可取，忽遇风，则弃。或取得大鱼不可食，剖腹求所吞小鱼可食，一腹不下数十枚，枚数十斤。海大鱼每随船上下，凡投物无不啖。舟人病者忌死于舟中，往往气未绝便卷以重席，投水中，欲其遽沉，用数瓦罐贮水缚席间，才投入，群鱼并席吞去，竟不少沉。有锯鲨长百十丈，鼻骨如锯，遇舶船，横截断之如拉朽尔。……凡此皆危急，多不得脱。"

出海航程中，如果船小人寡，则容易遭海盗绑架。伊本·白图泰记录了从马尔代夫前往马六甲海峡航程中的遭遇，他所搭乘的船只先是遇上风暴，又被海盗抢劫。马可·波罗在游记中也不止一次提及海盗袭击商船的事情。

人祸之外，海中航行风浪造成的危险——"凑浅"则更可怕，即指船只搁浅。船员还在航行途中捕鱼，有些鱼非常巨大。如果航行中，船上发生有人不幸染病亡故，为避晦气，竟然不等人咽气，席卷并坠重物投入水中海葬，成为鱼食。也有大鱼袭击船只者。每当遇到这些危急情况，很难走脱。

《岭外代答》说："浮南海而南，舟如巨室，帆若垂天之云，柂长数丈，一舟数百人，中积一年粮，豢豕酿酒其中，置死生于度外。径人阻碧，非复人世，人在其中，日击牲酣饮，迭为宾主，以忘其危。舟师以海上隐隐有山，辨诸蕃国皆在空端。若曰往某国，顺风几日望某山，舟当转行某方。或遇急风，虽未足日，已见某山，亦当改方。苟舟行太过，无方可返，飘至浅处而遇暗石，则当瓦解矣。盖其舟大载重，不忧巨浪而忧浅水也。又大食国更越西海，至木兰皮国，则其舟又加大矣。一舟容千人，舟上有机杼市井，或不遇便风，则数年而后达，非甚巨舟，不可至也。”

法显在描述乘船遇险时，短短几百字，数次描述了船员的惊恐。《岭外代答》中则讲述了乘客们如何应对这些恐惧，那就是酣饮，将自己麻醉，以忘却生死。同时也描述了搁浅的巨大危害，即可能导致船只瓦解。而之所以以巨舟航远海，且有机杼市井，储备一年食物，是因为如果不遇便风，要数年方可到达，小船则不能贮藏如此多的食物。

远航除了储备大量的食物外，还需要储藏大量的淡水，《宣和奉使高丽图经》云：“凡舟船将过洋，必设水柜，广蓄甘泉，以备食饮，盖洋中不甚忧风，而以水之有无为生死耳”。法显的书中也提到由于迷失航向，船中的饮水要配给。

可以说，古人的海上生活是相当艰苦且充满危险的，如果运气好，风便浪微，天气晴好，也不乏少许写意的时光，让船员们享受航行的乐趣。泉州后渚沉船中出土的棋子，让我们似乎能隐约看到水手们对弈的情景。

社会状况也好，航海生活也好，作为一座古代沉船信息库，除了船货之外，南海Ⅰ号上还可能发现什么？有公凭吗？能发现航行中乘客或船员的日记吗？……

根据文献的记载，公凭文件要由纲首亲自携带，不仅如此，元代的市舶司律令中还规定：“……公验后空纸捌张，行省用讫缝印于上。先行开写贩去物货各各名件筋重若干，仰纲首某人亲行填写。如到彼国博易物货，亦仰纲首于空纸内就于地头实时日逐批写所博到物货名件色数，点秤抽分。如曾停泊他处，将贩至物货转变渗泄作弊，及抄填不尽，或因事败露到官，即从漏舶法，杖壹伯柒下，财物没官，保内人能自告首，将犯人名下物货壹半充赏。如舶司官吏容庇，或觉察得因事发露到官，定将官吏断罢不叙。所给公验，行中书省置半印勘合文簿，立定字号，付纲首某人收执。前去某处经纪，须要遵依前项事理。所有公凭小船并照公验一体实行。”文

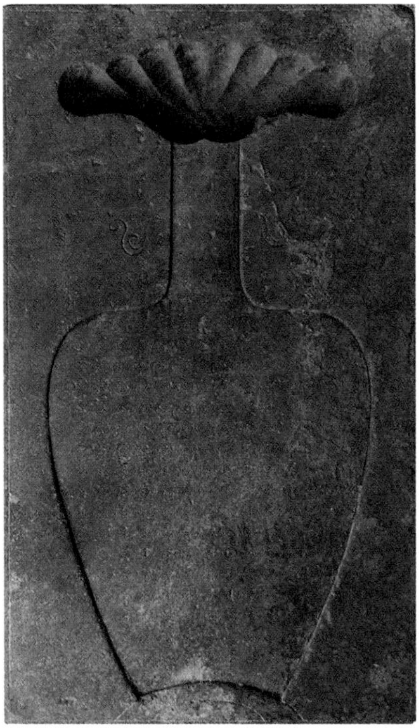

图 6-3
瓷瓶造型的砚台

字中向现代透露了纲首们即使在航行过程中，如果到其他国家采办货物或发生交易行为，要在公验后的空纸上逐一记录物货名件、色数，以备抽分，即缴纳实物税之用。因此说，如果足够幸运，也许在南海Ⅰ号上是有可能发现这一系列文件的。这样的推断在2009年南海Ⅰ号进入“水晶宫”后的第一次发掘中，显露端倪：出水文物中有一方石质砚台（图6–3），砚面为长方形，其墨池（即研墨的部分，较浅）与水槽（位于砚首较深）构成菊花口梅瓶之形，造型别致，当为个人物品。虽然不能与南海Ⅰ号之纲首直接联系起来，但是这个信息十分重要，至少说明南海Ⅰ号的航行途中，有人使用砚台，何故？写字！于是，对于法显、义净、汪大渊等古代航海者也可以做出合理的推测：他们应当在航行途中记录过自己的见闻，俗语云：好记性不如赖笔头，否则，怎可将一路的事情写成书籍？砚台的出水更加令人相信南海Ⅰ号上的纲首应当在履行职责时，如同元代市舶司律之规定，做买卖的记录。倘若能发现同李充公凭一样的文字记录，那么，南海Ⅰ号属于哪位船王所有？纲首是谁？甚至瓷器、铁器从哪里采买？生产于何处？目的地是哪里？都将真相大白。最终揭开这些谜团，日后的精细发掘值得期待！

第七章

机遇与抉择

凭借文献和考古之舟楫，我们似乎回到了宋元时期属于中国的大航海时代浏览了一番，目的是为了对南海Ⅰ号蕴藏的所有可能尽量估计到，使未来的保护工作做到有的放矢，也尽可能少留下遗憾。英国一位海洋考古学家曾言：“它（沉船）保留了古代社会的一瞬间。”无论从大的社会历史角度，还是微观具体到某个船员或乘客的随身物品之信息都有可能穿越时空，在海底的淤泥中被保存了下来，它构成了一个相对独立的信息保存空间。从现代国际社会的角度观察：南海Ⅰ号所代表的时代，充分体现着中国人民平等贸易、和平相处、科学勇敢的精神，从事情的表面看来是航海，是贸易，但稍微深思之，是古人处理国家、民族之间相处的大智慧。

自从2002年的工作以后，很现实的问题摆在了文物考古人面前：面对在时间的洗礼中静静等待着的南海Ⅰ号，这艘可能保存着沉船全信息的遗址，如何保护它？无论是国家文物局、广东省政府、阳江市政府，还是有关专业单位，在保护南海Ⅰ号的基本方式上有一个共识：要对它进行抢救性发掘！如果将它保留在原沉没地点，由于距离海岸多达十几海里，就要长期面临被盗和监控的矛盾纠结之中；况且，大小帆石附近还是渔船的主要作业区域，拖网对沉船也会造成伤害，1987、1989年探摸时表面的渔网已经充分证明了这一点。但是水下考古发掘谈何容易！与陆地考古相比，水下的考古发掘，或者说具体到南海Ⅰ号的水下考古发掘，难度超乎人们的想象。

首先，1987年也好，1989年也好，凡是当时下水触摸过南海Ⅰ号的人，无不为沉船所在水域的能见度所感到吃惊，几乎是伸手不见五指！所以难怪乎1989年的探摸工作以后，俞伟超和田边昭三两位先生都对水下能见度表示了担心。热心的田边昭三先生甚至还在20世纪90年代初，于日本进行有关的试验，试图改善沉船水域的能见度（图7-1）。在2002年的水下发掘中，由于能见度差，水下摄影和画图的工作只能趁平潮早晨的短暂时间进行，潮水一来，或水下考古队员稍微不注意，都可能将海底的沉积物质搅动起来，悬浮在水中央，即使使用很大功率的水下照明设备也很难观察到水下

京都新聞　1990年(平成2年)4月15日　日曜日

沈没船 見えるぞ

海水の濁りへ"新兵器"

東京湾で行われた海水の濁りを解消させる装置の試運転

中国・南海沖での初の日中共同調査

水中考古学研が開発

調査個所　透明容器で「ろ過」

6月から活用

图 7-1
日本《京都新闻》报道田边昭三先生改善水下能见度的试验

的具体情况。如果在这种几乎什么也看不到的条件下发掘，船货中的瓷器还基本可以被打捞出水，但是，属于船员的个人遗物，特别是那些小件的遗物则难免遗漏；再者，根据湖南、广东、浙江等高湿环境下考古发掘的经验，一些距今数千年至两千年前的绳子、树叶、纺织品、竹木制品都可能被保存下来，如果人眼观察不到，发掘和提取这些文物标本则困难重重，如果损坏，则丧失了许多不可再生的历史信息和资源；更有甚者，也有专家推测，根据元代市舶司关市制度的规定，可能存在着南海Ⅰ号纲首的航海“日记”，即航行过程中在沿途国家采买、交易的记录，如“……公验后空纸捌张，行省用讫缝印于上。先行开写贩去物货各各名件筯重若干，仰纲首某人亲行填写。如到彼国博易物货，亦仰纲首于空纸内就于地头实时日逐批写所博到物货名件色数，……”所云，如果到他国贸易货物，也要求纲首于（公验或公凭）后的空纸上及时填写购买的

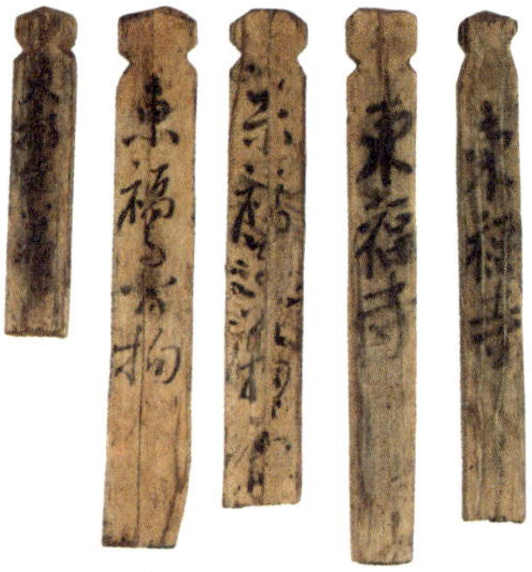

图 7-2
韩国新安沉船的货签 1

图 7-3
韩国新安沉船的货签 2

货物名称、件数、成色。如果幸运地发现这些纸张遗物，则对于了解南海Ⅰ号的具体航程和沿途贸易情况有着极为重要的意义。韩国新安沉船所发现的货签保存完好，据此推断，南海Ⅰ号上也应有类似物品（图7-2、图7-3）。从船只保存状况来看，船体除上层建筑外，基本保存完好，由于船只沉没是在很短的时间内发生的事情，因此，船员和乘客在弃船逃生或遇难时，所居住的船舱内应当有随身的物品遗留下来，这些遗留物就等于告诉我们主人的身份等情况，同时也等于说明了这些船员或乘客居住的船舱与水密舱、货舱等的不同，使我们能真正了解并复原船只在航海过程中的面貌，但这一切，都需要好的能见度，水下队员们才能眼到手到地进行发掘清理，否则，一切都只能停留在碰运气的状况中。也就是说，如果想真正发掘出这艘保留着全沉船信息的南海Ⅰ号，首要条件就是得能看见有什么？在哪里？

海面由于夏秋季有台风，冬季水温过低，所以一年之内能够开展水下考古工作的时间很短；这样，势必造成工期长，开支巨大，同时，工期越长，由于海面情况变化多端，面临的安全隐患也就随之增加。

关于沉船水下考古工期长，我们可以通过两个例子来了解一下。

辽宁绥中三道岗元代沉船的发掘，从1991年开始算起，经过连续的近七个年度的水下考古工作，于1997年最终完成。需要特别说明的是：辽宁绥中三道岗元代沉船的发掘由于保存状况的原因，并没有打捞起船体，意味着工作量相对小了很多。英国和瑞典的两艘古代沉船之水下考古工作则显得艰巨得多，两艘船的船体保存较好，并都被打捞出水。英国人在发掘玛丽·罗斯号（Mary Rose）时，所用时间和人力是相当巨大的：仅仅在1979年至1982年的潜水季中，所有潜水员的潜水时间长达22000小时。瓦萨号（VASA）的打捞从1959年8月进行了第一次的起吊作业至1961年4月出水，前后经过了整整三年时间。

自2002年以后，南海Ⅰ号沉船的水下考古工作接连在媒体上曝光，巨额的水下考古工作费用暂时不论，如果用几年或十年的时间完成对它的发掘，恐有被盗之虞！有何良策保障考古队员及出水文物安全的同时，尽可能地缩短水下工作时间，是当时非常现实和紧迫的问题。

根据2002年的试掘，仅仅在16平方米的发掘范围内，出水瓷器的数量就达到了4000余件，可想而知，30米长的大船，仅瓷器一项数量应以万计。而船体本身对于博物馆的藏品来说，也是巨无霸级别的大块头，除此之外，也见到一些漆器等已损毁文物的出水。如此巨量、如此巨大体积的文物如果出水，将怎样保护？特别是船体本身，它原本是基本完整的，如果拆散，则对文物原貌有较大损害，但如果船体完整出水，工程方案暂且不说，未来的保护代价是有前车之鉴的。

在广东海上丝绸之路博物馆落成之前，就世界范围而言，专门保管、保护陈列古代沉船的博物馆仅有两家：瑞典的瓦萨号博物馆和英国的玛丽·罗斯号博物馆，两家博物馆皆因著名的沉船而得名，当中的瓦萨号沉船打捞发掘较早，在保护方面积累了深刻的经验和教训。

瓦萨号是瑞典国王古斯塔夫二世于1626年下令建造的一艘军舰，全长69米，重达1200吨，装备了64门大炮，装饰了700多尊精美雕像，是当时世界上最先进、最豪华的战舰，1628年建成，同年8月10日，瓦萨号扬帆启航，但航行了还不到1海里便沉没了。1956年，著名的沉船研究专家安德斯·法蓝兹恩（Anders Franzen）确定了瓦萨号的位置，很快，他提出的打捞计划得到了政府的批准，由瑞典政府出资，经过了333年水下的沉寂之后，1961年4月它被打捞出水，1987年，瓦萨号被安放在斯德哥尔摩的瓦萨号沉船博物馆展出。

在没有任何可以参考之经验的条件下，瑞典的科学家们用水和聚乙烯乙二醇的混合液体对瓦萨号船体进行了喷洒或浸泡，以达到渗透木材置换水分，使船体固化、防腐的目的。自1962年开始，总共动用了500个喷头，每次喷淋25分钟，间隔20分钟后再次循环喷洒，瓦萨号也就只好委屈在这人造的潮湿雾气之中，昼夜不停持续了长达17年之久。之后，又用了9年的时间，使其慢慢干燥，终于，1991年，瓦萨号在博物馆中才正式与游客见面。根据联合国教科文组织的统计，它每年吸引的游客数量达75万人之多。

2000年秋天，人们发现在船体表面甚至可以看到明显的结晶。这些结晶是从哪里来的呢？

建造瓦萨号的年代，瑞典人为了防止俄国入侵，封锁了斯德哥尔摩湾的两个入水口，湾中的海水缺乏交换，再加上污水的排入，使得斯德哥尔摩湾的硫元素变得特别丰富。瓦萨号沉没于波罗的海海底长达333年，缺氧的环境保护了它，缺氧使有害生物船蛆很难大量繁殖，所以不会显著破坏木质的战舰；同时，这又是有利于厌氧细菌生存的环境，由于厌氧细菌能够把较复杂的有机物分解为简单的化合物，硫化氢就是有机物分解后的一种产物。当瓦萨号暴露在空气中的时候，硫化氢慢慢地渗入瓦萨号的橡木横梁中，这是一个日积月累的过程，然而硫化氢不总是稳定的存在，在木头里面它会逐渐地分解掉，只留下硫元素。瓦萨号就带着这些硫元素再次浮出水面。环境改变了，随之而来的是船体中的硫化物与空气中的氧气发生了化学反应，其与水蒸气结合，最终形成了硫酸（硫元素在有氧环境中，会渐渐氧化，与水蒸气结合，最终形成腐蚀木材的硫酸）。这个过程本来比较缓慢，然而，瓦萨号拥有的9000个铁质螺栓分解出的三价铁离子却成为帮凶，它恰恰能充当合成硫酸的催化剂。根据专家的研究和估算，如果瓦萨号上的硫元素完全被氧化，那么将产生多达5吨的硫酸。由硫酸生成的硫酸盐会藏身于木材之中，造成的结果就是使木材膨胀变形乃至崩裂，最终造成船只完全解体。根据2002年科学家的一项研究表明：瓦萨号船体的硫酸总量估计约超过2吨，并且还在逐年增加，大概以每年100千克的速率增加，不用很久，就可以完全损毁瓦萨号，那样，这件瑞典国宝就将不复存在了。面对严峻的形势，瓦萨号博物馆和瑞典皇家工学院、美国得克萨斯A&M大学以及世界其他机构的专家们合作，尝试使用不同的方法来减缓这种毁坏。目前可以肯定的是，保护瓦萨号的船体将是一项无法画上句号的艰巨任务。

那么，是不是所有海底木质沉船都面临着同样的威胁？答案是肯定的，但是瓦萨号是当中的重症患者。与瓦萨号相比，英国的玛丽·罗斯号显得幸运些，玛丽·罗斯号军舰是都铎王朝时期亨利八世国王下令建造的，1545年7月19日，亨利八世国王检阅他的舰队，并直接出海迎击法国入侵者。然而，他却目睹了玛丽·罗斯号在一阵风浪里迅速倾覆，由于国王非常钟爱这艘战舰，国务大臣威廉·佩吉特在船沉的几天之后就下令打捞它，由于淤泥的原因，打捞进行了几次均未果，1550年作罢了。20世纪60年代中期，亚历山大·麦祺（Alexander McKee，一位军事史学家和潜水发烧友）率领的一支队伍发起了对沉船的调查工作，最终，这艘都铎王朝的战舰在沉入海底4个多世纪之后，于1982年被打捞出水。和瓦萨号90年代之前一样，玛丽·罗斯号也在使用聚乙烯乙二醇不断喷淋，以防止船骨腐烂，这是一项非常昂贵的工作。2002年，玛丽·罗斯号的保护项目得到了来自英国文化遗产彩票基金的捐赠，高达480万英镑。经过近10年的小规模的试验，科学家们调整了以往的保护工作，给船体制订了分成三个阶段的保护计划：第一阶段，从1994年至2003年，以喷淋方式将低分子量聚乙烯乙二醇，取代木材细胞中的水；第二阶段，从2003年至2010年，以较高分子量的聚乙烯乙二醇用来加强船体外表面层的机械性能；第三阶段，从2010年以后，用3至5年的时间，控制空气的干湿度，令玛丽·罗斯号干燥，即阴干，完成整个保护计划。在保护计划进行的同时，英国人投资3.5亿英镑兴建新的沉船博物馆，并于2013年开放。根据联合国教科文组织的统计，每年有400万人参观这艘古老的战舰。

人们计划做某件事情时，往往以一种反向的思维方式进行，当感受到从发掘到保护等一系列问题和困难时，文物考古工作者们陷入了沉思，或者说陷入了某种纠结：考虑到被盗和生产性破坏的威胁，南海Ⅰ号必须要进行抢救性发掘，然而，怎么发掘？即采用什么方式发掘是关键，这个方式要满足人员、文物安全，满足精细发掘，提取所谓全沉船信息的要求，满足更短工期的要求，满足尽可能地节约保护成本的要求，显然，这不是2002年试掘之后立即可以解决的问题。另外的一件事情则是迫在眉睫——立即采取措施，防盗和防止生产性破坏事件的发生。早在2001年南海Ⅰ号成功再发现和重新定位之后，国家文物局在有关文件中也强调：对于南海Ⅰ号的具体位置要严格保密，不得外泄。时任广东省副省长的李兰芳同志沿途考察海上丝绸之路遗迹时，即亲往阳江（图7–4），主持召开有关会议，并部署了相关的安全保卫工作，后来，还为边防武警部门申请了专门的设备经费。

海面的监控和保卫工作落实到了阳江边防武警部队的肩上，他们密切注意沉船所在水域的船只人员来往，以策沉船安全。阳东县东平镇附近的很多渔民看到，自2002年后，当他们经过距东平渔港18～20海里的那片海域时，常常见到公安边防的巡逻艇在那里兜圈子。如果有渔民准备下网捕鱼时，巡逻艇会立即赶来，告诉渔民：这附近海底有二战时期日本飞机投下的炸弹，很危险，请马上离开。在阳江边防武警部队指战员中这个善意的谎言一直流传并无数次对渔民们讲述，目的很明确，是为了防止拖网、抛锚对南海Ⅰ号造成生产性破坏。

阳江边防武警部队的公边44701巡逻艇（图7–5），在南海Ⅰ号的保卫战中，一直充当着主要角色。2003年4月，指战员通过线人情报，获悉有来自香港的3个文物盗贼，勾结了东南亚海盗，对南海Ⅰ

图 7-4
李兰芳同志考察海上丝绸之路遗迹时在湛江博物馆

图 7-5
阳江边防巡逻艇在执行任务中

号有不轨企图，阳江边防武警支队立即组织官兵和船只，加强巡逻密度，并同时组建了海上快速机动分队，与东平镇边防派出所警力联合行动。文物盗贼似乎感觉到了海上的天罗地网，始终没能靠近南海Ⅰ号警戒海域。

根据不完全统计，阳江边防支队因护卫南海Ⅰ号，累计出动警力2600余人次，船艇260多艘次，往返航程9800余海里，劝阻、带离进入警戒海域的可疑船只85艘。在整体打捞直播的现场，人们仍然可以看到阳江边防武警的英姿，他们为保护南海Ⅰ号沉船默默地奉献着，构筑了天网般的海上防线，使南海Ⅰ号回家前的日子那么安全、平静！

先搁下安防的话题，回到南海Ⅰ号发掘与保护上来。从2002年南海Ⅰ号水下考古工地返回广东省文物考古研究所以后，未来如何对南海Ⅰ号进行抢救性发掘，如何进行永久性地保护这两件事情就在广东省文物考古研究所有关人员以及水下考古队员中成为聊天提到的最多话题，相关的想法也同时酝酿开了。由于工作的原因，这个题目在李岩的脑子里一直萦绕着，眼前像放电影一般浮现出一组组的镜头与画面。

长沙吴简牍

1996年，湖南省长沙市文物工作队在长沙市中心五一广场东侧的平和堂商业大厦工地做抢救发掘，共发掘自战国至明清的古井61口，出土铜、铁、木、竹、陶瓷等各类文物3000余件，其中编号为J22的井中发现了大量三国孙吴纪年简牍和少量东汉简牍。出土简牍的J22井，发现时井口上部已被掘土机破坏，其上口小，中部渐大，底部略呈袋状，现存深度5.6米，简牍表层距现存井口1.5米，其中有一层纯净的褐色泥土覆盖，厚20～50厘米，发掘时，可以说简牍基本是浸泡在水中的。然而，简牍上的墨书汉字以及竹木完好如新，很难想象经过1000多年的时间洗礼，居然没有留下多少痕迹。李岩于1998年曾经前往长沙市文物工作队访问，期间，观摩了存放简牍的仓库，只见架子上一个个托盘布列于上，内装满了蒸馏水，简牍都被浸泡在其中，见简牍与墨书相当完好，于是李岩请教说："这样的保护措施效果怎么样？"对方答道："因为发掘时的埋藏环境就是被水泡着的，要么，也保存不下来，所以发掘以后，还是浸泡在水里，但要经常换水，保持室内温度低些，那样有害微生物不能繁殖就可以了，另外，不要接触强光。"在后来为南海Ⅰ号所做的保存环境试验中，证明了长沙市文物工作队工作人员的说法。

龙舟入塘

20世纪90年代中期，李岩曾到三水博物馆出差，恰逢端午节，与当地博物馆同志聊天的话题自然扯到了龙舟：每年龙舟比赛结束时，龙舟停放在哪里？在水乡调查的时候，村里的小码头也见不到有龙舟停靠。三水博物馆的同行答道：其他地方咋保管我不是很清楚，我们芦苞这里龙舟赛完了就沉到水塘底，明年用之前再从塘底挖出来，洗干净就行了。实际上，不仅三水当地民众以这种方法保存龙舟，珠江三角洲其他地方也有类似的做法。东莞乡镇的村民以浸水埋泥的方法保存龙舟，这是因为龙舟大多以松木制作，松木的弹性和透气性好，但是，如若将其直接暴露在阳光和空气中时，木材中的水分会蒸发，从而导致龙舟变形，俗称"缩水"。因此，端午扒龙舟结束后，就要将它沉到水底并涂上淤泥，龙舟浸泡在水里不仅不会损坏，反而会越来越结实。等明年端午节前，再把龙舟从河里起出来，老话说："四月八，龙船鼓打哧。"即每年农历四月初八前，要将龙舟从水塘底中捞上来，用草擦干净，放置在木架上阴干，赛前三四天，必须刷一次桐油，就可下水了。

废弃木船

2002年南海Ⅰ号水下考古试掘结束后，李岩等人陪同李兰芳副省长前往湛江徐闻县二桥汉代遗址考察，遗址所在地点位于徐闻县西南，濒临琼州海峡，一路步行时，看到沿途淤塞的港汊中有些废弃的木船，并有一个很引人注意的现象：木船浸在泥水中的部分保存得很好，但暴露在水面上的部分明显腐朽了。如果说长沙吴简和龙舟基本是在淡水环境而被保存下来的话，二桥遗址的木船则是直接浸泡于海水中。重复出现的现象通常来说都隐藏着某些规律性的东西，在某种意义上说，也可以成为经验的科学。虽然不能完全从理论的角度解释其规律，但是客观存在的现象令李岩不禁联想起瓦萨号、玛丽·罗斯号和南海Ⅰ号，特别是南海Ⅰ号，如果继续在海水中保存它，效果应当是比较好的。瓦萨号之所以存在硫化物是由于水环境造成的，即较为封闭的斯德哥尔摩湾含硫量较大。玛丽·罗斯号受到硫化物的威胁相对小很多。南海Ⅰ号的埋藏环境，主要是水的交换要比瓦萨号好得多。作为更为古老的沉船，南海Ⅰ号的保存状况并不差，然而，如果用传统的水下考古和打捞方法，将它的未来交给空气环境，不要说近千年的船，就算是新近制造的龙舟都要缩水。要么就要像玛丽·罗斯号、瓦萨号那样，大量使用聚乙烯乙二醇以加固船体，但是那样的话代价和成本将是巨大的。于是乎，将南海Ⅰ号沉船继续浸泡在海水中的想法在李岩的脑海中形成，它的保存状况本身就是人类和自然一同完成的杰作！

基本的保护思路有了，即模拟一个人工环境，通过一些课题的研究，了解南海Ⅰ号沉没水域的物理、化学和生物指标状况，并通过人工方式营造与沉没埋藏水域各种主要指标尽可能接近的新环境，用来永久保护南海Ⅰ号。就着这些想法，李岩与张威在2002年6月《中国文物报》上发表了署名东方言的文章《文物保护环境论纲》，正式提出了模拟文物埋藏环境进行文物保护的观点。

从逆向思维的角度，南海Ⅰ号的新家已经有了，那么，用什么方法将南海Ⅰ号从沉没水域移动到新家呢？也就是选择什么样的水下考古发掘方法的问题。

出于对南海Ⅰ号沉船全信息库的认识和预期，无论采用何种发掘方法，在满足人员安全的大前提下，还必须满足发掘过程中文物安全，满足文物提取过程中的全信息载体要求。例如，涉及船员生活舱的发掘，不仅每一件文物本身十分重要，而且它所在的空间位置在某种意义上说，更为重要。而以往的水下考古发掘中，瓦萨号船体的保护与众不同，在发掘方面取得了比较成功的经验。

1961年8月，瓦萨号出水后，它被拖曳到专门建造的船坞里。瓦萨号拥有上下四层结构，为了使它不至于骤然干燥而破裂，船坞里保持着湿度，同时还有一米多深的淤泥，无疑，给发掘增添了难度。瑞典的考古工作者们必须穿着橡皮衣，爬进烂泥浆中进行发掘。但比起水下的条件，相对而言，这已经是很好的发掘环境了。船只被划分成几个发掘区，以便记录文物本身和它们所处的位置。

发掘要面对的第一件难事就是清理船上数以万计的铁质螺栓，在船只沉入水底后，螺栓全部锈蚀严重，大炮和雕塑保存得相对好些，清开了淤泥后，他们找到许多属于水手的个人物品：呢子帽、梳子、鞋、手套、酒桶、木匙子，以及少量硬币，……在所有发掘品被登记和编号后，大约有超过26000件的人工制品，完整的分别是500件雕刻品，200件装饰品，12000件由木、麻、皮革和金属制成的小件物件，还有13500件不同尺寸的残件。在沉船底部，还发现船只沉没前来不及升起的六面船帆。人的遗骸之肌肉和软组织部分已经被细菌、鱼和甲壳纲动物吞噬，仅遗留骨骼被衣物相连，衣物和皮革装备，如背囊和鞋子，都整齐地穿戴着。瓦萨船体基本完整，但是船艉、船艏和甲板部分被损坏了。正是根据这些精细的发掘资料，瓦萨号被修复、复原成为今日的模样，很多细节不仅提供了17世纪欧洲战舰的完整实际资料，也可以使人们了解数百年前船上的生活状况。

对于南海Ⅰ号而言，船上个人生活物品与瓷器是全面认识它的两个方面，特别是个人生活物品，瓦萨号的情况给了我们很大的启发，想在发掘中收集到更多的细节，即精细发掘，至少要考虑能见度，同时兼顾沉船的沉没埋藏环境。如果埋藏环境发生显著改变，则木质的船体前景堪忧。由于瓦萨号在船坞中进行发掘，人员和文物的安全比完全开放的自然状态下之海底要有保障得多，同时，即使天气或温度发生变化，对发掘工作的影响程度也不大。也就是说至少为南海Ⅰ号建造一个船坞，或者在海边的陆地上建造一个足够深，足够大的水池，以这样的设施来保障船体不至于立刻干燥，同时满足精细发掘的要求。

那么，现在剩下的问题是：用什么方法将南海Ⅰ号从沉没水域打捞起来并安放到船坞或者大水池中呢？

李岩将目光又投向了瓦萨号和玛丽·罗斯号，因为以水下考古方式打捞并发掘的沉船中，这两艘都是将船体整体打捞出水的，而且，借助救捞技术，出水的过程相当成功。

瑞典潜水员们通过调查得知，瓦萨号船体保存状况相当好，他们所制定的方案主要内容是：在船体下的淤泥中打通六条隧道，然后将钢缆从中穿过，以浮筒分十余次将瓦萨号从海底提升并移动到浅水区域，经过加固和修复起吊并将它安放在船坞中。他们做到了，当中最困难的是瓦萨号沉没地点的能见度几乎为零，打通隧道的工作在摸索着进行，潜水员们用高压水枪挖掘泥浆，随时会遭遇隧道崩塌等事故，由于安全措施足够，在这最危险且艰难的打隧道阶段，没有发生严重事故。

瓦萨号的成功出水，为玛丽·罗斯号提供了非常有价值的经验，但它没有瓦萨号那么幸运，玛丽·罗斯号战舰船体的保存状况远不如瓦萨号。所以打捞玛丽·罗斯号的关键性设计在于利用起重船船舷的支架将已经经过水下发掘的船体装入一个吊篮中，然后起吊，将船体吊出水面，这样可以使船体不必承受任何拉力，从而也就保证了它不会在起吊时解体。

通常来说，从沉没时间的角度考虑，年代越是久远的木船，结构体所能承受的力随着木材的变化而变弱，瓦萨号的做法对于南海Ⅰ号来说基本上不可行，且不论南海Ⅰ号船体本身，就拿那满满一船瓷器来说，分量都不轻！担心经不住过大的起吊力量，在起吊过程中船体甚至就会解体。玛丽·罗斯号的做法，即通过吊篮将沉船脱离海床并移动到指定地点的方法值得借鉴。这时李岩想到了陆地的考古发掘提取易损陶器的做法：深圳屋背岭商时期墓葬出土的陶器相当脆弱，当时为了更好、更多地复原陶器，在田野发掘过程中，采用了以石膏封固陶器的做法，将陶器封存在内，之后于周边开挖，套一个没底也没封口的木箱，再浇注石膏，使其在木箱中套牢靠，再沿着木箱底将下面的泥土挖开，使箱体套住的泥土和陶器可以脱离出来，插入底板，于是，将破碎的陶器和泥土一同搬运回室内。室内的发掘方法为，慢慢剔除表面的泥，陶器内的泥土则先予保留，待成型加固后，将里面的泥再渗水软化，慢慢剔除，陶器就得以提取。这种方法取得很好的效果。从保护南海Ⅰ号面临的问题出发，到改善考古发掘环境，这环境与沉没地点之间的“桥梁”是沉船脱离海床和运输：制作一个钢铁的沉箱，将南海Ⅰ号完全套住，可以完全避免起吊和运送过程中的船体受力解体。至此，分为三个阶段的整体打捞的完整思路出炉了！

毕竟自己不是水下考古队员，也不懂得救捞船只的事情，于是，李岩找来同事崔勇商议。没等李岩说完他的想法，崔勇连忙说：我也认为整体把它移走好，要不然，南海Ⅰ号沉没水域的能见度就能把所有重要的信息丢完！说完他连忙跑回自己的办公室取回一张草图，实际上，崔勇几乎也同时想到了整体打捞南海Ⅰ号的思路，一边给李岩看他的草图，一边解释着，核心内容也是用钢铁沉箱使南海Ⅰ号脱离海床。但后边的事情他说没想，俩人顾不得那么多，这点共同点足以令他们兴奋一阵了，接着聊了一会子，李岩提出来要见见刘胜根先生。崔勇说：“是啊，咱们早就应该见他了，和他聊聊。”

刘胜根当时是广州救捞局的副总工程师，南海Ⅰ号刚刚发现那阵子，由于广州救捞局与马丁的公司还继续寻找着莱茵堡号沉船，而此时广东省文物部门派员上船，以防再有类似中国文物遭破坏的情况发生。那时，崔勇代表文物部门在船上，刘胜根则是救捞局的工作人员，也在船上工作，说起来两人相识十多年了，因为南海Ⅰ号结下的缘。第二天中午，崔勇就约来刘胜根，三人在广东省歌舞剧院大院内的食堂边吃边聊。

大家落了座，免不了打听一下老朋友们的近况，很快进入了主题，李岩将他们的整体打捞想法及要求与刘胜根简要地说了一遍，刘胜根听罢答道：“你们就想从海底下取一篮子鸡蛋上来，而且还不能破碎，然后再囫囵个地送到你们搭建的鸡窝。”

比方很通俗，三人一听都哈哈大笑起来，一下子找到了共鸣。

李岩接着问道：“老刘，救捞行业我肯定是外行，虽然琢磨了这么个方法，但是总有一些细节很担心，比如说，沉箱如果想准确地扣住南海Ⅰ号，如果是陆地上就好理解了，容易定位，可是在大海上，就算仪器测得再准确，可是吊机往下放的时候海面一直在晃动，怎么保障沉箱没有放歪了呢？”

刘胜根听到这里笑了：“确实是，不过你这个问题还蛮专业，这样和你说吧，我们现在有专门的水下GPS定位系统，能满足你这要求，而且，实际操作的时候可以将余地预留稍微大些，那就更保险了。”

“这个沉箱的底怎么兜起来？”

“那可以从旁边开挖，在沉箱底部预留的位置用高压水枪穿孔攻泥，顺着孔把钢梁穿过去，这样沉箱就装着泥沙和南海Ⅰ号与海底脱离了，用海上浮吊就可以将沉箱吊离海底。”

“怎么运输进入人造水池？”

“咱们这先按照一般的做法来说，因为还不知道你们是不是还有什么具体要求，可以实现开挖临时航道，用卷扬机把沉箱拖进水池。你们要么方便的时候到我们局来谈一次吧，我到时候把吴总工也叫上，咱们可以好好摆开了说说。”

这句话给刘胜根说着了，最初整体打捞方案中就是设计了一条临时航道，但最终采用了气囊的拖曳方法，更加简便安全。

这次聊完了之后，李岩、崔勇二人来到位于珠江之滨的广州救捞局，这次主谈的是副总工程师吴建成。令李岩和崔勇稍微感到意外的是吴总工对整体打捞南海Ⅰ号工程技术和设备方面的感觉更是胸有成竹：“你们这个古沉船我听刘局（刘胜根副局长）说过，体量不算大，十几万吨的油轮我们也是一样捞得起，临时航道什么的，没有一般港口水下工程难度大，本质上是一样的。”客观地来看，吴总工的说法没错。那次谈话，他还说了几个沉船打捞的成功案例，并隆重介绍了广州救捞局的技术装备情况，特别是正在建造中的亚洲第一大水上起重船，起重能力达到4000吨以上，足以保障起吊的安全，这就是华天龙号——4000吨全回转起重打捞工程船（图7–6），该起重船由广州救捞局投资，江苏靖江东方造船厂建造，船体总长170米，船宽48米，船底到主甲板的高度为16.5米，自

图 7-6
整体打捞南海 I 号的
起重船——华天龙号

重3万多吨，满载排水量达8万吨。它下水后的第一个任务可能就是打捞南海Ⅰ号。吴总工还表示，打捞、运送和安放南海Ⅰ号或许有些问题和风险，但完全可以在制订计划时，分别通过模拟和实验加以解决，模拟和实验可以委托给华南理工大学有关院系完成，那是他们的强项，整合本地技术资源，为南海Ⅰ号打捞服务。

在此基础上，这一系列的想法被汇报到了广东省文化厅领导——景李虎副厅长的办公室，在了解情况的过程中，景副厅长指出，如果整体打捞可行，总得有个窝安放沉船啊！人家把鸡蛋从海底给你提上来了，你总得建个窝吧，然后在窝里才可以孵小鸡啊。景李虎副厅长借用刘胜根的话来做比喻，所谓的窝是指建设一个永久性的设施——博物馆。这个馆对于南海Ⅰ号的保护来说，是最终的解决方案。李岩原想建个大水池或船坞，在里边考他的古，景副厅长更有高度的意见，将保护、发掘研究和展示与博物馆设施建设融在了一炉。更为完整的永久性保护、发掘研究和展示构想最后形成了：建设以“水晶宫”为核心的专门性博物馆，“水晶宫”即为建造一个大型的水池，将南海Ⅰ号整体放置其中；模拟其沉没环境，永久保护船体和其他文物；利用这个水池进行实验室式的水下考古发掘，同时展出。这个构想也被称为“一馆两中心”，就是现在大家看到的广东海上丝绸之路博物馆的雏形。

整体打捞、“一馆两中心”的基本思路随后在广东省文物考古研究所和中国历史博物馆的水下考古队员中间流传了起来，特别是整体打捞的方法，也有不少善意的反对意见，认为采用这样一整套整体打捞的方式，在目前世界水下考古学科历史上还没有先例，尤其是南海Ⅰ号沉没水域能见度很差、台风多、浪涌大的条件下，会有许多预见不到的风险。例如，沉箱采用静压的方式能下沉到位吗？即采用箱顶加重物的方式利用重力使其套住南海Ⅰ号及附近的淤泥，如果下沉得过多，是否会伤害到南海Ⅰ号？沉箱穿底梁在能见度很差时，如何施工？沉箱以及起吊的一瞬间，震动如果过大，是否会造成南海Ⅰ号古老的船体结构损伤甚至解体等一系列细节都令人担忧。面对这种情况，广东省文物考古研究所广泛收集各种不同意见，并将其分成两个部分：一是按照整体打捞的思路和风险要求，委托广州救捞局以吴建成副总工程师为首的小组进行原则性打捞方案编制；另一方面，委托华南理工大学交通学院筹划有关的模拟实验，目的当然是将风险降到最小，并试图预先发现有关问题，以便对于某些风险做到可以控制。

与此同时，广东省文物考古研究所委托广州正道科技有限公司，利用电脑技术，将整体打捞的水下工程过程编制成三维互动的软件，供领导决策参考，并供业务人员在制订、研究方案时参考。

与整体打捞方案进展同步，广东省文物考古研究所的领导和专业人员在广东省文化厅领导的率领下，多次来到阳江市和海陵岛十里银滩考察，并专门向当时的阳江市委书记林华景、分管副市长郑由坚做专题汇报，并得到他们的热情支持和鼓励，后来的一些具体工作则由当时的海陵试验开发区管委会正、副主任关崇佳和马红藻两位担当。之所以将阳江海陵岛作为“一馆两中心”的候选地点是出于以下考虑。

南海Ⅰ号水下考古工作水域已经暂时性划归阳江海事局管辖。

中国历史博物馆水下考古学研究中心的科研教学基地——探海楼就设在海陵岛，可以作为未来水下考古工作的依托。

十里银滩背山面海，水域开阔，无论是对于兴建路上设施，还是未来将南海Ⅰ号运送入“水晶宫”，都相当有利（图7–7）。

图 7–7
十里银滩

当然还与阳江市领导和有关方面的重视与支持分不开，阳江市有关领导敏锐地感觉到，未来在国家AAAA级旅游风景区建设的“一馆两中心”（后被命名为广东海上丝绸之路博物馆）将极大地提高本地旅游资源的品位和知名度，这一文物保护工程无疑将为阳江带来巨大的社会和经济效益。

很快，广东省文物考古研究所在曹劲博士的具体担当下，完成了“广东海上丝绸之路博物馆的概念性规划”，并呈送到了广东省文化厅。

经过这样一轮筹划与准备，2002年10月10日时任广东省副省长的李兰芳同志在阳江市组织召开了南海Ⅰ号文物保护工作座谈会，国家文物局文物保护司宋新潮副司长、广东省文化厅景李虎副厅长、国家博物馆李季副馆长及包括阳江市委书记林华景在内的阳江市主要领导都参加了会议。阳江市和海陵岛实验区及各职能部门、中国历史博物馆、广东省文物考古研究所、阳江市博物馆、阳江市公安边防局等单位的领导和专业人员聚集一堂，共同商讨南海Ⅰ号文物保护工作，会上做出了三点决定：

（1）正式提出：“整体开发，就地展示，原地保护”的十二字方针，确保南海Ⅰ号文物的完整性和唯一性。

（2）认真研究，科学制订南海Ⅰ号整体打捞工作方案。

（3）多方合作，推动“一馆两中心”建设，由阳江市无偿划出十里银滩12万平方米土地，规划建设广东海上丝绸之路博物馆。

这次会议，使南海Ⅰ号水下考古工作和文物保护工作有了明确的方向和目标；也是在这次会议前后，广东省宣告成立了南海Ⅰ号水下考古工作领导小组，分别由副省长、省文化厅和其他相关厅局、阳江市有关领导组成。此后，关于南海Ⅰ号的水下考古工作由广东省方面统筹管理，水下考古工作的重点发生了重大的变化：不再以打捞沉船文物为目的，而是为了制订整体打捞方案，对南海Ⅰ号开展相关调查、勘探。同时，国家文物局下达文件，指示：考虑到整体打捞方案的风险，由国家博物馆（中国历史博物馆与中国革命博物馆合并为国家博物馆）水下考古研究中心制订原地打捞方案；广东省文物考古研究所会同广州救捞局（后改制为广州打捞局）则共同组织制订整体打捞方案。

2002年底，广东省委九届二次全会召开，全会提出：在贯彻落实党的十六大精神，必须大力弘扬和发展社会主义先进文化，建设社会主义精神文明。在推进经济强省建设的同时，加快推进文化大省建设，……南海Ⅰ号的水下考古工作和广东海上丝绸之路博物馆建设被正式写入《广东省建设文化大省规划纲要》。

根据南海Ⅰ号水下考古工作的重点转变，2003年5～6月，对南海Ⅰ号沉船进行了调查，目的是为了全面了解南海Ⅰ号沉船遗址埋藏状况及船体本身的保存现状，为制订整体打捞方案收集必要的技术数据。调查的收获包括：南海Ⅰ号沉船的长、宽、型深、沉船船体的木头样本；沉船的沉态方向；沉船海域的淤泥样本；从沉船遗址点到广东海上丝绸之路博物馆海域的水深和海底状况；不同深度，不同时间的海洋洋流的方向、流速，风玫瑰、涌玫瑰（图7–8～图7–10）。

图7–8
2003年调查现场

风玫瑰、涌玫瑰

风玫瑰即指风向、风速频率玫瑰图，根据某一地区年平均统计的各个风向和风速的百分数值，并按一定比例绘制，一般多按照罗盘上360°方位，以22.5°一格划分成16格，将实时采集的各个风向统计到这16个方向上；玫瑰图上所表示的风向，是指从外吹向中心的。根据各方向风的出现频率，以相应的比例长度表示，描在16个方位角度（也有用8个方位角度表示的）所表示的极坐标图上，将各相邻方向的端点用直线连接起来，形成一个如玫瑰状的闭合折线，就是风向玫瑰图。同样如果用这种统计方法表示各方向的平均风速，就成为风速玫瑰图。涌浪的情况，按照上述方法形成的图形就是涌玫瑰图，表示涌浪的方向和速度等数值。就南海Ⅰ号沉没水域的水下考古工作来说，这些都是必备的气象与海况信息，是海上和水下作业的重要参考资料。

图 7-10
2003 年调查之水下队员下潜

图 7-9
2003 年调查之出水胶结物

南海Ⅰ号的长宽、型深和船板

南海Ⅰ号的埋藏状况是基本上被淤泥埋没。因此，要收集沉船的具体数据相当困难，针对这一情况，水下考古队制订了两个工作方案。

方案一：水平方向上，通过声呐之物理探测的方法，再通过差分定位，换算出沉船的长、宽、深等数据。纵深方向以浅地层剖面仪测量船只的型深。调查的实际操作中发现，探测仪器在探测船的速度和方向改变时，测得数据往往有误差，误差甚至达到3～4米，因此，长宽数据存在很明显的问题，不能作为沉船整体打捞方案的数据资料依据。2003年度以浅地层剖面仪探测了比较准确的型深数据，从浅地层的图形分析，从海床表面计算，南海Ⅰ号最深处为泥下5米，如减去覆盖在沉船之上的1～1.5米的淤泥后，沉船的实际型深应为3.5～4米，通过比较，与已经发掘的相同历史时期的沉船，例如后渚沉船型深相近，说明数据基本可靠。

方案二：以水下抽泥的方式将掩埋在南海Ⅰ号周围的淤泥抽开一部分，使船体部分出露，从而对长、宽、深等数据进行测量。

就在抽泥的过程中，水下考古队遭遇到意想不到的困难。由于海上风浪较大，能够出海作业的时间非常有限，可是，每当他们抽开一些泥的时候，第二天下水观察发现，淤泥回淤速度很快，原本有的地方通过抽泥已经露出了船舷，但第二天就又回淤了。这着实令队员上了火，因为眼看台风季节临近，今年如果不能完成预定任务，那可就要再等上一年的时间啊！通过实际操作和观察，他们自己设计了一种被戏称为“摸杆”的方法，相当奏效。具体做法是将抽泥后出

南海Ⅰ号用于调查沉船数据的差分定位方法也叫相对定位方法。可以理解为在已知坐标的点上安置一台GPS接收机，为固定站，另一台GPS接收机为流动站。利用已知坐标和卫星星历计算出观测值的校正值，并通过无线电设备将校正值发送给运动中的流动站，流动站应用接收到的校正值对自己的GPS观测值进行校正，以消除各种因素造成的误差。

露的船舷旁插上的两米长的钢管作为标杆，两杆间隔为1～1.5米，以人在水下没有能见度的情况下，用手可以分辨船走向为标准，即使在没有摸到船舷的情况下，也可以确认被抽完泥出露的船舷又回淤的范围，避免重复抽泥。这种方法提高了工作效率和准确程度。在水平方向上，初步确定了沉船的长约为30米（28～32米），宽8米左右。这个数据也与已知的同时期沉船的尺寸相近。直到2007年沉箱下沉之前，为了保险起见，再次对这个数据进行验证，结果证明，这个数据基本准确。最终南海Ⅰ号的三维尺寸是：长23.8、宽9.6、型深3米。可以说，南海Ⅰ号的三维尺寸直接决定了沉箱的大小。

这次调查采集的船体木材标本为随机的，标本的下半部埋在淤泥下的保存良好，而上半部暴露在水中的就受到了船蛆的严重侵蚀。采集船板的用途在于估量木材结构体的受力状况。

南海Ⅰ号沉船的沉态和方向

由于水下的能见度很差，水下罗盘基本上无法用眼睛判读。这次调查使用了测流计上的内置电子罗盘进行方向测量。首先在沉船的中部抽泥露出一段船舷，将测流计平靠在沉船的船舷旁，固定数分钟后取得读数，为了避免误测，重复了多次，取值为三个相同数据，该数据被确定为沉船的精确轴向，轴向即指南海Ⅰ号船头船尾所形成的方向，也被称为沉船的方向。该沉船的轴向为234°。调查还发现南海Ⅰ号基本为正沉态，那就意味着它沉没后船底向下，并没有翻覆或侧倾，这个情况对未来的发掘十分重要。试想：如果它是翻覆或侧倾的，下沉过程中船首层甲板上的货物或者是其他装载物可能被抛到比较远的地方，正沉态则可以预见船体周围散落的文物不多。同时，正沉态对研究判断南海Ⅰ号沉没的原因很有帮助，由于抽泥时露出的船舷没有明显断裂的痕迹，因此，推测南海Ⅰ号可能是因为船底部受损后进水沉没的。正沉态同时也说明南海Ⅰ号具有比较好的稳定性，即船本身的重心和装满货物以后的重心应当是合乎稳定性要求的。

沉船海域泥样的采集

由于所采集的泥样不够理想，泥样中含贝壳类杂质太多，泥样的力学分析为沉箱静压的重要数据。2004年以后，采用更大孔径的水管重新采样。

从沉船遗址地点到广东海上丝绸之路博物馆海域的水深和海底状况关乎临时航道的开挖，考古队用一条工作船，从沉船遗址点到十里银滩附近海域，沿途利用物探调查手段进行了调查，发现沿途海底状况非常理想，水下没有障碍物，并且沿途的水深均保持在20米左右，在近十里银滩约150米左右时，水深仍然能保持在8～10米，为今后沉船打捞离底后的运输提供了很好的水文资料。

除此之外，还对风、波浪等气象、水文情况进行了调查，并通过有关的观测站取得了相关的数据，这次调查的结果对于制订整体打捞方案起到了很好的作用。

本次调查工作完成后，广东省文物考古研究所向广州打捞局正式提出了制订南海Ⅰ号整体打捞的原则方案之基本要求。

> ……沉船的大部分是埋在海床之下的淤泥中，因此沉船船体没有受到奢木类海洋生物（如船蛆等）的进一步蛀蚀，文物也没有受到如藤壶等海洋贝类生长造成的硬性胶结。为了最大限度地保护该沉船的船体结构和沉船文物，要求将沉船连同船内的文物，船体周围起固定和保护作用的淤泥一同吊离海床面，并使得沉船进入预先准备好的水池进行慢慢发掘。技术要求分三部分。
>
> 一：设计适合于水下沉船船坞安装的钢板预制件，要求在水下便于安装，并达到足够的搬运强度。
>
> 二：实施水下安装，将沉船连同文物、起固定作用的泥沙围在船坞中，并成功吊离发掘现场。
>
> 三：安全地将沉船安放在事先准备好的安全水域内。

归纳起来，整体打捞的长处在于：

（1）在比较短的时间内即可完成开放海域的整体打捞和运输等前期工程，受到天气、海况、能见度等因素影响相对较小，由于在开放海域环境工作时间大幅度减少，人员安全得以保障，事故相对降到最低；同时也尽可能地保护了文物的安全。

（2）打捞和发掘过程技术要求高，是水下工程技术与水下考古结合的方式，为今后船体打捞与保护积累经验和教训；比较好地保护了该沉船信息的完整性，待移师永久场所“水晶宫”之后，由于是室内环境，如实验室一般，为接着进行的精细之水下发掘与保护创造了优越条件。

（3）资金使用为一次投入高，后续发掘和保护成本低。特别与瓦萨号后期的保护工程开支相比，模拟埋藏环境中的发掘、保护和展示具有明显的优势。

如果将南海Ⅰ号的水下考古工作也比作一次航行的话，2003年，这艘航船遇到了属于自己，如同季风般的历史性机遇，做出了自己应有的抉择，调整好航向，向着人们心目中“水晶宫”的方向平稳地起航了。

第八章

海底一篮子鸡蛋怎么取上来

按照刘胜根的比喻：整体打捞南海Ⅰ号就是从海底取一篮子鸡蛋上来，反映了打捞的难度和风险。如果想成功打捞南海Ⅰ号，从当时的角度来看，至少需要相互协调的四个方案：首先是整体打捞的水下工程方案，其次是散落在南海Ⅰ号周围的文物的清理方案，再次是广东海上丝绸之路博物馆的建设方案，最后是广东海上丝绸之路博物馆“水晶宫”环境模拟的工作方案。第一个方案是重中之重，没有整体打捞的成功，后面的三件事情也就没意义了。外围文物的清理则关系到整体打捞是否真正完整，根据现有条件，必须做到尽量不遗失任何微小数据。因此，在整体打捞的行动正式开始之前，需要将南海Ⅰ号上的大块凝结物移走，所以说，这个方案是整体打捞的必要前奏。而广东海上丝绸之路博物馆的建设方案关乎南海Ⅰ号是否能有一个家，“水晶宫”的水环境则是这个家，对于南海Ⅰ号来说，关乎到家是否舒适、安逸；从未来的科学研究和展示的角度来看，这个家也关系到南海Ⅰ号未来以什么样的面貌见之于众，是否能够边发掘边研究边展示，能否持续下去，取得良好的社会效益和经济效益。出于难度和进展时间两个方面的考虑，整体打捞的水下工程方案和广东海上丝绸之路博物馆的建设方案就自然被提到了最前端。

在2002年底概念性规划的基础上，广东海上丝绸之路博物馆的建设方案由广东省文物考古研究所委托广东省国际工程咨询公司制订，并在打捞方案之前完成。以“水晶宫”模拟埋藏环境保护为核心的广东海上丝绸之路博物馆的建设方案包括了可以满足发掘、保护、展览、开发、服务的各种设施。最终兴建的地点被确认在阳江海陵岛的十里银滩，由阳江市人民政府无偿划拨土地，由广东省人民政府负责建设资金。根据项目的建设程序，需要上报广东省人民政府批准立项。建设方案与打捞方案的结合在于：广东海上丝绸之路博物馆，特别是“水晶宫”的建设，必须在沉船船体出水前基本完工，以保障两大部分的顺利衔接。

南海Ⅰ号沉船有了设计中的家！

根据国家文物局的指示，南海Ⅰ号的水下考古工程需要制订两个不同的方案：一为原地发掘方案，二为整体打捞方案。

制订原地发掘与整体打捞两个不同方案的原因

专家论证方案时，有水下考古方面的专家认为：整体打捞方案水下工程部分是前所未有的挑战，风险也较大；有些专家则根据救捞专家的意见认为：整体打捞固然存在一定风险，但可通过试验等方式对其风险进行评估并做出调整和完善，使风险降到最低。

自打2002年底，广东省文物考古研究所委托广州打捞局之后，不到一年的时间内，广州打捞局和华南理工大学船舶及海洋工程研究所合作，进行了现场底质的土力学分析、沉井（箱）总体结构的设计计算及沉放静压力的计算、沉井底托板（底梁）拖拉力计算、起浮受力计算、拖航过程受力分析。结果表明，钢沉井设计与制造、沉井下沉所需要的静压力计算、沉井下沉受力分析、定位桩竖向承载力计算、底梁穿越时受力分析、底梁在起浮时受力分析以及沉井在起浮时受力分析，在理论上是可行的。在一系列计算分析的基础上，2003年10月，广州打捞局终于提交了名为《“南海Ⅰ号”原地发掘的工程原则方案》、《“南海Ⅰ号”沉船整体打捞原则方案》的两份方案，设计的主要承担者是广州打捞局的吴建成与华南理工大学船舶及海洋工程研究所孙树明、叶家玮三位先生。同时递交的还有广州正道科技有限公司研发的《“南海Ⅰ号”沉船整体打捞原则方案》之三维电脑动画软件，用于演示整体打捞的全过程。两个方案究竟是什么样的做法呢？各自又有什么长短？

南海Ⅰ号沉船原地发掘实施方案

原地发掘方案的要旨是设计、建造水下沉井，将沉船水环境与周围混浊水下环境隔离。通过大型水面工作平台对沉船遗址进行长期保护性发掘提供技术支持，发掘的方法与陆地考古方法类似，即自上而下逐

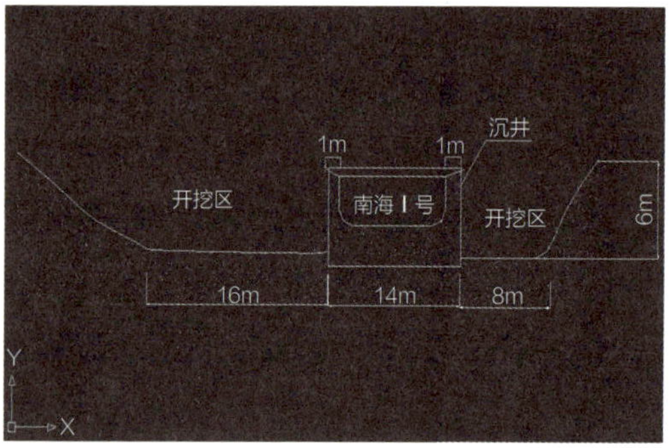

图 8-1
原地发掘方案之工作场景示意图

图 8-2
原地发掘方案之发掘现场想象图

层清理，收集所有历史信息。在发掘的同时，对出水文物及时进行全面的保护性处理。预计发掘时间3～5年。待船载文物发掘完毕，最后通过沉船整体搬移的办法，将沉船船体迁移到指定环境保护。前文曾提到，1989年南海Ⅰ号水下调查工作之后，俞伟超、田边昭三、张威等均对沉船水环境有过评估，即能见度差。20世纪90年代初期，田边昭三还曾在日本水域进行改善水体能见度的试验，可以说，这个方案的思路与之大体相同。以沉井将水隔离，并以此改善能见度是其核心（图8-1、图8-2）。

该方案准备阶段的主要工作是设计、建造专门的沉井。

沉井的设计与建造要求

为了保证沉船在施工过程中不被二次破坏，沉井与沉船的净距按1米设计，同时，要保证有足够的空间作浊水隔离，按照这样的考虑，沉井的内部尺寸为：36米×13米×14米。为便于施工，沉井设计为上下两部分：下半截高度为6米，起稳固沉船的作用，并形成一个基底；上部高出基底8米，起隔离海底混浊水、提高水质透明度的作用。

沉井的下沉过程要采用静压方式，压力应沿沉井顶部四周的箱梁均匀分布。计算分析显示总压力为2000千牛（1千牛＝1000牛顿≈100公斤力）。在下压时沉井的变形为：水平最大位移为0.1毫米，纵向最大位移为0.4毫米。计算结果表明，沉井采用静压方式的下沉过程中是安全的。沉井下压沉降到预定位置后，为了防止沉井在后续施工过程中发生移位现象，主要是水平位移，通过在沉井两端打定位斜桩的方法临时固定沉井。

原地发掘实施方案的施工过程

（1）沉井的下沉。沉井建造完成，将沉井运至沉船发掘位置，准确定位后，由起重船将沉井下沉至预定位置。

（2）固定水面工作平台。这个平台是支持水下考古发掘的现场必备设备，这种平台与海上钻井平台类似，犹如一个浮动的小城市，可以容纳许多设备和人员。基本要求：抗10级以上风力、涌浪在3米以下可正常工作，平台尺寸80米×50米；有起吊100吨的动力及滑轮组；具备支持水下考古所有现场工作的辅助设备及场地；包括完善的生活区；与陆地可实时通信；出水文物有安全的临时库房；配备有交通快艇作后勤支持。

（3）水质置换。即提高水体能见度之步骤，将水面工作平台以4～8个吸力锚固定在沉井上方，平台固定后，于平台上搭建水下抽泥、照相等设备，并完成沉井内水质的置换。水质置换是通过抽泥并结合使用化学沉降剂，为长期开展水下考古发掘做好准备。水中施放化学沉降剂的原理在饮用水净化中经常被使用。例如，自来水在出厂前，会在水中加入硫酸铝，它在水中会发生分解反应，产生氢氧化铝白色棉絮状沉淀物，在沉降过程中能吸收悬浮物质，可以使水体变清。原地发掘方案的水体置换提高能见度的做法与此类似。

（4）水下考古发掘。利用水面工作平台作水下考古发掘的工作及生活基地，于水下发掘平面布设人工光源灯阵列，进一步提高能见度的水平，严格按照水下考古的要求，对沉船遗址进行逐层发掘，做好遗址信息的收集，整个发掘过程利用水下摄像设备进行全程监控，以保障人员和文物的安全。根据经验预计，水下的发掘工作需要耗时

3～5年。

（5）分离沉井。水下考古发掘工作完成时，沉井的下半部分仅存南海Ⅰ号沉船船体。这时，清除沉井周围淤泥，利用水下攻泥机穿底板，对高出基底的上半部沉井进行分离，将上半部拖开去。于是，下半部沉井和其所包含的部分成为一体，利用水面吊机，将其吊起并安放在半潜驳船上，准备迁移船体。

顾名思义，驳船是依靠拖船或推船带动的平底船，半潜驳船也是驳船的一种，与普通驳船不同的是它有压载水舱，向压载水舱中注水时，它可以像潜水艇一样半潜入水下。通常情况下，这类船只仅用于新船下水的过渡平台或海上钻探等大型平台、大型物体的运输安装作业。南海Ⅰ号船体加沉井的重量已经超过千吨，而且体积大，因此需要半潜驳船运送。

（6）安放船体。由半潜驳船将装有南海Ⅰ号船体的沉井运送至广东海上丝绸之路博物馆附近事先建造的码头，并通过临时航道，进入“水晶宫”永久安放，最后进行加固保护。

原地发掘的长处在于发掘后再行搬迁船体，由于瓷器等船货被清理后移走，大大减轻了运输过程的重量。但原地发掘方案同时也存在着如下不足和风险。

（1）水下考古人员有相当的危险。无论怎样地改善能见度，毕竟发掘还是在开放性自然水域进行，20多米深度下水的压力、风浪、涌、有毒生物等对水下考古队员均构成威胁。

（2）抽泥过程会使文物遭受一定破坏。由于无法回避涌浪的影响，特别是抽泥管道在涌浪的作用下，垂直方向的运动很容易使瓷器等文物受损。在2002年的发掘时也遇到过类似问题，虽然采取了一定的措施，但没有根本改变水下文物在抽泥过程遭受一定程度破坏的状况。

（3）受自然条件影响，考古发掘进度缓慢。由于水下发掘地点位于南海，不可避免地会受到台风等自然因素的影响，虽然工作平台设计能力为抗10级风，但如遭遇强台风，工作人员势必要进港躲避台风，待台风过后，再回到工作地点。这样进进出出，将大大影响发掘的进度。

（4）费用高昂。由于目前南海Ⅰ号沉船船体保存较好，水下考古发掘工作完成后，船体将整体打捞。因此，工程程序不仅未得到简化，反而使外海作业的时间比整体打捞的时间长数倍。经过简单测算，得出的结论是：所需经费将比整体打捞高40%以上。

南海Ⅰ号沉船整体打捞方案

整体打捞的过程包括了工程前的准备和施工两大阶段。

（1）设计和建造保护沉井和底托板。保护沉井即前文所说的沉箱，沉井是救捞部门的专业说法，它的作用是将南海Ⅰ号船体连同周围的淤泥一同套封为一个整体，以便将南海Ⅰ号从海床吊起并运送到广东海上丝绸之路博物馆的“水晶宫”内。根据几次对南海Ⅰ号的调查，沉船的外形尺寸初步确定为26.3米×12.4米×7米，为自重近百吨的内空长方箱体。为了使这个巨型箱体能套住南海Ⅰ号，沉井采用水面起重设备吊起并安放到海床表面，再以静压的方式令其下沉至应有的深度。所谓静压方式，简单地理解是与打桩的方式不同，以人造重物放置在沉箱顶部，利用重力和自重，将沉箱向下压至预定深度。这要求沉井顶部设计建造横梁，以承担静压的重物。当沉箱到达预定深度时，在底部托架底板，即底梁，最后将南海Ⅰ号包裹在其中。为了便于水下安装，沉井被设计成上下两个部分，底梁在上下两部分穿过。为了穿底梁的需要，在底梁内部还需要安装高压水喷射装置。

（2）预制水泥锚块。安装在水下的预制水泥锚块是为了给穿底梁的绞车提供拉力的作用点，安放在沉井顶部的则可以提供静压压力。根据吸力锚原理，水泥锚块底部预留空腔，用来增大在海底的附着力。每个水泥锚重量初定为200吨。

（3）全潜驳船的设计与建造。全潜驳船与前文所说的半潜驳船最大的区别是其可以完全潜入水中，并保持在一定的深度。之所以使用全潜驳船，是为了减少风浪造成的晃动，减轻沉井箱体在吊放过程中的受力变形。南海Ⅰ号在沉箱内被吊离海床后，需要运送到预先在“水晶宫”外岸边建成的临时码头，全潜驳船即为运输工具。沉井起吊前，全潜驳船停靠在预定位置，将沉井在水中吊放到全潜驳船上，放稳后，全潜驳船再排水起浮，将沉井移位至“水晶宫”外的临时码头沉放。全潜驳船设计潜水深度不小于10米，主尺度为：长×宽×型深＝60米×30米×3.2米。

南海Ⅰ号外围遗物清理

在沉箱安放之前，首要任务是对南海Ⅰ号周围散落的文物进行清理。

南海Ⅰ号周围有散落文物的原因大体有三个方面：一是沉船下沉过程造成的，南海Ⅰ号在沉没初期未沉降至目前深度时，甲板以上及船楼部分物品会散落出去，这部分遗物大体分布在沉船周围1～2米内，这一点在后来2004年度的调查中得到了一定程度的验证。其二是1987年发现南海Ⅰ号时，由当时的抓斗抓出的部分遗物，由于当时现场没有水下考古工作人员，施工人员仅选择了200多件保存完好的瓷器等出水文物上交，其余的大部分碎片被倒回海中，造成有的区域碎片相对集中，并且形成了二次凝结。在2002年度的调查中就有这种情况，其中抽出了一块较大且平的凝结块，取出部分凝结块经分析后可以看出，是二次凝结造成的，凝结块有一定数量的瓷器碎片，相当破碎。各种不同窑口、不同器形的瓷片混杂在一起，与2002年货舱的发掘所见每种器形都单独存在于某一相对位置的情况有明显的区别。这类堆积主要分布于沉船周围30～50米的范围内，即1987年调查船停泊的施工半径内。第三是因为拖网渔船在作业过程中，拖网将沉船遗物拖离沉船原位。根据不同的情况，制订外围清理方案时，采取了区别对待的原则：沉船过程散落的文物分布较为集中，从目前设计的沉箱尺寸看，基本上是在整体打捞的沉箱内，不需要进行外围清理和采集。而第三类散落遗物范围太大，无法采集。因此，外围采集的重点对象是第二种原因散落的遗物，即对位于南海Ⅰ号外围30～50米范围的散落遗物进行发掘和采集，具体计划如下。

（1）确认南海Ⅰ号沉船位置后，在沉船周围50米的范围内，用旁侧声呐和浅地层剖面仪搜寻凸出在海床面及埋藏于海底下包括陶瓷器、金属器等沉船文物的可疑点。

（2）确认遗物散落情况并做好标志，由水下考古人员确认并发掘，按有关规定做好文物保护工作。

（3）沉井四周开挖（含抽泥）的泥土，全部经过过滤，以便收集淤泥中的沉船遗物。

有了沉井，完成外围清理后，即可着手进行整体打捞的水下施工工程，这个阶段包括以下几个步骤。

（1）沉井的安放及静压（图8-3～图8-5）。水上起重船进场，在工作水域抛锚，并在附近设置定位标；用驳船将沉井运送到南海Ⅰ号沉没水域，安装定位信标和深度传感器。

定位信标的作用非常关键，它是一种水下的定位系统，通过接受卫星定位信号，再辅助以计算机技术，可以准确地进行水下精确定位，指挥水面起重机将沉井安放在预定位置。而深度传感器的作用在于未来沉井在静压下沉过程中检测下沉的深度。否则，深度不够时，穿底梁则伤害到南海Ⅰ号船底，深度过深则沉井顶部直接压迫在船体甲板上，也会对南海Ⅰ号造成损害。

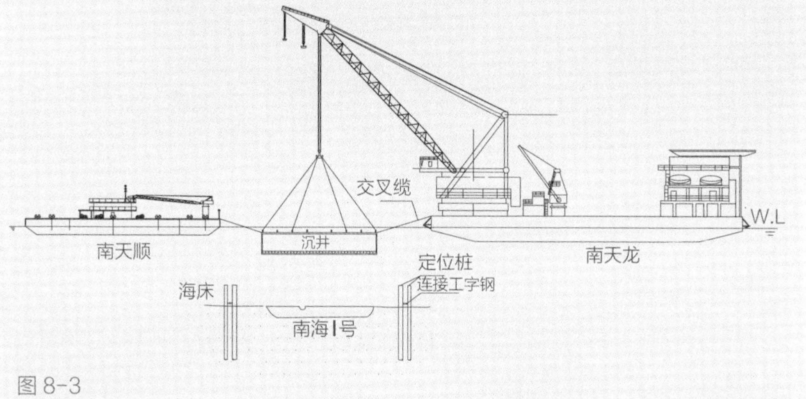

图8-3
沉井下放示意图

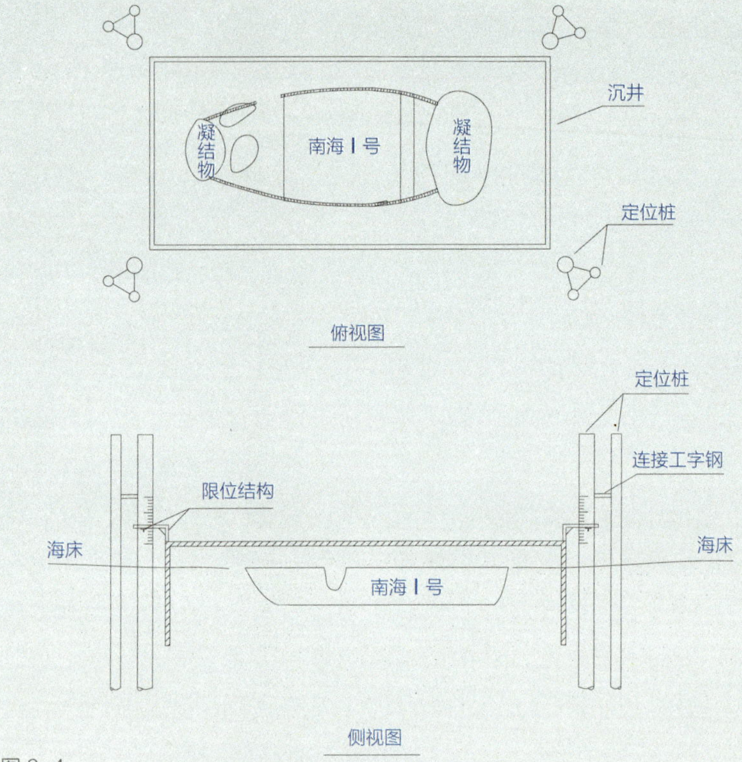

图 8-4
沉井安放定位示意图

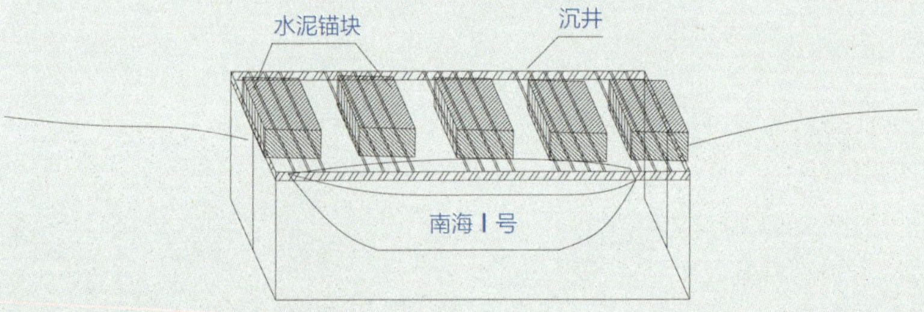

图 8-5
沉井静压下沉示意图

由水面吊机吊起沉井，根据定位系统的指示，将沉井安放在海底。先依靠其自身重力下沉，待到稳定后，解除吊络。这时，在沉井上安放静压水泥锚块，根据沉井上的深度传感器指示，把沉井安装到预定深度位置。水泥锚块在沉井上面要对称安装，以保证下压时不会倾斜。同时，根据沉井下沉情况决定安装顺序，并随时观察沉井的沉降情况，保证沉井水平下降到预定位置。到达深度位置后，移除水泥锚块，并打固定桩。由于南海Ⅰ号沉船整体打捞工期较长，期间可能遭遇台风和强东北风季节等恶劣天气的影响，为防止沉井进一步沉降或移位偏移，需要在沉井四角打四个定位桩。

（2）安装底梁。用救捞部门的专业说法是，沉井底部托板安装（图8–6～图8–8）。首先是挖泥，清理出安装底梁的工作面。由挖泥船根据施工需要，以抓斗分别在南海Ⅰ号的左右舷进行挖泥：左舷开挖区域为40米长、20米宽、6米深，右侧开挖区域为40米长、15米宽、6米深，边坡不大于1：4，坑底平整。为了最大限度保证挖泥时南海Ⅰ号的安全，先从远船一侧开挖，逐渐靠近南海Ⅰ号，而且每次都要精确定位，防止碰到沉井而造成对沉井和文物的破坏。靠近沉井立壁时，采用气升抽泥法，由潜水员在水下移动抽泥泵把泥抽除到设计要求的尺寸。挖泥之后，对工作面进行清理平整，之后，于沉船右侧安放水泥锚块，计划每个锚块拉移四根箱梁（即底梁）。预先在锚块上预埋拉力点。这些锚块的作用是给钢索牵引底梁提供受力点。此外，沉箱安装底梁还有导向滑轮等辅助工具。

完成所有底梁安装准备后，潜水员以水下千斤顶打洞、穿引络钢丝绳。底梁从南海Ⅰ号左舷侧放入，连接牵引钢丝绳，通过布设在右舷侧水泥锚块的导向滑轮，把钢丝绳连接在工作船的线性液压绞车上，逐渐把钢箱梁拉过船底。在拉的过程中，不断从箱梁的尾部注入高压水以减小阻力。底梁的头部安装信标，跟踪监视其拉移走向，使之移动在设计范围内。托架箱梁由船艏向艉方向逐件拼接，箱梁与箱梁之间有特设的限位联结，安装时调整位置，使之在

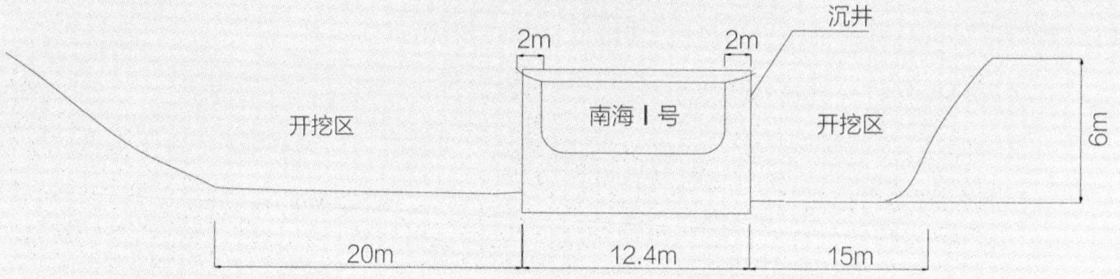

图 8-6
穿底梁前开挖区示意图

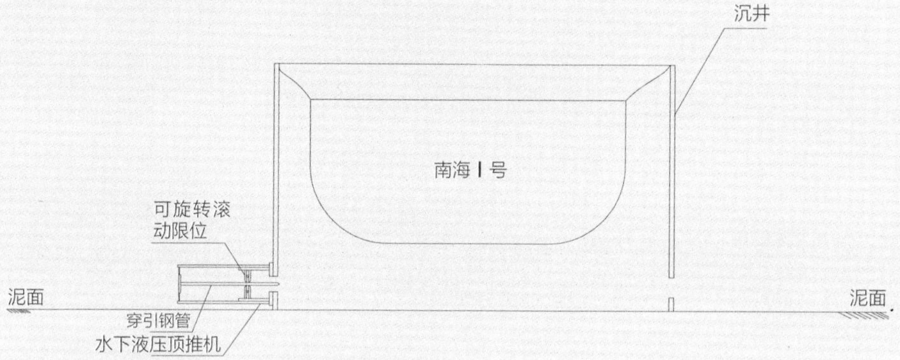

图 8-7
底梁引络穿引示意图

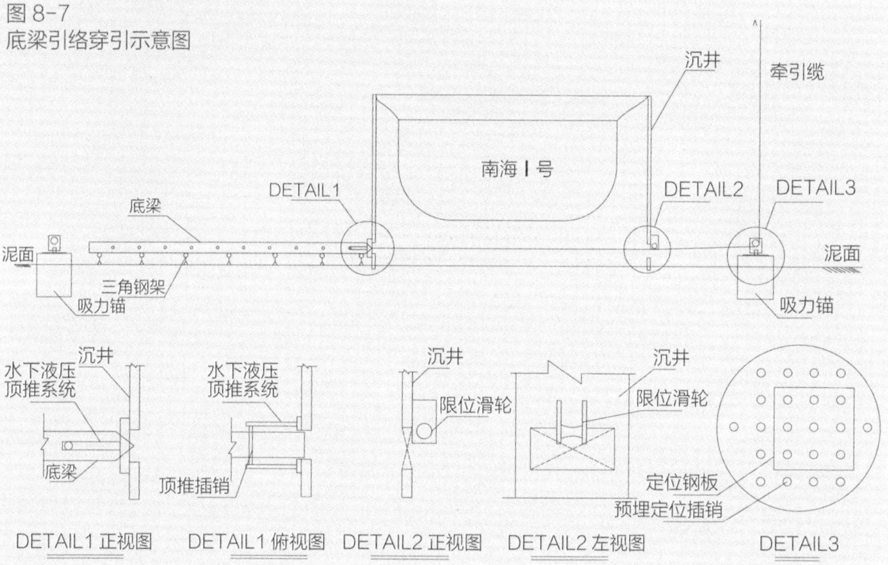

图 8-8
底梁安装示意图

同一平面。

（3）起吊拖航。穿底梁大功告成后，潜水员用水下电割枪割除定位桩，把定位桩吊离钢沉井。大型起重船华天龙、7000吨驳船进场，由潜水员穿挂吊络、挂钩、起吊，将沉井包裹的南海Ⅰ号安放在驳船甲板小车上，由拖轮拖航（图8-9、图8-10）。

（4）开挖航道。预先在“水晶宫”附近水域开挖可供全潜驳船航行的航道及构筑临时码头，以便使沉箱可以移动到“水晶宫”

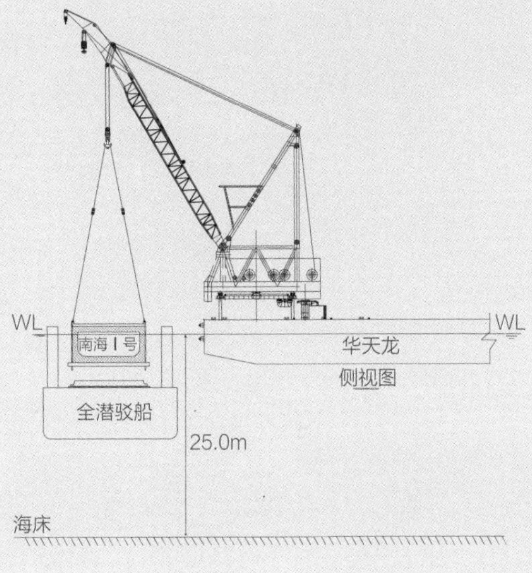

图 8-9
南海Ⅰ号吊放全潜驳船示意图

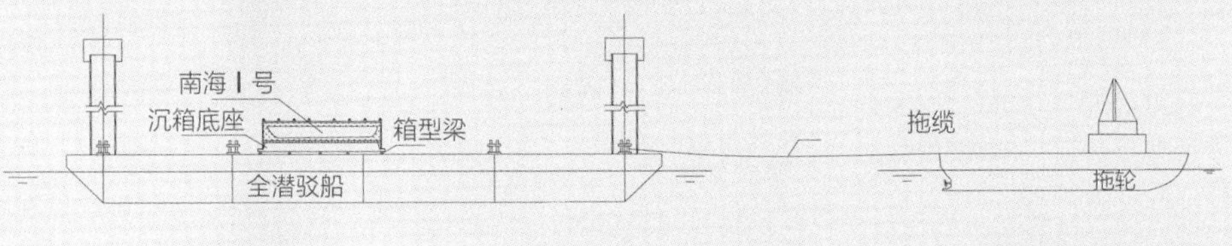

图 8-10
全潜驳船承载南海Ⅰ号拖航示意图

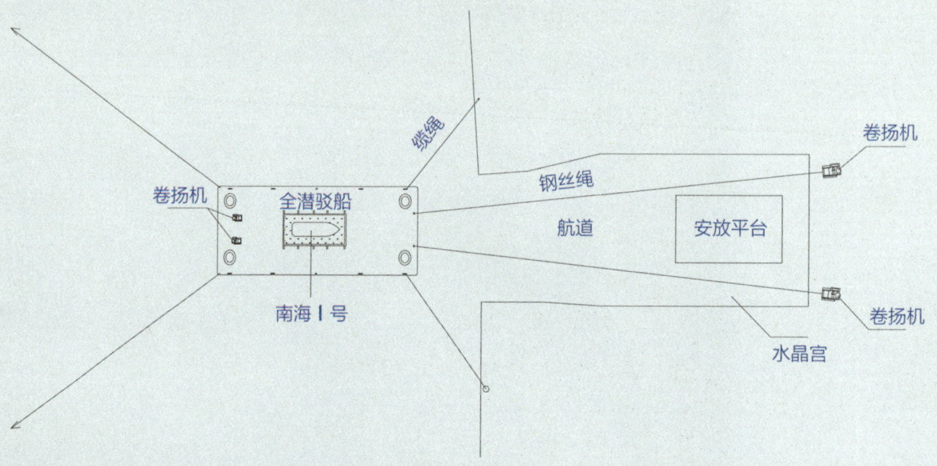

图 8-11
拉移驳船示意图

内。这时的“水晶宫”向海的一面墙体是暂时没有兴建的，而且里边也没有水，方便沉井移动入宫。

（5）入宫安放。载着沉井的驳船拖航至预挖航道附近后，驳船调整船位，利用岸上的线性绞车绞拉驳船靠近“水晶宫”内安放平台（图8-11～图8-13）。

安放沉井之后，“水晶宫”的最后一面墙体建起，并注水。整体打捞工作才算画上句号。

整体打捞与原地发掘方案相比有如下长处。

（1）工作周期短，安全保障度高。由于在野外自然水域作业时间短，恶劣天气和海况对作业的影响被大大降低了，人员的安全系数也大大提高。同时，由于整体打捞的水下挖泥、抽泥作业并不触碰到船体和所载文物，文物的安全同时得到了保证。由于未来的

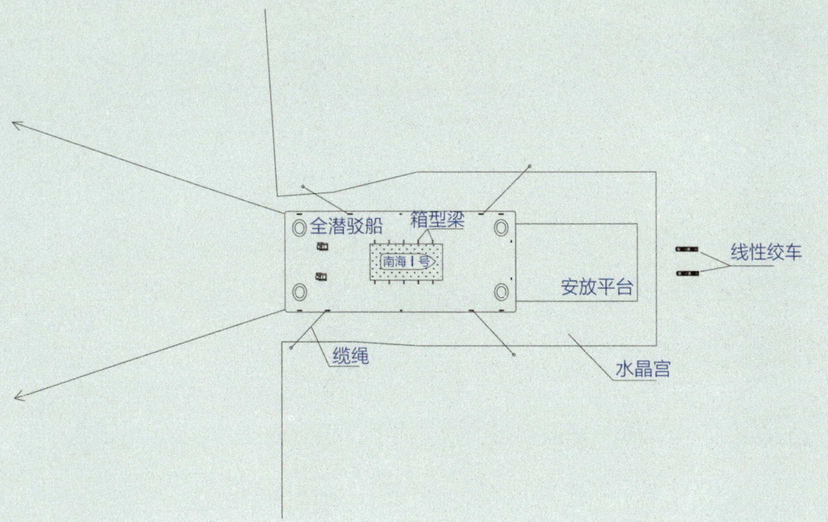

图 8-12
南海Ⅰ号上岸前全潜驳船就位示意图

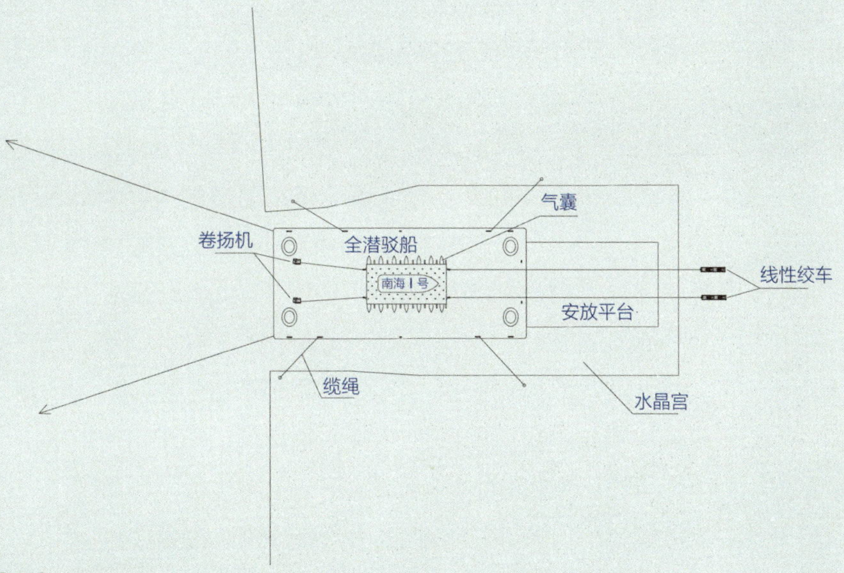

图 8-13
气囊拉移布置示意图

水下发掘将在“水晶宫”内进行，改善能见度的方法可以有多样选择，发掘可以相当精确，特别是对已损毁文物的发掘与提取将有很大的帮助。

（2）花费小。根据测算，整体打捞后再发掘的方法可节约大量资金。

（3）合乎水下遗产的保护原则。与陆地遗址保护类似，水下沉船遗址的保护以原址保护为最好，联合国教科文组织2001年颁布的《保护水下文化遗产公约》指出：在做出打捞水下文化遗产决定之前，“要将遗址的原地保护（就地保护）作为第一选择方案。当然不应把这理解为排除打捞的选择，这条建议仅仅是从科学的角度出发，认为这样做更有利于了解和保护水下文化遗产。开发水下文化遗产的活动应当优先考虑使用非破坏性的勘测方法，而不是去打捞有关物品。如果为了科学研究或保护有关水下文化遗产而需要进行挖掘或打捞，那么所使用的技术和方法应尽可能不造成破坏，并有助于保存遗物。重要的是，打捞出来的水下文化遗产必须妥善存放和保管，以便长期保存。这对保护工作提出了很高的要求。对遗址的监管和保护有可能防止对水下考古遗址造成的破坏和损坏。也有可能减少细菌、船蛆或风暴等环境因素所造成的损坏”。与整体打捞配套的“水晶宫”，正是将船体的长期保护也列入了工作计划之中。

整体打捞最大的风险在于沉井在下沉、起吊和运输过程中可能出现的解体，因为虽然沉井的钢结构物经过了严密的计算，考虑到了受到各种压力时的变形，但是，沉井脱离海床时，淤泥的吸附力量可能导致起吊的瞬间产生震动，促使沉井内船体散架。况且，计算是理论范畴的，缺乏实践依据。再者，沉井底梁之间的缝隙可能使含水量大的淤泥从底部流出，使沉井内淤泥明显减少，导致船体原有压力平衡被打破，同样会造成船体的解体。

2003年10月25日，在广州珠岛宾馆如期召开了南海Ⅰ号整体打捞方案和原地发掘方案的第一次论证会。交通部广州打捞局和广东省文化厅、阳江市的有关领导和相关部门的专家共同出席了此次论证会。在听取了张威主任等的方案介绍之后，专家和领导就水下工作的很多具体问题向方案研究制订者提出问题，并进行了讨论，形成了一致的意见。

原则上肯定了整体打捞方案，但出于对文物安全的考虑，会议要求广东省文物考古研究所和有关单位在进一步开展相应的现场调查的基础上，对相关技术环节的风险，以及沉船外围的清理方案进行完善。整体打捞方案从酝酿开始，经过近一年半的时间，从此正式作为南海Ⅰ号水下考古工作的首选。这个时间距离整体打捞方案最终批准确立，即2006年还有三年的时间！而距离南海Ⅰ号真正整体打捞出水还有整整四年时间（图8–14～图8–16）！

南海Ⅰ号有了设计中的家，有了回家的路线图，着实令人高兴，但根据专家论证会的意见，以及尚未完成的工作，情况仍然不乐观。因此，从2004年开始，为了完善整体打捞方案，我们的水下考古队员们更忙了，压力更大了，主要工作围绕着如下几个方面进行：南海Ⅰ号沉船水域淤泥和地质状况的调查，沉船埋藏

图 8–14
2003 年论证会现场

图 8-15
论证会上专家听取发言

图 8-16
会后代表合影

南海Ⅰ号有了设计中的家，有了回家的路线图，着实令人高兴，说起来还有一个小插曲：也就是2003年秋天，中国水下考古的开创者俞伟超先生由夫人范女士陪同来广州就医，当时住在广东省人民医院。那时，先生已是重病缠身，但他对南海Ⅰ号的工作进展仍然非常关切。在2003年第一次论证会后，作为俞先生的学生，李岩等人因为原则方案通过论证，于是，专门去向老人家报告，甚至还期望这个好消息能给先生的治疗带来一些积极的心理作用。当俞伟超先生得知广东省将在阳江兴建海上丝绸之路博物馆，并整体打捞南海Ⅰ号时，他操着十分沙哑的声音和我们聊了近一个小时。第二天我们再去看望他时，他说："我说话声音不行，我昨天又一次夜不能入睡，写了点东西给你们，表达我的意思。"他强撑病体，写下一篇千字文——《商船战舰　东西辉映》。俞伟超先生将中国人把南海Ⅰ号整体打捞并保存在"水晶宫"的创举，与英国人为16世纪战船玛丽·罗斯号修建水下考古博物馆一事做了概括性地对比："两艘木船，一为商船，一为战舰，一在东亚，一在西欧，东西辉映，是水下考古极为明亮的两颗珍珠！"作为学者的先生，文中包含热爱与激情。俞先生夫人范师母给大家讲述着，昨天你们一走，非要纸和笔，他也没法坐在桌子前写了，咳嗽得厉害，后来我给他找了个硬纸板，让先生坐靠在床上，垫着枕头被子，用硬纸板依托着纸，十分工整地写了三页，当中歇了好几回！躺在那里，喘粗气，歇会儿再写，算是写成了。学生实际也都不年轻了，都是四十岁以上的人，听完了范师母的话，各个鼻子发酸，没再陪先生多聊，告辞出来，好让先生多休息！时隔一个多月，2003年12月5日0时48分，俞伟超先生因病在广州辞世，享年70岁。恰逢当年的全国考古工作汇报会在广州召开，会议代表和从全国各地赶来为先生送行的人络绎不绝。时至今日，每每谈到这些，不算年轻的学生们都热泪盈眶。当我写到这个段落时也忍不住潸然泪下，可以告慰先生英灵的是：现在，南海Ⅰ号已经安全地回家了！并从此开启了永恒的航程！

水域水环境的采样与研究。根据2003年论证会上专家们指出的风险，为了确保南海Ⅰ号沉船及珍贵文物的安全，针对这些风险，又进行了一系列的试验，在试验的基础上，将整体打捞方案逐步完善。

继2003年的调查之后，水下队员们又于2004年5月下潜探访南海Ⅰ号，9月再次下潜，围绕着两个方案需要的数据开展调查，内容包括沉船形态（即正座或侧卧或翻覆）、沉船的保存状况和破坏的程度、沉船所处海域海底的地质情况（包括回淤状况，海床下30米的淤泥采样，沉船所处海域的海洋流速、流向）、全潜驳船沉放点的选择等。应当说，2004年的调查比以往更有目的性，更精细。相

图 8-17
南天顺停泊在工作水域

图 8-18
南天顺甲板工作场景

对前几次调查来说，队员们对南海 I 号沉没水域的情况比较熟悉，干起活儿来也是驾轻就熟，以至于休息的时候有心情享受大海中垂钓的乐趣，钓鱼比赛的冠军是来自澄海的队员王志杰（图8-17～图8-23）。

专门了解南海 I 号的沉态是这次调查的重点。所用主要手段是水下抽泥，大面积揭露沉船，同时用手探摸（图8-24、图8-25）。抽泥的位置集中在沉船的右舷外，发现的舷板长度约为22米。沉船最明显的是干舷，基本上顺着泥沟连续分布，局部有断裂。在沉船的东北部近船艏方向，可以摸到一块巨大的整木，其横截面为圆角

图 8-19
2004 年调查工作船——南天顺

图 8-20
准备下潜

图 8-21
运送补给

图 8-22
队员们进行数据分析

图 8-23
水下考古队员们利用休息时间垂钓

图 8-24
抽泥

图 8-25
抽泥并过滤

干舷

干舷，是船舶行业的一个名词。船舶在航行中，为了防止波浪涌上甲板，船艏和船艉都制作成上翘形状，形成艏艉舷弧，即船中部低，船艏船艉高，且船舶大都是船中部宽，艏艉窄，船体两侧呈双向曲度的弧形，所以谓之“舷”。船体两侧外板称为舷侧板，干舷的范围指从船中部满载的吃水水线量至相邻水面的第一层全通甲板的主甲板上缘，即满载水线以上未被水浸湿的舷侧板，称为干舷。

方形，宽或直径最少在50厘米以上，走向与舷板垂直，推断应该是主桅杆的底座。此外，还可以摸到边长约30厘米主龙骨和与其垂直平放的船肋等构件。另外，从探摸的情况分析，在船舷内的船舱中有大量的瓷器，码放整齐。在瓷器之上是大块的铁质凝结物，可能是铁锅一类的铁器，凝结物的高度为80～100厘米，分布连续，从船艏到船艉均有大范围分布（图8–26、图8–27）。

探摸还发现，艏艉分别有两处体积较大的凝结物（块）。经过前几次的抽泥工作，凝结物露出泥面1米许，其中一块凝结物的附近船体有缺口状的损坏，推断与1987年的抓斗挖泥有关。凝结物是些什么物质呢？根据其他沉船打捞的经验，以及南海Ⅰ号自身的工作，推断凝结物的主要组成是当时船上的铁器——凝结物由铁锅等货物在海水的侵蚀下形成，同时还将附近的瓷器等货物裹挟在内（图8–28、图8–29）。

在抽泥过程中，队员们还对滤网过滤后剩余的残

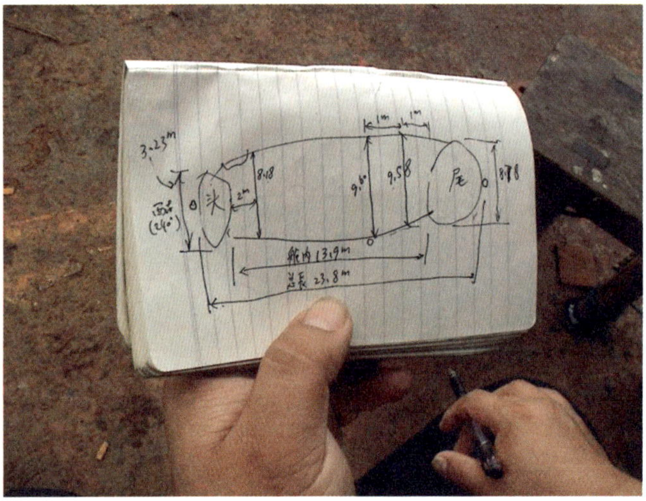

图 8-26
南海Ⅰ号沉态草图

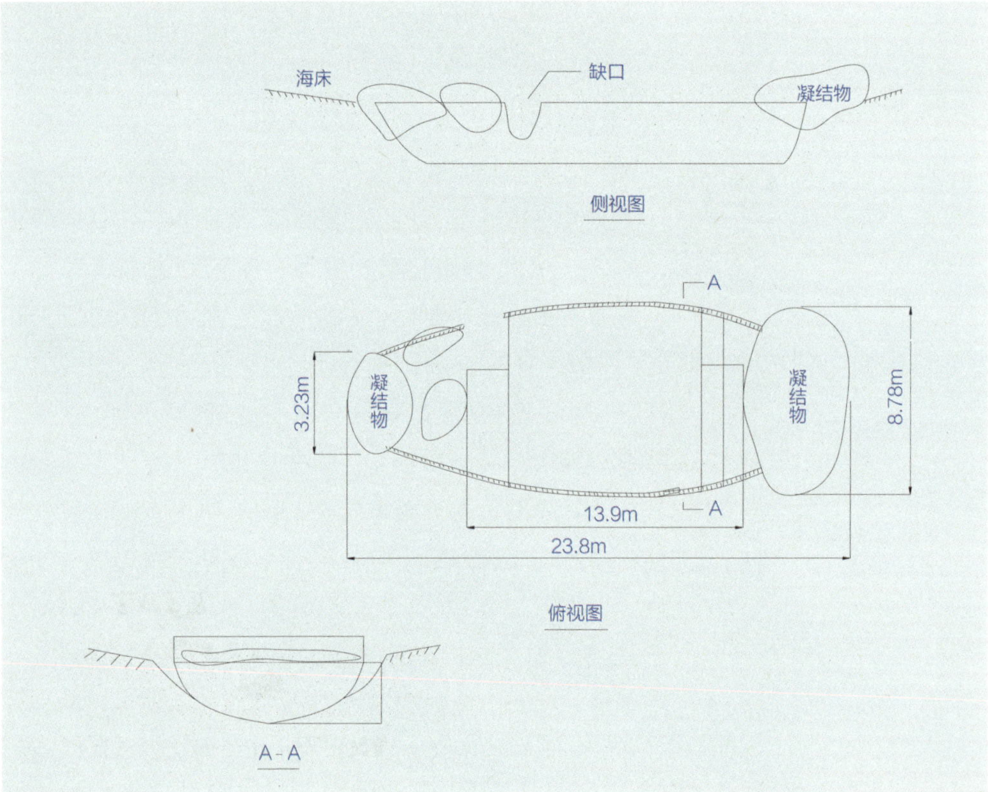

图 8-27
南海Ⅰ号沉态情况图

图 8-28
过滤出的瓷器碎片和木船板

图 8-29
过滤出的物品

碎遗物进行了分析，从遗物种类和性质及分布的范围和数量进行量化的对比，对抽泥时所处沉船的位置进行了推论。得出的结果与实际探摸得到的情况基本吻合，并由此来推断沉态。

自5月16日开始大量出铜钱，开始有300多枚，至5月19日铜钱的出水量达到了高峰，近4000枚，短短的四天内的铜钱出水数量达6000多枚，到5月20日铜钱出水量急减为198枚，至28日则未出一枚铜钱。铜钱的类别超过35种，最早的为新莽的货泉，其次是隋唐的五铢及开元通宝，绝大部分是北宋各年号的铜钱，最晚的是南宋的绍兴元宝，其中有个别较少见的五代十国时期的铜钱，如后周的周元通宝，后唐的唐国通宝等（图8-30）。铜钱中还混杂了一枚金戒指，其上有8个镶嵌珍珠的位置，但仅保留了三枚珍珠。很显然，这些物品并不是船货，特别是那颗戒指，应当属于个人物品，据此推测此位置应该是船艉上层舱室住人或放置贵重物品的位置，而这些铜钱基本上是散落在干舷以外的堆积，推测散落的原因极大可能是上层舱室损

图 8-30
大量的铜钱

图 8-31
镶嵌珍珠的金戒指

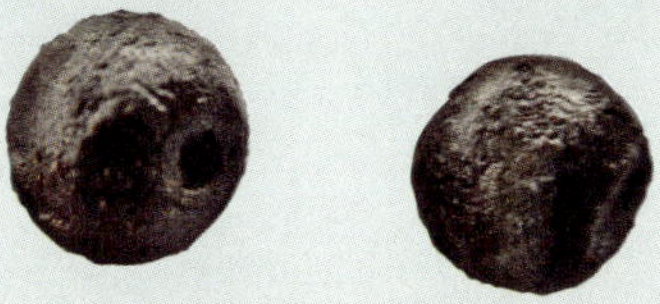

图 8-32
果核

图 8-33
海豚类牙齿

图 8-34
蛇类骨骼

坏或剧烈摇摆造成的（图8–31～图8–34）。据此，不完全排除现在南海Ⅰ号内有发现人骨骼的可能性，如果有，那基本可以认定是遇难的船员或乘客的。

在夏天抽泥的基础上，9月份，对南海Ⅰ号沉船又进行了测量：沉船长23.9米、宽8.18～9.60米、船艏凝结物最大宽度3.23米、船艉凝结物最大宽度8.78米、艏艉凝结物间距13.9米，艏向为240°，与2003年用流速计上的电子罗盘测得的234°的艏向仅相差6°。型深的测量方法是向下抽泥以便测得数据，但抽到近3米的深度时，由于是尖底船，船底内收得非常厉害，担心会有水下塌方发生，考虑到沉船的自身强度，同时也关系到施工潜水员的安全，只好放弃原定抽到船底的计划。但参考原来物探的结果，还是可以给出一个最大值。

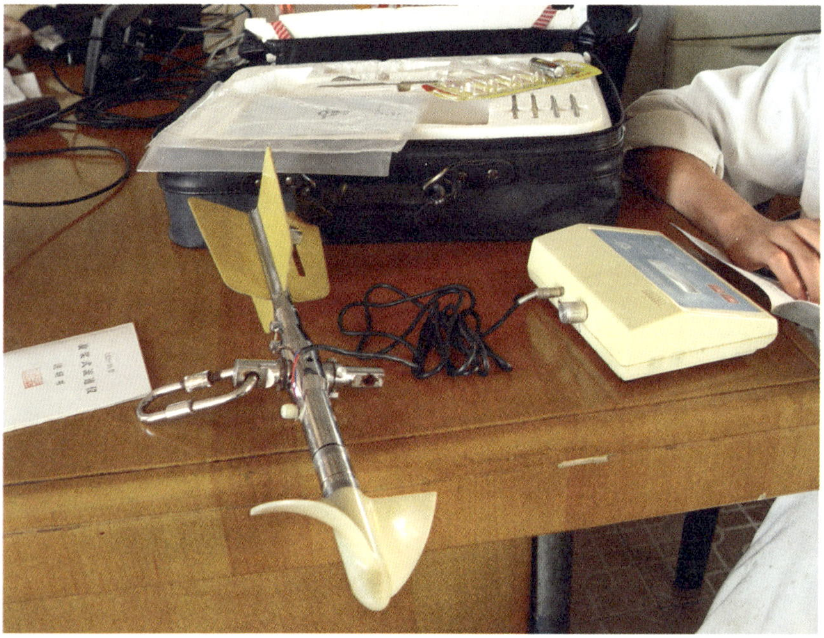

图 8-35
测量流速的仪器（流速仪）

流速的测量，关系到南海Ⅰ号沉船打捞过程中抽泥管的布管方向和长度、沉船起浮和拖航过程、沉船的纵横方向的影响，以及整体打捞时全潜驳船与甲板及陆地高度的控制等诸多具体细节。采集水流的时间是农历的初一至初八时段，正好是海洋天文大潮时段，该时段预示着洋流的最大值。从探测的结果分析，沉船海域的流速非常理想，大部分时间为东北—西南向的洋流，受潮汐影响不大，流速在底层较为缓慢，基本上不影响施工（图8-35）。

地质状况的调查主要是钻孔取泥芯和岩芯，该项目为沉井下沉提供关键数据。钻孔深度为海床下30米，采集的各层泥样将分别进行各种分析，上层数据为沉箱下沉及沉箱穿底板提供参数，下层数据为防沉降桩的受力分析提供参考数据。为避免钻孔打在沉船上，每次钻孔前均由潜水员在水下确定孔位，用3米的探针对孔位进行探测，确定不在沉船范围后下钻。三个钻孔均没有触及沉船的船体，泥样纯净，不含遗物。钻探结果显示：0～30米均为纯净、富含水分的淤泥，30米以下为粗沙层，符合沉井下沉和承压的要求。由于是以点带面地取样，在后来穿底梁的过程中发现，有些位置的淤泥硬度比原来取样标本的硬度高，幸运的是没有超乎预计（图8-36、图8-37）。

回淤速率测量。无论是整体打捞还是原地发掘，都需要大量挖泥和抽泥，回淤速率即指水下挖开的淤泥在水流的作用下回填的速率，所以，它与施工过程密切相关。回淤试验坑位于南海Ⅰ号沉船右舷20米外，大小为2米×2米×2米。在完成试验坑后进行了回淤试验的测量，第一个20厘米的回淤时间是24小时，第二个20厘米的回淤时间是35小时，如果采用整体打捞的方法，在短时间内完成水下工程，这个速率可以忽略。但是，如果采用原地发掘的方法，由于工期长，则要采取一定的措施，降低回淤速率。

图 8-36
南海Ⅰ号沉没海域淤泥标本

图 8-37
钻机取样

2004年的调查还论证了专家论证会上非常关心的事项，即选择全潜驳船的沉放地点。全潜驳船是运输沉井和南海Ⅰ号的工具，在沉井被拖上岸之前，承载着南海Ⅰ号的全潜驳船需要沉放，沉放点要求非常高。首先是深度要求在15米左右；其次为沙质底；再次是沉放点附近应平坦，没有突起物。沉放地点的选择关系到沉井和南海Ⅰ号放在全潜驳船上能否顺利地二次起浮，即全潜驳船二次起浮时是否会在脱离海床时，由于脱离了淤泥的吸力而瞬间产生无法控制的加速度。如果是那样，沉井内的南海Ⅰ号船体恐怕相当堪虞！通过潜水探摸，在距海陵岛十里银滩拟建博物馆区域的对开海域，距岸700米处确定了沉放点，该处海底平坦，为泥沙质底，水深达到15米以上，基本符合全潜驳船的沉放要求。除此之外，还再次调查了从南海Ⅰ号至十里银滩海域的航行路线，结果显示拖航路径水深条件良好。

海水水样的采集关系到未来永久性保护过程水环境的模拟，从沉船现场采集的水样将在实验室完成检测。

2004年的调查，只有南海Ⅰ号的型深还没能最终确定，其他数据和采样工作基本完成。之后，南海Ⅰ号的水下考古调查工作暂时告一段落，沉船海域恢复了往日的平静。但与此同时，各种模拟试验和备选方案的编制又开始了，这些工作从2004年开始，一直延续到2005年下半年。

首先登场的是按比例缩小的沉井安装和起吊试验，并同时进行了相关的力学分析。模型试验的基本要求是选择与南海Ⅰ号沉船目前所在海域土质条件相似的水域进行试验，要求模型试验应能完整地反映沉船整体打捞的整个过程，重点在沉井下沉、穿底梁和沉井起吊等难点高的技术环节。

模型试验采用的沉井尺寸为南海Ⅰ号沉船整体打捞拟采用沉井实际大小的1/6。2005年初，华南理工大学船舶与海洋工程研究所的孙树民老师和他的小组在华南理工大学南湖（交通大楼旁）内进行了沉井穿底梁到起吊的全过程试验。考虑到试验场所，即南湖湖底淤泥较少，而且湖底长满水草，事先对湖底泥土进行了处理。他

图 8-38
试验前在湖底垫泥土

图 8-39
沉井吊放

们从华南理工大学建筑工地上运来了一车泥土倒入湖中，这些泥土的黏性要比南海Ⅰ号沉没海域的淤泥黏性高得多，人为增加了沉井下沉和穿底梁过程中的难度（图8-38）。接着进行了沉井下沉、静压、穿底梁和起吊一系列的实际操练（图8-39～图8-44）。试验结果相当好，由于南湖湖底基本上没有淤泥，与南海Ⅰ号沉船沉没海域淤泥的情况不尽相符，为此，试验小组又在华南理工大学西湖内专门进行了沉井的下沉试验，这是因为西湖湖底的淤泥不仅厚，而且与南海Ⅰ号沉船沉没海域海底的土质更为相似。西湖靠近岸边的湖底表层淤泥有0.4～0.5米厚，下部为较坚硬的黏土层，由于表层淤泥较软，沉井刚一被吊放到湖底，沉井下部立刻就下沉到淤泥之中，下沉深度约有0.3米，并且下沉较为均匀。接着将静压水泥块安置在沉井顶部，沉井继续下沉至淤泥的底部，就不再沉降了。这是由于湖底底层的黏土较为坚硬所造成的结果，于是，又将沉井吊起。这时，孙树民他们注意到论证会专家们关注的一个问题发生了：即沉井开始起吊时所需要的起吊力量明显大于沉井在水下的重量，这是由于沉井底部与湖底淤泥间存在着黏结力。通过试验，他们获得了黏结力大小的宝贵数据，大约为每平方米10千牛。

通过试验，他们得出的结论是，沉井的吊故方法完全可行，并

图 8-40
沉井静压试验

图 8-41
沉井移除静压水泥块试验

图 8-42
穿底梁试验

图 8-43
沉井在淤泥中吊起试验

图 8-44
沉井吊起试验

提出了实际施工中要特别注意的几个关键性的问题。例如：定位桩的准确定位是南海Ⅰ号沉船整体打捞取得成功的重要前提；吊放水泥锚块时应先安放在沉井中间位置，然后分别安放在沉井两端，在沉井的整个下沉过程中，应尽量保持其平衡；为了方便水下作业，可通过适当设置底梁内密封室的数量，将底梁的水下重量控制在适合于人力操作的范围内；采取适当的措施以减小沉井底部与泥土间的黏结力（譬如用高压水枪冲刷沉井底部或者在沉井的整体起吊前先分别将沉井两端抬离泥面）将有利于沉井整体起吊的顺利实施。当中的建议不少为实际打捞时所采用，试验完成后，根据试验取得的数据和经验，试验小组又再次进行了相关的力学分析，得出的结果是无论在沉井静压还是起吊过程中所产生的形变都不影响南海Ⅰ号船体保护的需要。

另外一项重要的试验是水囊封堵底托梁间隙模型试验，试验小组的成员同样来自华南理工大学船舶与海洋工程研究所，由叶家玮老师负责。

这项试验要解决的问题是如何封堵底梁之间的缝隙，使含有大量海水的泥沙在起吊和运输时不至于大量流走，避免沉箱内受力情况发生重大改变，避免南海Ⅰ号船体变形甚至解体。

同年秋天，水囊封堵底托梁间隙模型试验在广州打捞局小洲基地内进行。试验所用的沉井模型仍然是孙老师他们制造的那个，而封堵用的水囊则是消防用水带，水囊一端封闭，另一端装上阀门，以便向水囊内注水。为防止水囊从底梁之间的缝隙中漏出，试验用绳子将水囊吊起，而实际打捞时，采用的水囊是专门制作的，并由螺栓固定于底梁的槽内。试验所需的淤泥是由广州打捞局救捞工程处的潜水员从珠江中捞上来的，淤泥呈流塑状。试验时，先将水囊注满水，然后倒入淤泥，并将沉井模型吊起。可以清楚地看到水囊在注水后对底梁间缝隙的密封情况（图8-45、图8-46）。沉井底部并没有淤泥从底梁间的缝隙中漏出，这说明水囊对底梁间缝隙的封堵是成功的。但是，实际情况是打捞南海Ⅰ号的沉井本身是装满淤泥和船体等物质的，所以，叶老师他们又进行了第二步骤：即在

图 8-45
沉井底梁封堵试验

图 8-46
沉井封堵试验

沉井内有淤泥的情况下，将水囊内的水放出后再重新注满，接着再将沉井模型吊起，实际操作表明水囊在淤泥压力作用下能顺利地注满水，将沉井模型吊起后，仍然未见有淤泥从底梁间的缝隙中漏出（图8-47），试验再次取得成功。

在试验的基础上，南海Ⅰ号整体打捞方案于2005年底出炉，它不仅吸收了试验的宝贵经验，同时，为了使整体打捞工作更加科学、安全，广州打捞局还制订了与2003年以水面起重船吊起沉井不同的备选方案——抬浮法方案。此方案与吊浮法方案的不同之处在于，安放沉井并穿底梁后，不是用吊机，而是用7000吨抬浮驳船将沉船连同船内文物及船体和泥沙一起抬离海床面。通过比较和测算，抬浮法“由于需动用更多的海洋工程设备，工序、环节多，费用也相应较大”；吊浮法“依托4000吨起重工程船，减少了海上作业的工序，节省经费，相比之下更加可取。后者更安全可靠，且工期短，风险小，所以推荐南海Ⅰ号整体打捞及保护采取吊浮方案”。吊浮法本身也做出了新的改变，与2003年的原方案相比，最显著的不同是陆地移动南海Ⅰ号入宫的办法：原方案要在全潜驳船的沉放位置至“水晶宫”岸边临时开挖航道，通过航道将沉井和南海Ⅰ号送入“水晶宫”。而在新的方案中，诞生了另一项创举：通过临时码头，将沉井用气囊轨道通过陆地牵引，直接送入“水晶宫”！这种方法不仅安全快捷，而且节省了大量的经费。

图 8-47
沉井封堵起吊试验

同时出台的还有整体打捞的安全应急预案，对可能发生的事故和应当采取的应变措施也做出了明确的规定，至此水下工程方面的方案最终完成。与工程方案紧张制订的同时，外围清理方案被扩展为《“南海Ⅰ号”外围清理方案及后期发掘、保护预案》，除了在整体打捞实施前需要进行必要的工作之外，还增加和充实了后期工作的内容，即南海Ⅰ号被安置在“水晶宫”之后，如何开展保护与发掘工作的部分，当中包括南海Ⅰ号进入“水晶宫”后的水下考古发掘和后期保护中的海洋理化及生物环境研究两个方面。

南海Ⅰ号整体打捞出水并被安放在广东海上丝绸之路博物馆“水晶宫”后，需要进行发掘工作，发掘的原则是渐进式的，不是一次性发掘完毕。由于这时的南海Ⅰ号已经处于人工环境中，所以有条件运用高科技手段来提高发掘质量，并开展多学科的综合研究和保护。终极目标是切实保护南海Ⅰ号及其船载文物的安全，最大限度地获取相关历史信息。

为了更有效地保护文物安全，发掘将首先以船体及其装载物所在区域为对象。具体方法是：以南海Ⅰ号的干舷为限，清理干舷内侧区域，用气升式抽泥法逐层清理沉船内淤泥，使船舱内的遗物完全暴露出来。鉴于以往的经验，对清出的淤泥加以多重过滤，防止体积较小文物的流失。为了给发掘过程提供科学记录，依托沉箱的方位坐标，在沉箱内布设2米×2米的不锈钢活动探方架，作为探方；在逐个探方发掘清理的同时，为防止切除钢沉箱顶部结构后，淤泥对沉箱四壁的压力造成沉箱的变形，在切除沉箱顶部结构之前，在沉箱外侧采用堆沙或者建立钢结构支持的办法对沉箱四壁进行加固。发掘过程中，开展实验，以便选择惰性保护材料对船体进行封固，避免船体在水中氧化，避免海洋生物对船体本身造成破坏。

水下测量、照相和摄像是发掘工作科学性和历史信息记录准确性的基本保障，计划中的后期发掘在这方面有自己的独创：为了在水下发掘使用全站仪，首先在“水晶宫”内建立永久性测量原点，由于发掘工作是在无水流的环境中进行，可以用浮筒作为棱镜的垂直辅助工具，并在标杆近底部设方向标，方向标的指向与棱镜一致（图8-48）。安装水下通话器，仪器操作员可在水面对水下的跑杆潜水员进行引导。

为了方便水下摄影及照片拼接，依托“水晶宫”，构建南海Ⅰ号整体打捞的水下考古摄影拼接平台，即浮于沉船上方的水平摄影框架。利用在沉箱四角远端沉放水泥锚块，通过钢丝绳及浮囊的连接搭建起这个框架，使用中还可以通过气囊的充排气，轻易调节框架的高低及平整度（图8-49）。实际操作中，它既不直接接触沉船本身，不会对沉船和遗物构成伤害；又可通过对浮囊的充放气及钢丝绳长短的改变，轻易调节框架的高低、水平，如果需要时可随时拆除。由于框架是悬浮在沉船上方，沉船上没有支点，因此发掘和摄影互不干扰。

完成对船体内部的发掘清理后，跟着进行的是针对船体外侧区域的发掘工作。与内侧发掘一样，发掘过程同样采用惰性材料以及不锈钢支架在船体外层进行封固及加固。待清理到一定的水平深度后，切割并吊移此水平面以上的钢沉箱四壁。依此程序不断进行发掘，直至整个船体外侧区域发掘完毕。根据魏峻博士的说法：这一过程预计需要5～8年时间。那时，观众将可以毫无阻碍地看到南海

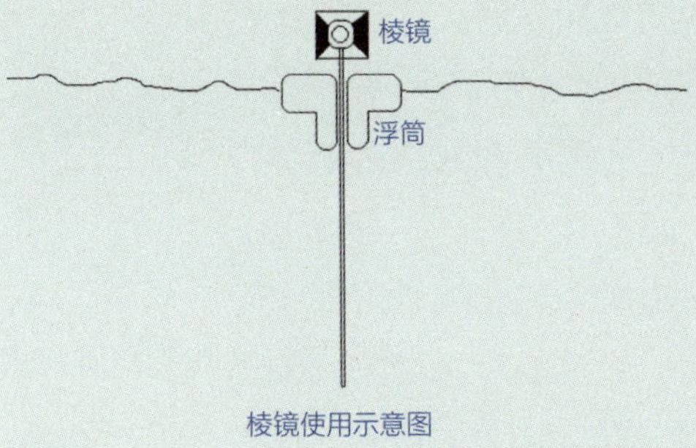

图 8-48
改装后的全站仪棱镜

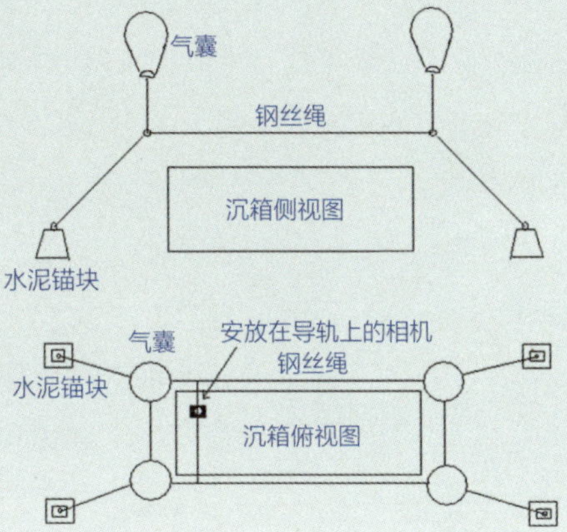

图 8-49
软性摄影框架

Ⅰ号船体的真容！

为保护和发掘之需，“水晶宫”内还需要建立永久性的设备保障系统，包括海水过滤循环系统、发掘的抽泥系统、水下照明系统、水下通话系统、水下监测系统等，来保障所有工作的顺利开展。

关于后期的保护，首先要进行的是南海Ⅰ号基础数据的采集，包括：沉船结构和精确尺寸、沉船现有理化状况、各类不同材质文物的现有理化状况、各类文物的空间分布状况和埋藏环境。细致、科学地记录和分析这些信息，对于制订后期发掘方案和文物保护方案具有非常重要的意义。

同时还设计了为模拟埋藏环境而进行的系统研究，这些研究是支撑“水晶宫”水体环境的关键，也是保护南海Ⅰ号船体的关键。与后期发掘不同，这些模拟研究与实验，则在方案一出台，就立即投入了实施，从紧迫性的角度来看，后期发掘可以准备得再充分些，但是一旦整体打捞方案批准，南海Ⅰ号进入“水晶宫”，水体环境的营造就必须立即着手实施，因此，时间上十分紧迫。

说到这里，不难看出：清理方案原先只是作为整体打捞南海Ⅰ号的前期工作，完善后它实现了一个重大的转变，这个转变意味着某种意义上的回归。客观地说，虽然本书用了大量的篇幅来介绍南海Ⅰ号整体打捞的方案，但是，如果从水下考古的视觉角度来看，整体打捞南海Ⅰ号只是考古发掘的开始，而不是结束。这里绝对不是说南海Ⅰ号整体打捞不重要，这个水下工程是实现南海Ⅰ号保护和发掘研究的关键性步骤，没有整体打捞，也就没有所谓的改善发掘保护环境、没有了精确发掘的条件。与整体打捞同时进行的外围清理，从南海Ⅰ号所包含的整体历史信息而言，也是面对现实，是认识南海Ⅰ号不可或缺的组成部分。前文曾经提到，可能属于船上人员的金戒指就是例证，在后来的外围清理工作中，还发现不少属于船上乘员的个人物品也说明了这一点。如果说2004年以前的工作使得人们对南海Ⅰ号的大体轮廓有所认识的话，那么从外围清理开始则跨入了细节的认识和了解。同时，也喻示南海Ⅰ号未来工作的方向，使南海Ⅰ号的水下考古工作在进入“水晶宫”前与后之间有了很好的衔接。因此，新的外围清理和后期发掘、保护预案正是体现了这个目标。或者说，这个方案预示了南海Ⅰ号真正的未来，它起到了承前启后，重点转移的战略作用。

新的外围清理方案中提到的模拟埋藏环境，即指通过对南海Ⅰ号沉没水域进行调查研究之后，在“水晶宫”内模拟埋藏环境的保护和展示方法。作为“水晶宫”中软性的建设已经启动。那么2003年之后，另外一条主线——硬件设施进展得如何呢?

2003年11月，广东省人民政府雷于蓝副省长主持召开有关方面的会议，部署广东海上丝绸之路博物馆的建设立项。此后，关于建馆的许多业务工作，由广东省文物考古研究所曹劲博士领衔担任，推进包括可行性研究报告等一系列工作的进展。2004年3月，广东省发改委正式批准了博物馆的立项，并列入本省文化大省的重点项目。2005年，经过招投标，博物馆完成建筑设计，其以独特的外形和寓意，获得了广东省注册建筑师协会第三次优秀建筑创作奖。2005年冬天，广东海上丝绸之路博物馆经过奠基仪式后，正式开工

图 8-50
广东海上丝绸之路博物馆奠基仪式主席台

图 8-51
广东省副省长雷于蓝讲话

图 8-52
打桩

图 8-53
开挖“水晶宫”基础

（图8-50～图8-53）！

与设施建设推进的同时，技术力量的培养和模拟环境的课题研究也在稳步前行。为了适应广东省水下考古工作的需要，特别是打捞、保护、发掘、展示南海Ⅰ号的迫切需要，2005年广东省文物考古研究所成立了水下考古研究中心，年轻的魏峻博士担任了第一任领导。此前，魏峻已经是国家水下考古第三期班培养出来的水下考古队员了，上任伊始，他立即着手开展人员培训工作，并成功地举办了全国第一届省级水下考古培训班。这届培训班的学员来自广东各地文博单位（图8-54～图8-56），经过紧张的学习和实习，学员们全部通过了结业考核，成为我国水下考古力量的生力军。对于南海Ⅰ号来说，身边将增加许多新的面孔。

在2004年沉船环境调查和各类环境标本采集的情况下，魏峻博士领导的小组，与中山大学的有关专家组成课题组，在模拟环境研究方面也取得了突破。

研究表明：距今800多年的南海Ⅰ号，船体之木质至今仍然坚硬完好，没有明显的腐蚀，实属罕见。从目前收集到的资料分析，南海Ⅰ号之所以千年不腐，最关键的原因就是大量的淤泥隔离。2米厚的淤泥造成了一个无氧环境，隔绝了船体和海水中的游离氧及一些有害微生物，不仅船体本身，甚至金属制品及木材、纺织品等有机

图 8-54
学员们在做准备工作

图 8-55
教练陪同学员一同出海训练

图 8-56
教练和学员合影

物都保存得相当好。2002年的《文物保护环境论纲》将重复出现的现象，即塘底的龙舟、长沙吴国竹简的保存状况，进行了埋藏环境的研究，实现了从经验到理论的跨越，并为今后保护南海Ⅰ号奠定了坚实的科学基础。南海Ⅰ号周围的淤泥又是如何形成的呢？沉船沉没的位置，位于漠阳江入海口不远处，周围又有大小帆石等大礁石，河流带来的泥沙，加之礁石的阻隔，使这一海域海流速度快，水流特别乱，泥沙容易淤积。所以，沉船沉到海底后，能够在短时间内被流沙掩埋，减少了海底微生物的附着时间，避免了船身的腐坏。这就是南海Ⅰ号沉船不腐之谜的基本答案。

与国外的沉船在空气中保存不同，南海Ⅰ号将在“水晶宫”内继续它的不朽航程。直到今天，没有现成经验可以借鉴，根据埋藏环境的研究成果。“水晶宫”的水环境中需要尽可能减少有害微生物的存活，这是模拟埋藏环境的关键性因素。实验显示：有害微生物的种群繁殖峰值与海水内其他物理化学指标的关系不甚密切，唯独与水温变化关联程度高，当海水的温度在一定范围内时，温度增高，则有害微生物群落繁殖量大增，反之，繁殖数量明显降低。在实际操作中可以通过人工控制水体温度的方法，或者利用沙井将引入“水晶宫”的自然海水先行沉淀消毒后再注入的方法实现对有害菌的控制。外围清理方案的后期保护预案之各种检测设备则可以起到全天24小时监控“水晶宫”水体各种重要指标的作用，使保护工作可以变被动为主动。

两年多的时间里，众多的调查、模拟、试验，加之方案的完善、修改，足以反映出南海Ⅰ号的前期工作，以整体打捞为核心，是中国水下考古学发展史上最为复杂的系统工程。这犹如一场重大的战役，实施前，反复侦查，反复在沙盘和地图上推演，对每个细节都力求完美，在推演的过程中，不断发现问题和风险，不断排除困难，不断降低风险。2006年6月，从第一次专家论证会开始算起，近三年后，整体打捞南海Ⅰ号的方案——应当说是系列方案，获得了国家文物局的批准。

第九章

破浪扬新帆

俗话说好事多磨，自1987年南海Ⅰ号被发现，并成为中国水下考古起点后，又经过了十多年的沉寂，终于要迎来重现辉煌的时刻！2007年，船内封存的是800多年前的空间存在，这一年，南海Ⅰ号将穿越时空，从800多年前驶来。每当想到这里，笔者总会联想起那些伟大的物理学家，他们对时间、空间有着许多神奇的认识，想到他们对宇宙的观察，当他们看到宇宙现在的边际时，他们看到的是138亿年前的光线。笔者想到南海Ⅰ号要从800多年前走来，那种神奇的感受尤如物理学家看到138亿年前的宇宙光线！毕竟那船内封存的是800多年前的空间和物质存在，过去和现实之间，不同的空间存在之间，似乎有一条通达的隧道。对于南海Ⅰ号来说，这条隧道就是沉井和吊缆，而我们将能直接看到甚至触摸它们！

回到现实，沿着时间之轴，展开画卷吧！

2007年1月16日，广州打捞局派出潜水工程队伍，给南海Ⅰ号带来了自2004年以来，久违的新年问候。此举的目的是将南海Ⅰ号外围更远些的凝结物进行清理，并使施工人员熟悉周围环境，那毕竟是水下近30米深的空间。同时，对南海Ⅰ号再次进行测量。中山大学的两名科研人员也一同前往，再次提取南海Ⅰ号沉没海域的海水和淤泥等样本。所有工作进展得很顺利，春节前的2月6日，他们返航了。

2007年3月，沉井设计进入收官阶段，4月1日，广州打捞局小洲基地，沉井的制作正式开工（图9-1）。

根据2007年1～2月的最后一次勘测，并综合力学分析计算结果，确认沉井的外形尺寸（原设计尺寸）为：长35.7米×宽14米×高12.2米，在长、宽、高上都预留有足够的空间用以保护淤泥中的古船体。钢沉井分为上沉井和下沉井两部分：上沉井高7.2米，下沉井高5米；上沉井的有效型深为6米，即可以容纳6米高的物体，这对于南海Ⅰ号沉船来说，预足了安全系数；下沉井的5米高度，是为了开挖的坡度可以控制在一个比较缓的范围内，以保证潜水员水下工作的安全，同时，为穿底梁留足工作空间。这样下来，沉井的总重达到了530吨。沉井四壁以封闭式双壁空心钢结构焊接而成，壁厚为1.2米，外壁与内壁之间为空心（图9-2～图9-5）。这一设计选

图 9-1
沉井制作现场

择，是在计算和试验的基础上确定的。

沉井的顶部为了放置增加压力的水泥锚块，安装了横梁。起吊的着力点也在沉井顶部，共有18个可供吊缆挂钩的环（图9–6）。而上沉井的底部预留了三十六对方孔，届时，三十六根底梁将从中横穿而过（图9–7）。圆形的孔则是为封堵底梁之间缝隙的气囊预备的，底梁穿好后，将气囊充满气，确保沉箱中的泥沙不会外泄。作为沉井的关键性结构——底梁，制作成一端呈规整的方头状，另一端为开叉的“Y”字形，它可以使底梁与上沉井下方方孔内的“卡口”接合更紧密，保证上沉井的密封性和稳定性，也就确保了沉井内南海Ⅰ号的安全。实际穿底梁时，为了保持重量的平衡，底梁穿好后将是头尾并排的状况。下沉井的底部为“V”字形，可以减少下压沉井时所遇到的泥沙阻力，使其在静压状态下平稳下沉，并顺利罩住南海Ⅰ号。上下沉井制作时是连为一体的，待底梁穿好后，用水下气焊将两部分分离。起吊时上沉井被吊起，而下沉井则

图 9-2
建造中的沉井外观

图 9-3
建造中的沉井内部

图 9-4
沉井壁的中空状况

图 9-5
沉井的刀刃形底部

图 9-6
用于起吊沉井的环

图 9-7
制造中的底梁

永久留在海底，起到标示南海Ⅰ号沉船位置的作用。

一开始，工人们根据设计要求，对上沉井的型深尺寸做出了预留。4月27日，天津水利科学研究所的最终的测量数据确定了沿井的型深尺寸，此后现场工作人员加班加点赶制。5月2日，在广州打捞局码头进行了陆上穿底梁试验，结果显示：底梁与沉井洞口间隙不超过10毫米，达到设计要求。5月4日，沉井建造宣告完工。各个工程部门之间的步调协调一致，犹如一个整体。

2007年4月8日，广东省文物考古研究所组建的“南海Ⅰ号外围清理水下考古队”进入南海Ⅰ号整体打捞工作现场。如果说1月份的水下工作是前奏的话，外围清理的水下考古队员与南海Ⅰ号则更亲密。他们是拉开实施南海Ⅰ号沉船整体打捞工程序幕的人。

根据整体打捞中的外围清理计划，广东省文物考古研究所的“南海Ⅰ号外围清理水下考古队”主要承担着寻找、收集船体外散落文物的任务，同时，还承担着对整体打捞用沉井尺寸的校验工作，特别是上沉井型深尺寸的最后校验，以及南海Ⅰ号上部凝结物的清理工作。

首先进行的工作就是最后一次确定南海Ⅰ号的型深，仪器显示南海Ⅰ号的型深为4米。但是为了慎重起见，天津市水利科学研究所等单位奉交通部的指示，于4月27日利用潜地层仪再次测量了南海Ⅰ号的型深。结果显示，连同淤泥在内，南海Ⅰ号的最大深度不超过5.1米，立即通知小洲的沉井制作现场，最终确定了上沉井的型深为7米，除去底梁，有效型深为6米。

水下考古队员们进行的外围散落文物清理，与以往的工作相比，装备有了极大的改善，特别是多波束声呐设备的使用，对于克服水下能见度低的困难起到了重要作用。以往，水下考古队使用的声呐均为旁侧声呐。对于水下测量来说，采用多波束声呐系统，可以真实反映水下地形。当它与DGPS（差分GPS）和浅地层剖面仪同时使用时，即可探测到水下淤泥之文物的基本分布状况。由于南海Ⅰ号沉没水域的海底基本为淤泥沉积，结构相对均匀，船上文物与淤泥的密度和物质结构不同，加之海床表面相对平缓，为利用声呐和浅地层仪搜寻提供了现实可能。这就如同水下队员有了透视眼。

船体周围散落文物的搜寻分为两个步骤：第一步是在沉船方圆1千米的范围进行搜索，扫测面积达到1平方千米，发现疑点后在图上做出标记；第二步由水下考古人员以免减压的方式下潜到位，对疑点进行探摸甄别，如果是文物则进行抽泥清理、绘图测量，摄影、摄像后采集出水。根据以往的工作经验，需要对出水文物的保护事先做出预案，特别是有机质文物，出水后，立即采取相应的保护措施。

外围散落文物的清理工作从2007年4月8日开始，至5月4日结束。同时进行的是南海Ⅰ号的“减负工程”，即清理沉船上部表面的大块凝结物。2004年的

旁侧声呐

旁侧声呐即声波从仪器的旁侧发射出去，再接受反射信号，达到探测水底表面的目的。与多波束声呐相比，它是单波束的，有覆盖率低和分辨率低的弱点。同时，单波束在水下的测量是线的关系，即某个断面的情况，而多波束则是面状区域的。多波束相较单波束，其优点在于定位精度高。

图 9-8
外围散落文物清理之水下考古队员入水

图 9-9
外围散落文物清理之投放仪器

调查确认：南海Ⅰ号的上部表面有大块的凝结物存在，这些凝结物不仅具有较大的重量，而且如不先行清理就得加大沉井的型深，沉井顶部横梁也将直接压在其上，这个压力将被传给南海Ⅰ号的木质船体。因此，在完成绘图等工作之后，要将它们先吊出水面，为沉井平稳罩住南海Ⅰ号做好空间的准备（图9–8、图9–9）。

实地搜索结果显示，沉船周围4米以内范围散落的文物和凝结物较多。搜索结束后，按照电影《南征北战》的说法——“大炮不能上刺刀”，最终解决问题还要水下队员们下潜操作。这次工作过程中，水下队员们发明了被称为“水下工字形游尺”的工具：为了清晰地记录散落文物和凝结物的坐标点，在首层甲板的凝结物上，通过设桩和架设工字钢梁，辅助垂直方向的横向钢梁，形成绘图测量的坐标系统，将每天清理的区域准确地标注在图纸上。这种做法，在国内外水下考古工作中尚属于首创，是外围散落文物清理过程中的小小创新，虽然很简单，但是很实用。

南海Ⅰ号首层甲板的凝结物清理对象是那些高度大于0.5米的凝结物。对这些凝结物进行编号、测量、绘图照相，然后起吊出水，是为给上沉井用于静压的钢梁腾出应有的空间。

清理发现，构成这些凝结物的主要物质是船货中的铁器，其中

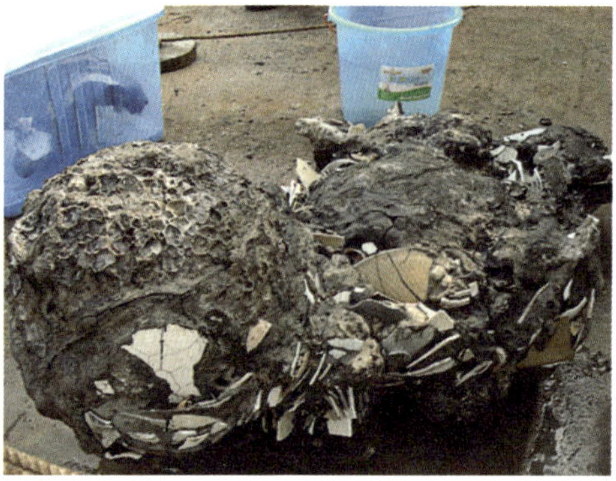

图 9-10
凝结物

最大的一块长134～174厘米，宽235厘米，厚90厘米，估计重达50吨（图9–10）！通过凝结物的清理，水下考古队员了解到：铁器放在首层甲板，舱内基本是瓷器，但最下层压舱的物体还有待日后发掘方才能够了解。经过水下考古清理和抽泥，共采集出水137组500件各种质地的文物和凝结物，从出水文物的质地和形态来看，种类非常丰富，主要有四类。

第一类是船载用于贸易的文物——船货。除瓷器之外，大量的船货还有铁锅，以及铲形铁钉；铜质的物品中可以确定为船货的是铜环和铜珠子，由于它们数量大，故推测为船货；锡盒的数量虽然较少，但形状基本一致，因此推断可能是船货。半成品的金器，即类似面条粗细的金线应当也是船货（图9–11、图9–12）。

成堆的铁锅由于凝结物的关系，包装铁锅的垫物仍然可见，它并非在意料之外。元朝周达观的《真腊风土记》在描写当地人（现

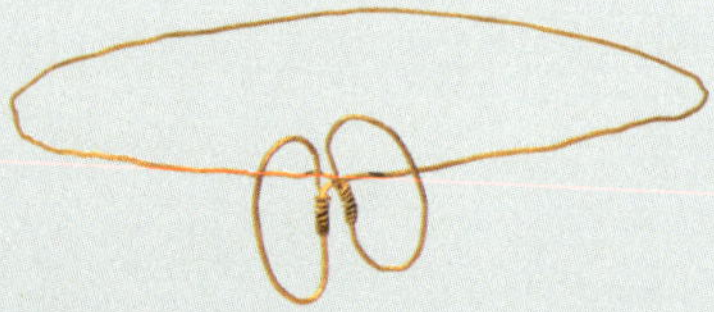

图 9-11
金线（金臂钏）

图 9-12
锡盒

柬埔寨）对中国各类产品时说："……以唐人金银为第一。五色轻缣帛次之，其次如真州之锡鑞，……"即宋元时期，东南亚地区人民对中国生产的铁锅非常喜爱，因此有大量进口。而南海Ⅰ号铁锅的发现则印证了文献记载的真实性。

铜珠子和铜环的装载情况可能比较复杂，从一般常理推测，此类货物不会放在首层甲板上，应当放在货舱内。2004年的调查曾经发现：南海Ⅰ号首层甲板上的其中一块凝结物附近船体有缺口状的损坏，推断与1987年的抓斗探捞有关，而这些铜珠子与铜环是否是由于抓斗破坏了某些货舱而散落出来的，还有待日后的发掘证实。小件的同类铜质货物如果在距离首层甲板附近的舱中发现，则说明它们并非是在原来装载时的位置。

铲形铁钉是用于修造船只的，被扎成一捆一捆的，金属凝结物内部因此没有氧化，捆扎铁钉的竹篾尚清晰可见。《马可·波罗行纪》描述中国海船时讲道："……船用好铁钉结合，有二厚板叠加于上，不用松香，盖不知有其物也，然用麻及树油掺合涂壁，使之绝不透水。"那么这些铁钉是否是南海Ⅰ号为了自身需要而准备的呢？从出水铁钉的数量来看，回答是否定的。这当中，至少有两种可能导致铲形铁钉成为出口产品：不排除当时阿拉伯地区的造船业向中国学习的可能，即他们由于长时间接触中国船只，有学习或部分模仿中国造船技术的可能，那么，批量使用铁钉是很自然的事情；同时，还要考虑到，大量的中国海船行驶于陶瓷之路上，停泊在沿线各国港口，通常要等到第二年的春夏之交，也就是西南季风再次吹来时，船只才能踏上归途，这期间，对船只进行保养和维修的可能性很大，那么对于铁钉的需求也就很自然了，只不过这有点出口转内销的味道罢了。

第二类是属于南海Ⅰ号船只本身的构件。计有碇石、木质舱板。碇石在探摸中显示位于南海Ⅰ号的一端，当即有人指出这应当是船艏。作为定泊的工具，宋元时期三种工具并用：石碇、木石锚和木碇、铁锚。南海Ⅰ号的碇石（图9-13）长3米，近一尺厚，两头略窄，中部较宽，近菱形，上边还有凝结物。其形状与

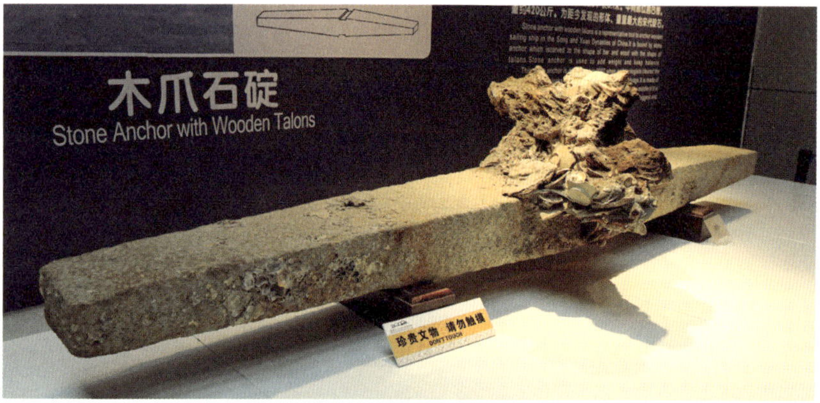

图 9-13
石碇

1975年在泉州法石乡晋江滩涂所发现的碇石类似，同类的遗物除中国外，在国外也时有发现。例如：1994年，在日本长崎北松浦郡鹰岛町神奇港水域出水的中国元代碇石与南海Ⅰ号者相似。石碇的使用方法是在两侧扎捆木钩，作用即同现代的锚具。利用石头的重量下沉到海底，以木钩插入泥中，通过缆绳将停泊的船只固定。北宋《宣和奉使高丽图经》记载："船首两颊柱，中有车轮，上绾藤索，其大如椽，长五百尺。下垂矴（同碇）石，石两旁夹以木钩。船未入洋，近山抛泊，则放矴着水底，如维缆之属，舟乃不行。"这里所描述的即木石锚，碇石是其组成部分。有意思的是，根据这个文献的记载，碇石所在的位置应当是船艏。也就是说，包括2004年的调查，专家们对南海Ⅰ号艏艉之所在，一直没有确定的说法，随着石碇的出水，船艏也就随之而确定了。

第三类为货币。以往南海Ⅰ号的历次水下考古工作中，都有数量不少的铜钱出水。虽然宋元时期，铜钱的出境是受到严格限制的，但从实际情况来看，海商私自挟带作为硬通货的中国铜钱出海进行商贸的现象并不罕见。那时，东南亚有不少地区都是使用中国的铜钱，因此海外对于中国铜钱的需求量是很大的。

第四类为个人物品。有小型石质观音、金戒指、木梳、铜镜、石枕、石砚台、磨光石斧和有个人标记的瓷器等（图9-14、图9-15）。之所以说这些文物是船上的个人物品，其原因是它们并没有如船货般器形单一且数量巨大。

小型石质观音像底座上有两个穿孔，显然是挂件。这类宗教性质的文物在南海Ⅰ号沉船水下考古工作开展以来，还是第一次发现。自南朝法显法师起，中国的僧人就有搭乘商船西行的做法。然而，这件观音挂件是否就可以直接说明它的主人一定就是僧人则是不能确定的。宋元时期，佛教流行于中国，因此，有信徒随身携带此类挂件的情况应当存在，或者说有两种可能性并存：一是有僧人在船上，二是有佛教信徒在船上。至于金戒指，则并不是第一次出水，2004年出水并镶嵌有珍珠的金戒指就是其中一例，金戒指的反复出现，说明船上确实有殷实之海商。木梳、铜镜、石枕之所属由于脱离了原来埋藏的位置，暂时不好做出推断，倒是磨光石斧的出现给南海Ⅰ号的谜团又增加了新的内容。

无论是文献记载还是现代遗留的民间风俗，广东湛江地区的雷州及广西东南沿海地区都存在着雷神崇拜。中唐时期的李肇所著

图 9-14
石砚台

图 9-15
木梳

《唐国史补》记载："雷州春夏多雷，无日无之。雷公秋冬则伏地中，人取而食之，其状类彘。又与黄鱼同食者，人皆震死。亦有收得雷斧、雷墨者，以为禁药。"雷斧或称为雷公斧，即现代所认识的新石器时代至先秦时期之磨光石斧，雷墨即陨石的一种称呼。这种说法在唐人刘恂《岭表录异补遗》中也得到了印证："（雷州）每大雷雨后……又如霹雳处或土木中得楔如斧者，谓之霹雳楔。小儿佩带皆辟惊邪。"宋朝人钱易所写《南部新书》大约成于大中祥符元年（公元1008年）前后，当中记载了唐至五代的许多故事，书中云："每大雷后，人多于野中拾得黳（音衣，意为黑色）石，谓之'雷公墨'，扣之鎗鎗（音枪）然，光莹如漆。又于霹雷处或土木中，收得如楔、如斧者，谓之'霹雷楔'。与儿带，皆辟惊邪……"意思说，雷公斧和陨石（即雷公墨）这类物品经常出现在打大雷之后，给孩子带上可以辟惊吓。虽然无法说明南海Ⅰ号之磨光石斧的具体用途及所包含的意义，但也可以相信其与此类民间崇拜有关，甚至暗示，南海Ⅰ号的主人应当与有此类风俗的区域有某种密切联系。

瓷器中有一件碗底有墨书"李保长"，相当引人注意（图9-16）。以前南海Ⅰ号出水的瓷器中，也不乏有姓有名的墨书，例如："林六哥"、"李大用"，等等。但这件墨书的碗所书的内容不仅有姓氏，还有"保长"两字，当与"林六哥"、"李大用"有所不同。一则，"林六哥"（图9-17）、"李大用"的名字不仅仅出现在一件瓷器上，而是有一定的数量；二则，姓氏之后是官衔，与仅出现姓名者不同。前者应当是海商将属于自己的货物做出的标记，"李保长"则应当是身份的标记，或者说，这件瓷器是李保长的个人物品，而非船货。做出这样的推断有三个根据：首先，参考泉州后渚沉船的发现，有一批木签上写有墨书，内容及格式与此相似，泉州后渚沉船有"曾干"、"林干"、"张干"、"朱库"、"丘碇"、"张绊"、"张什"、"杨工"、"尤工"、"陈工"等，即姓氏之后为个人身份或职务。对比即不难发现，南海Ⅰ号所见"李保长"之姓氏加职务的书写内容与格式和后渚沉船相同。再

图 9-16
李保长碗

图 9-17
林六哥墨书

保甲制度

我国历史上的保甲制度始于春秋齐国管仲定四民之居。商鞅变法后的秦，什伍连坐。宋王安石实施保内连坐制，即主要形式亦为连坐。保甲的目的主要在于维护社会治安，巩固基层社会秩序。由于海船即为陆地统治的延伸，所以，在某种程度上，船员的保甲制度对维护航行之治安起到了一定的正面作用。

者，根据“李充公凭”的记载，宋代海船上的水手们都被编成保甲，船上人员自纲首（李充）以下还有：艄工（水手）、杂事以及水手，第一甲20人，第二甲25人、第三甲19人。根据这条文献的记载，水手中至少有三位保长。最后，前文提到的《大元通制条格·卷十八·关市》明确规定：“所载柴水、捌橹小船，于公凭内备细开写，亦于公验内该写力胜若干，樯高若干，船面阔若干，船身长若干，召到物力户某人委保，及与某人结为壹甲，互相作保。”即海商所持公凭不仅要写明船只设备的具体情况，还要写清楚与谁人结为保甲，相互作保。可见，宋元时期的海船上也存在着保甲制度，可以说这是国家规定。因此，“李保长”墨书说明：南海Ⅰ号的船员水手也应当被编为保甲，当中有一位保甲长为李姓。

外国散落文物的清理至5月4日结束了，可是，此次出水文物给人们带来的许多遐想却没有结束。让我们将笔触先从遐想回到整体打捞的现实中来。5月5日，广州小洲基地码头，为打捞南海Ⅰ号量身定做的

图 9-18
沉井被吊装上船准备运往工作海域

图 9-19
沉井运送就位

图 9-20
沉井停靠在华天龙号一侧

沉井在穗救拖3号的牵引下，徐徐离开，动身前往打捞现场，这标志着南海Ⅰ号整体打捞行动正式启动（图9-18～图9-20）。6天后，沉井抵达工作现场。接着下沉沉井的工作进入了紧张的现场准备阶段，亚洲第一吊——华天龙号起重船也来到现场，担任现场总指挥的是广州打捞局副总工程师吴建成。

吴建成总工从2003年开始，主导南海Ⅰ号整体打捞方案的设计和编制，历经整体打捞原则方案，2005年的整体打捞之吊浮方案、抬浮方案，直至2006年获得国家文物局的批准。所以，整体打捞南海Ⅰ号的过程对他来说，简直烂熟于胸。2004～2005年，他还负责督导华天龙号起重船的建造工程，实际上，华天龙号并不是完全为了南海Ⅰ号的打捞而建造的，试想如果真的是那样，南海Ⅰ号的打捞成本岂止现在这个数字！曾经因为工作上的交往，笔者与吴总聊过这个话题，吴建成说，只能用两艘船有缘分来形容。鲜为人知的是：在华天龙号建造期间，吴总的孩子身患疾病，可他身负使命，整日奔波在广州、上海、江苏之间，无暇顾及孩子，作为一位父亲，心中的感受不言而喻。身材清瘦的他，在南海Ⅰ号整体打捞过程中，付出的太多了，这不是“敬业”一个词所能概括的！投放沉井还暂时不用华天龙出马，南天龙号起重船先行登场，由它来完成投放沉井的任务，空的沉井有500多吨的质量，南天龙完全有能力应对。

现场的重型设备除了华天龙、南天龙外，还有为了南海Ⅰ号专门改装的全潜驳船——1601。为了南海Ⅰ号能够安全起浮，广州打捞局专门将一艘半潜驳船1601改装为全潜驳船。它长122米，宽31.6米，运输吃水3.5米，载重能力11.575万千牛。改装后，全潜驳船可下潜16米，主甲板距离水面8米。装载着南海Ⅰ号的沉井在水中约2.8万千牛，完全出水后增至4.8万千牛，全潜驳船完全可以不费力气地承载沉井和南海Ⅰ号。设计方案是：全潜驳船下潜至指定位置，沉井从海底被华天龙号吊放到全潜驳船上，放置妥当后，全潜驳船排水起浮，过程中华天龙仍然需要保持一定的吊力，至全潜驳船完全起浮为止，以此减轻沉井在吊放过程中沉井箱体所受的力量，确保南海Ⅰ号在吊放过程中的安全。对全潜驳船的改装是从整体打捞的全过程考虑的，为了方便沉井到达“水晶宫”对开海域码头，1601主甲板上还特别安装了一块用以安放沉井的托盘。托盘比沉井略大，长36.1米，宽15.2米，这是因为吊起的为沉井之上半部分，底部经过穿底梁和水下气焊切割后，并不十分平整，以气囊拉移时，阻力大，托盘的主要作用就是减小拉移的阻力。

投放沉井前的另外一项重要准备工作是在沉井的四个角安装水下定位信标。广州打捞局为了整体打捞南海Ⅰ号专门从国外进口了这套设备，水下定位信标是一套用于水下定位和实时监测的系统。众所周知，南海Ⅰ号沉没水域能见度很差，凭人眼无法监测沉井投放的位置，如果投放有偏差，或者静压时压过头，对于南海Ⅰ号船体来说将是灭顶之灾，原来设想的船体保护也就落空了。有了这套设备，可以将投放和下沉过程通过电脑三维显示观察得一清二楚。按照吴总工的说法："有了它，我们能直观地掌握全面的动态情况，包括沉井下压的角度、深度变化，等等。精确程度可以达到20厘米，这等于给沉井装上了透视眼。作业时，如果发生细微的偏差，都可以及时纠正弥补，保证施工过程和南海Ⅰ号的绝对安全。"

2007年5月17日，即将开始的是整体打捞过程中需要攻克的第一道难关——定位和准确投放沉井，如果此役出现偏差，后续工作将无法想象！

上午10点钟，橙色的沉井被拖至到位，刚好位于南海Ⅰ号沉没地点的正上方，它的旁边，是起重能力达到900吨的南天龙号。工作人员忙着给沉井的吊环上挂钩，另一部分人则在进行下放沉井前最后的水下定位。打捞现场的专家吴建成、王仁义等人根据当天的气象和海况，经过审慎研究，决定启用备用方案——即采取水下精确定位系统进行沉井的投放，改变打定位桩的施工工序，直接吊放沉井。之所以这样做，按照吴建成总指挥的一句口头禅来说："打捞是靠天吃饭的，能抓住几个风平浪静的时候就算几个。"这样也可以为整体打捞赢得宝贵的时间，毕竟已经是5月中下旬，台风说来就来。

11点45分，吊缆、定位准备完毕，南天龙号的吊机，在众人瞩目下，缓慢地将沉井沉向海底，紧跟着，20多名潜水员顺次入水，检查沉井在水下的状况，并很快反馈信息上来，投放成功（图9-21～图9-26）！经过精确的测量，沉井的右内壁距离南海Ⅰ号右舷刚好是1米，这标志着沉井完全按照设计要求，将南海Ⅰ号罩在了中央！随即，施工人员对沉井的4个边舱进行均衡灌沙，增加它的自重，与后来安放在顶部的静压水泥锚块一同，将沉井下压到预定深度。

黎飞艳，是广东省培养的第一批水下考古队员，也是参加南海Ⅰ号外围散落文物清理的现场工作人员之一，同时他还是摄影师，

图 9-21
沉井起吊投放入水前

图 9-22
沉井起吊时底部特写

图 9-23
沉井入水现场

图 9-24
沉井入水 1

图 9-25
沉井入水 2

图 9-26
沉井入水后

所以，当天被单位委派全程拍摄沉井投放的过程。后来，他向笔者展示着那些不同角度的照片，在蓝天碧海的映衬下，沉井显得相当夺目。他说："那天，天公也作美，真是太壮观了！本来在沉井吊在起重机上那会儿，观看的人很兴奋，现场还很大声响。可是，当沉井底部开始入水的时候，反正我是什么都听不到，只有海上的风声。我瞄了一下旁边的人，他们都屏住了呼吸似的，有那么一种说不出的感觉！好像我们也跟着沉井的方向，返回到了800多年前，虽然除了海水什么也看不见。大概到了下午两点半吧，看到海面上泛起了发黄的水花，那应当是沉井接触海底了！"

20年的等待，随着整体打捞第一道难关的攻克，南海Ⅰ号回航的时间从今天起，终于可以以天数来计算了！

自5月17日开始，进入沉井静压的工序。

在这儿，吴建成他们遭遇到比原先预见要坚硬的泥沙层，这就意味着原来设计的静压方案不能达到预期效果。实际情况也很严峻，根据方案中的计算，预计沉井的静压力达到1.3万千牛左右时，即可把沉井下压到设计的11～12米深度。可在施工过程中，静压力达到1.8万千牛时沉井不动了，此时距离设计深度还有5米（图9-27）。当然，这并不意味着勘探错误，毕竟勘探时的钻孔对于一个比较大的面积来说是很小的，运用抽样的方法钻探，所看到的地层状况仅仅是一些点，或者说是以管窥豹，所以出现这样的情况也是正常的。为了慎重起见，打捞工程项目部马上启用备用方案，以增加锚块、上沉井灌沙等手段，把沉井的水下静压力增至3.6万千牛。可是，仪器显示，沉井下压至10.5米时又停顿了。现在只有提前进行沉井周边的开挖，以减小沉井外壁的摩擦阻力，使沉井下沉到位。6月29日，挖泥作业已开挖到海床表面下8米，共搬走了约7万立方米的淤泥，并达到底梁作业的开挖深度，潜水员随即下水检查沉井深度，同时以仪器监测。然而，沉井任你怎样折腾，我行我素，仍然没有下降到设计深度。分析了原因之后，500吨起重打捞工程船南洋号进场，与南天龙协同作战，采用大口径的气升式抽泥设备进行抽泥。抽泥过程中，采取对称抽泥的方法，以最大限度地

图 9-27
沉放静压水泥锚块

保护沉船。7月24日，沉井终于如人所愿，下沉到设计深度，第二道难关告破。

一边是水下的翻江倒海，一边是陆上的热火朝天。在沉井的下沉过程中，在“水晶宫”对开的岸边，临时码头也开始了施工。

6月6～8日，用于建造临时码头的沉箱相继运抵广东海上丝绸之路博物馆旁的临时码头施工现场。

用于建造临时码头的沉箱，共有11个，是构成临时码头的基础；每个沉箱长9米、宽6米、高5.5米，重300吨。它们之所以被称作沉箱，是其造型与包裹南海Ⅰ号的沉井有所不同：沉箱是混凝土加钢筋制成的，有底，中部是空心的，顶部留有钢筋；沉井则是钢铁制成的，而且在底梁穿好之前，它只有四个面，底和顶都是空的。建造临时码头的沉箱在临时码头施工现场还需要填充沙子和石块，以达到增加重量，确保码头基础稳固的目的。填好沙石的11

个沉箱将被排列成一个“T”字形的码头：从海边开始，每两个沉箱一行，连续排成四行，延伸到海中；另外一端，即靠近陆地的部分由3个沉箱组成一行。依托沉箱顶部的钢筋造一道“胸墙”，这道胸墙将所有沉箱连接为一个整体，30米长、18米宽的临时码头很快成形。

仅仅有码头还是不够的，“水晶宫”才是南海Ⅰ号归航的最后一站，进入“水晶宫”后，航程将产生重要的蜕变，真正开启永恒之旅。因此，最后的这段航程不是在水中完成的，而是从临时码头到“水晶宫”的一段人造道路。届时，包裹着南海Ⅰ号的沉井将通过这条300多米长的道路被牵引进入属于它的宫殿。

临时码头对开的山脚下海边，广东海上丝绸之路博物馆2005年动工以来，工程技术人员夜以继日，开挖地基、扎钢筋、浇筑混凝土，施工紧张而有序地进行着。“水晶宫”原本指广东海上丝绸之路博物馆永久安放南海Ⅰ号的人造大水池，可是在施工中，工程技术人员都不称呼博物馆的真名了，总是将“水晶宫”挂在嘴边，“水晶宫”就逐渐成了广东海上丝绸之路博物馆的代称了，不！按照工程技术人员的说法是“爱称”。

博物馆由于地处海边，其环境特点是空气潮湿，并且空气中含有较高的盐分。这些盐对金属，尤其是混凝土中的钢筋具有腐蚀性，而且，巨型的水池长年有海水进出停留，对墙体的腐蚀也是显而易见的。因此，需要大量耐腐蚀性混凝土，建设中的浇筑难度也就随之提高了。另外，主体建筑的顶部为几个巨大弧形，其中有的跨度达40米，像海船巨大的龙骨，其外形设计曾经获

胸 墙

胸墙，简单地说是水工建筑中的一个专业名词，即一种用于挡水的矮墙。

奖，可建造起来却是相当的困难，特别是焊接难度高。施工部门在这个过程中，通过不断地总结经验，在保证质量的大前提下，开动脑筋，提高效率，终于，2007年8月，主体建筑顺利封顶！

码头、道路、“水晶宫”、海浪、沙滩、青翠的山峦，构成了优美的画卷，给从历史空间即将驶来的南海Ⅰ号，平添了几许浪漫。“水晶宫”水深12米，三面环绕，像对着大海敞开的巨大怀抱，期待着南海Ⅰ号的到来。

眼下，南洋号正从沉井顶部将用于静压的2900吨水泥锚块卸下来，此前灌进沉井四壁的泥沙也将通过底部的泄沙孔排泄出来，以保证沉井不再下沉。这些工序完成得都很顺利，之后就是关键性的穿底梁工序，此时的吴建成心中虽说有胜利带来的兴奋，但同时心一直也悬着。他知道，沉井静压的过程中，他就已经发现了穿底梁可能遭遇的潜在威胁，即沉井底部的沙泥层比前期勘探了解的硬度大，更为坚硬，这意味着底梁穿越沉井时遭遇的阻力更大，甚至会出现意想不到的结果。如果穿底梁失败，那前边所有的工作等于白做。因此，走到这一步，整体打捞不是最好就是最坏，没有第三种可能。地质情况到底会将给穿底梁带来多大的困难呢，不知道！只有试过才知道！作为指挥员，吴建成也深知，如果仅仅是泥沙层的问题，还可以通过改进施工方法克服，而夏秋的南海风云莫测，8月份以后的一段日子是台风多发时段，如果遭遇台风，打捞工程必须全面暂停。实际上，穿底梁的作业船于8月3日即进驻打捞现场，但受“帕布”、“蝴蝶”和“圣帕”三个连续台风的影响，一直无法作业。即使是没有台风，海面上只要有个6、7级风，白头浪也会搅动得人无法工作。想到这些，再想想南海Ⅰ号，800年前，船员们在海上航行，得需要怎样的勇气啊！抓紧好天气，先将第一根底梁穿过去，毕竟，吴建成和吴建成们都是经历过无数次风浪考验的人！

2007年8月23日，穿底梁工序开始了。

面对较硬的泥沙地层，吴建成和王仁义他们已经设计了几种打捞预选的应急方法，其中之首选是用高压水枪射开含沙泥层。如果穿底梁时遇到大的阻力，即用高压水枪将沉井两头的泥沙射开几米，以减少底梁进入的阻力。由于沉井距离南海Ⅰ号船体还有一定的安全距离，如此这般的做法，不会影响到船体本身。

潜水员入水了，他们在水下的主要任务是监控和调整穿底梁的过程，而真正穿底梁的工作是由船上控制的千斤顶完成的。起重船将底梁吊起放进水中后，事先安装在底梁两端的两个浮力袋开始充气，到达与沉井底部同一个深度的位置后，水下液压千斤顶开始作业。每根底梁头部都预留了两个圆孔，用于系穿钢丝绳，钢丝绳将把底梁与液压千斤顶连接起来，在水下定位系统的指引下，船上的工程人员对液压泵组进行准确控制，液压千斤顶将对底梁施力，边顶边拉，在实际操作中，1400千牛拉力和500千牛推力的千斤顶只用了1000千牛的拉力，就完成了底梁的穿引作业。而且，钢丝绳每隔1.2米就用一个卸扣连接，底梁每前进一段，潜水员就解掉一个卸扣，通过卸扣和底梁上的标尺，不断检查底梁的位置，底梁在一点一点地向前移动着。可就在这时，由于泥沙层的坚硬，第一根底梁走到一半，竟然发生了弯曲。于是，它又被抽了回来，预备的应急方案用上了。底梁被装上了高压水枪，由于水枪强大的喷射力，底梁前端的泥沙松动了，9月3日，以误差仅仅10毫米的精度，最终将底梁穿过沉井。水下、水面，十天的奋战，广州打捞局的工程技术人员，终于将图纸上的设计变成了现实。为此，交通部救捞局局长宋家慧及广州打捞局局长陈北先都发来了贺信，表示感谢和鼓励。

穿第二根底梁时，可以说，有了一次经验，大家都信心满满。可是，意想不到的事情又发生了。仪器显示，第二根底梁偏向了一侧，歪了！只好又被抽回。专家们立即分析跑偏的原因：首根底梁穿引完毕后，对沉井内的泥沙整体造成了挤压，导致穿第二根底梁时，含沙层一边紧一边松，使得底梁歪向一侧。知道了原因，对策也就出来了，底梁被加装了两支高压喷水管，喷头向着6个不同的方向，以达到均衡的作用。很快，第二根底梁穿过去了。

至11月13日，经过工程技术人员和潜水员的合力苦战，36根底梁全部穿引完毕，这最难的第三道难关攻破了！

按照原设计方案，穿底梁成功后，在底梁的缝隙之间预先装好的橡胶管中充入气体，以保证沉井内的带水泥沙不至泄漏。实际操作时，这个方案被做了进一步修改，橡胶管被保泥板所取代，即36根底梁穿引完毕后，还要在底梁之间穿过35条保泥板，以密封这些缝隙，达到泥水不漏的效果。应当说，有了穿底梁工作的经验，这个活儿相对轻松了许多。11月26日，随着最后一条保泥板的穿越成功，经过水下切割，上沉井与下沉井分离，沉井也发生了重大的改变，从此沉井变为有底的“沉箱”了，里边装的宝贝就是南海Ⅰ号!

海上大力神华天龙，于12月17日驶抵现场，同时来到现场的还有经过改装的全潜驳船重任1601，前者负责将沉箱吊起，后者将背负沉箱与南海Ⅰ号一道，完成在海上的最后航程。

虽然说华天龙的起重能力为4万千牛，但是，为了更加安全，起吊时，首先将采用气囊进行助浮。助浮气囊直径超过1.5米，施工人员将未充气的气囊分别均匀地安装在沉箱的四周，在装着南海Ⅰ号沉箱起吊前，施工人员再将气囊充满，届时，助浮气囊将产生巨大的浮力，借助水的浮力，由华天龙发出关键的一举，足以平稳安全地将沉箱移到下潜入水的驳船上。

2007年12月22日上午。

起吊现场热闹非凡，嘉宾云集，媒体咸至，见证南海Ⅰ号整体打捞成功的时刻即将到来。10点钟，华天龙那巨大的吊臂上，钢缆看似安静，但是巨大的力量正沿着绷直的钢缆传导给沉箱，传导给南海Ⅰ号！南海Ⅰ号钢缆向上牵引着，从800多年前来到了21世纪，并被缓缓地平移到潜在水中的全潜驳船上。随后，全潜驳船不断地排水，载着沉箱和当中的南海Ⅰ号慢慢浮出水面（图9-28～图9-30）。此时，吴建成、刘胜根等人心中的石头也落了地，他们相约以全潜驳船和沉箱为远景，一同拍了张合影，每个人都洋溢着笑容，那笑容包含着艰辛、轻松、欣慰……自从2002年，刘胜根、吴建成他们开始正式接触南海Ⅰ号，五个年头过去了，而今，迎来了这一时刻，怎能不微笑，在整理当时的有关影像资料时，广东省

图 9-28
沉箱出水 1

图 9-29
沉箱出水 2

图 9-30
沉箱被放在全潜驳船上

图 9-31
沉箱吊放成功后开心的打捞专家们

文物考古研究所的人说：这是现场最动人的笑容之一，同时也是最有味道的笑容，是历史性的微笑（图9–31）！

现场的人们和观看直播的观众们，此时看到的还是满身泥水的橙色沉箱，但是，每个人心里都能感受到南海Ⅰ号的存在！它从历史的空间中向现代，向我们驶来！

就像久违亲人的游子，在外漂泊多年，乍见家人还有一些犹疑、羞涩，满怀复杂的心情，在家门口还要徘徊。南海Ⅰ号在重任1601上就像游子踏进家门前一样，自出水后，在海上徘徊了几天。如吴建成所说，这是整体打捞，也是南海Ⅰ号回家的第四道难关，即等待合适的潮水水位，使全潜驳船可以停靠于临时码头。机会出现在12月26日晚，全潜驳船曾试图停靠泊位，但是由于晚上风浪太大，被拒之门外。第二天上午9点半，重任1601开始调整航向，缓缓向临时码头靠近，进行沉船登岸前最关键的步骤——对接。根据设计方案，重任1601必须与码头通道连成直线，才能成功对接。十分幸运的是，此时风浪转小。经反复调整方向，上午10点多，重任1601顺利靠岸，对接成功，并被缆绳牢牢地固定住，确保与码头通道处于同一直线。但此时的潮位并不适合登岸，只能耐心等待。与此同时，用来拖拽沉箱的钢索基本铺设完毕，通道两旁安装了照明灯，预计当晚10点左右，潮水会涨上来，届时将进行沉箱上岸拉移工作。

下午，阳江市负责安全保卫工作的武警进入现场，负责守卫南海Ⅰ号和维持秩序。

22时30分，潮水如期而来，铺设在通道上的气囊开始缓缓地滚动，沉箱开始登岸，凌晨1时13分，沉箱登陆成功！从1月份以来，有两个人因为南海Ⅰ号而劳神，一位是广东省文化厅副厅长景李虎，另一位是广州打捞局的吴建成副总工程师。景李虎此时说："我可以安心睡一觉了。"吴建成则说："比我想象的要容易些。"很多人甚至还等吴建成再说几句，等了一会儿，仍然没下文。广东省文物考古研究所的现场人员发表了一句感慨："吴总，搞工程的，实干派。"当中还有一个有趣的插曲，有阳江市民给景李虎副厅长寄来两张福利彩票，很想让他填写了寄回去，沾点运气。当然，这只是一些市民通俗的民间理解吧，个中苦乐相信早已铭刻于他们自己的心中了，最后也许与南海Ⅰ号一样，登上了彼岸吧！

12月28日上午10点，在广东海上丝绸之路博物馆的广场外，举行了简短而热烈的仪式——南海Ⅰ号进馆典礼，正式迎接南海Ⅰ号进入"水晶宫"（图9-32）。从临时码头进入"水晶宫"、，300多米，南海Ⅰ号将在众目的注视下，从临时码头走进自己的新家。这段陆地航程怎么完成呢？沉箱、船体、船货、泥沙，数千吨的重量，广州打捞局专家设计的进家之路，是气囊组成的软轨道（图9-33、图9-34）。

大家可能会问，气囊与数千吨的沉箱，行吗？24根气囊组成的旱船，每根气囊直径1米、长16米，充气后呈圆柱形，可别小看了它，每个本身就重达1吨，可以承重300～500吨，把16个未充气的气囊放在沉箱底部，8个气囊铺在沉箱前方，余下的2个备用。拉移时，沉箱底部的16个气囊同时充气，沉箱前移时，后面空出的气囊

图 9-32
南海Ⅰ号进入“水晶宫”仪式现场

图 9-34
沉箱入宫远景

图 9-33
沉箱入宫的临时滑道

图 9-35
在气囊上缓慢行进的沉箱

又铺在沉箱前方，交替使用。使用这种软轨道，还有一个关键的原因——使用气囊做轨道，比铺设铁轨要节省许多经费，减少许多碳排放（图9–35～图9–37）。

10点30分左右，广东省省委常委、省委宣传部部长林雄，广东省人大常委会副主任李兰芳，广东省副省长雷于蓝，国家文物局副局长童明康，交通部救助打捞局党委书记王永明，交通部广州打捞局局长陈北先，广东省文化厅厅长曹淳亮，阳江市委书记陈小川共同启动南海Ⅰ号进馆桅杆，随着绞盘的绞动，在卷扬机的拉动下，南海Ⅰ号沉箱在气囊上缓缓前移，在软轨道上行进了一个小时后，安然入宫（图9–38～图9–40）。

2008年3月26日上午八点半，“水晶宫”开始第一次注入海水。注入“水晶宫”的海水，将采用自然沙过滤的方法，滤掉水中不利于古船保存的生物和影响能见度的悬浮物质。宫内还特别安装了一整套水循环设备，每天抽出、排放馆中10%的海水，以循环海水，保证“水晶宫”内海水不变质。首次注水总量达到1万多立方

图 9-36
沉箱底梁和气囊特写

图 9-37
交替使用的气囊

图 9-38
沉箱入宫 1

图 9-39
沉箱入宫 2

图 9-40
南海Ⅰ号进入
“水晶宫”

米，整个注水过程持续50～60小时。首次注水尚不能完全注满，注满时，水深达12米，将有3万立方米以上的新鲜海水包围着南海Ⅰ号，环境与沉没水域相比没什么太大的差别。祝愿南海Ⅰ号在新家能有与以前一样的安宁。

前生经历了大风大浪，今世渡过诸多险关，到达彼岸，进入新家，来世将获得永生。让我们引用佛家的词语，祝愿这同属过去、现在和未来的南海Ⅰ号吧！

第十章

继往开来

中华人民共和国成立以来，没有哪个考古项目能如此受到媒体的青睐和持续关注。在2007年几乎整个一年当中，“南海Ⅰ号”成了电视台新闻和有关专题节目重复频率最高的名词。更有报章称，南海Ⅰ号是2007年中国最吸引人们眼球的文物考古工程项目。应当说从开始制订南海Ⅰ号打捞方案以来，对于这件事情一直存在不同的声音。打捞刚刚结束不久，媒体上关于南海Ⅰ号整体打捞和保护工作得失功过的评论也随之展开，以至于参加过数次南海Ⅰ号水下考古工作的崔勇面对各种说法，不得不表态说：“我并不否认围绕南海Ⅰ号有炒作，我也有感觉，媒体有点过头了，但我也不认同说打捞南海Ⅰ号是一种浮躁的表现。”实事求是地来看，推动南海Ⅰ号保护和发掘研究工作也犹如一艘前行的航船，如果所有意见一边倒，船只就要倾覆。所以，争论是好事，可以使“航船”行驶得更加平稳、顺畅。

2009年9月，“‘南海Ⅰ号’整体打捞与水下文化遗产保护”项目获得文化部第三届创新奖。

第三届文化部创新奖获奖项目公示

第三届文化部创新奖获奖项目已经文化部创新奖评审委员会评审产生。为体现公开、公平、公正的原则，加强社会对获奖项目的监督，根据《文化部创新奖奖励办法》的有关规定，现将第三届文化部创新奖获奖项目予以公示。自公示之日起30日内，任何单位和个人对公示的项目持有异议的，可以书面形式向评审办公室提出。异议书须写明项目名称、事实理由、异议人的真实姓名、工作单位、联系方式等事项，并提供必要的证明材料。评审工作办公室将按照《文化部创新奖奖励办法》的有关规定对异议的内容进行核实、查证。对采取匿名异议的将不予受理。

公示时间：2009年9月25日至10月25日

地址：北京市朝阳门北大街10号文化部文化科技司

文化部创新奖评审委员会办公室

2009年9月25日

……

16	“南海Ⅰ号”整体打捞与水下文化遗产保护	广东省文化厅	广东省文化厅 交通部广州打捞局	曹淳亮 景李虎 苏桂芬 龙家有 陈北先 何伟章 卜 工 魏 峻 崔 勇 曹 劲

……

同年10月，“‘南海Ⅰ号’古沉船整体打捞及保护技术研究和实施”项目获得中国航海学会科学技术奖一等奖。中国航海学会科学技术奖是由科学技术部和国家科技奖励工作办公室批准设立的奖项。一等奖共有三个获奖项目，“‘南海一号’古沉船整体打捞及保护技术研究和实施”项目是其中之一。

一等奖（3项）

1.“南海一号”古沉船整体打捞及保护技术研究和实施

主要完成人：吴建成、王仁义、魏峻、孙树民、张永强、陈瑞田、张松、叶家玮、孙召才、孔维达、刘伟良、徐鹏飞、邓韶辉、崔勇、李冠欢

主要完成单位：交通部广州打捞局、广东省文物考古研究所、华南理工大学

……

关于广州打捞局“南海一号”古沉船打捞工程等项目荣获部级科技奖的通报

救捞人字〔2009〕391号

各救助局、打捞局，各救助飞行队，海洋工程公司：

根据中国航海学会《关于申报2009年度“中国航海科技奖”的通知》精神，救捞系统共申报了三个项目，其中广州打捞局申报的《“南海一号”古沉船整体打捞及保护技术研究和实施》和部局申报的《新型、高性能双体穿浪救助船》分别荣获了2009年度“中国航海科技奖”一等奖和三等奖。

2007年，广州打捞局承担“南海一号”古沉船整体打捞工程。按照国家“以文物保护为最终目的，确保文物的安全，最大限度地获取文物信息”的要求，在古沉船整体打捞过程中，遇到了前所未有的困难和技术难题，该工程涉及工程力学、海洋学、环境学、考古学、测量学等综合学科理论及技术，面对挑战和困难，广州打捞局的工程技术人员在局党政领导的大力支持和关怀下，理论联系实际，以严谨的科学态度，大胆探索，勇于创新，开拓进取，研究出拥有自主知识产权的古沉船整体打捞及保护技术，首创了钢沉箱整体打捞技术和保护环境构建技术，沉井设计技术，三十多米水下的底托梁穿引技术，以及沉船及文物保存环境构建与维护体系，其成果在海洋工程等领域具有推广应用价值。

古沉船整体打捞保护和技术研究及实施，探索出水下文物发掘和保护的成功经验，其中钢沉井设计、钢沉井底托梁及穿引技术等技术达到国际领先水平，整体打捞技术达到国际先进水平。在国内外业界产生了极大的影响，大大提升了救捞系统在社会和海洋工程界的知名度。

希望获奖单位保持荣誉，勇攀高峰，再创佳绩；各单位要高度重视创新、技术进步工作，为实现救捞事业新的跨越式发展做出更大贡献。

特此通报。

二〇〇九年十二月三十日

2010年6月，由文物出版社出版，李岩、陈以琴合著的《南海Ⅰ号沉浮记》一书获得“紫禁城杯”全国文化遗产优秀图书奖。

各个奖项应当是对南海Ⅰ号整体打捞工作的褒奖，应当说是实至名归。可在得到国家有关部门和机构褒奖的同时，也有不少相左的意见。

刘庆柱，中国社会科学院考古研究所原所长，汉唐考古专家，细心的人对刘先生可能并不陌生，在凤凰卫视关于曹操墓的电视节目中他还作为嘉宾而上镜。南海Ⅰ号整体打捞方案论证过程中，他曾经作为专家参加了论证会。刘先生对于整体打捞的看法是：加强后期保护研究，文物是不可再生的，不能为了开发经济或者制造轰动效应而草率行事。

早在论证会期间，他就对于“水晶宫”内南海Ⅰ号的保护方法提出了质疑，他直言不讳地表示：瓷器的脱水脱盐保护问题并没有很有效的解决办法。2002年南海Ⅰ号出水的瓷器有2000多件被送往国家博物馆，并曾经展出过，这批瓷器曾经在国家博物馆实验室中进行过脱盐处理，但是效果并不理想，沁入瓷器釉里的盐会脱水结晶，使瓷器光滑釉面破损，表面出现裂痕。

南海Ⅰ号出水的盛大场面，也令刘先生忧心忡忡，他向人们讲述了云南抚仙湖水下考古现场的两次直播情况。2001年6月，中国历史博物馆（现国家博物馆）、云南省博物馆、福建省博物馆等各方专家组成水下考古队，在此进行了首次湖泊水下考古，中央电视台对此进行了两个多小时的现场直播；2006年6月17日再次直播。统计数字显示：2006年“五一”黄金周期间，抚仙湖省级旅游度假区7天内共接待游客27.86万人次，旅游收入达4857.33万元，占玉溪市游客数量和旅游收入的一半以上。抚仙湖两次直播使地方政府的宣传目的达到了，而考古研究工作最终却成了实实在在的配角，甚至不了了之。拿南海Ⅰ号进馆典礼仪式来说，脚手架尚未拆除的广东海上丝绸之路博物馆的外墙上，巨幅的广告赫然其上，从电视或者报纸的图片上，可见：“广州市××建筑热烈祝贺南海Ⅰ号顺利入馆”、“××羽绒服”、“中国××美容化妆工具中心”、“广东××实业有限公司”等。阳江某酒店的广告更是张贴在“水晶宫”正门一侧，有喧宾夺主之嫌。宣传和商业开发，虽然有利于缩短文物保护和考古发掘的资金投入过程，提高经费使用效率，吸引公众的目光。但是，对南海Ⅰ号保护没有多大意义，有时还会出现负面效果。绝对不能由于商业开发的目的而草率地采取行动。

上海学者葛剑雄认为要坚守科学精神，坚守文物保护的底线，不能将考古当成表演作秀。即使是以南海Ⅰ号进行旅游开发，同样要十分慎重。葛先生认为：“在沉箱打开之前，没有看到沉船的受损状况，就说打捞成功或者说整体打捞的方式适合这艘古船，都是值得推敲的。”南海Ⅰ号整体打捞出水的新闻报道场面不可谓不盛大，葛剑雄等专家明确指出媒体在此次打捞过程中扮演的角色“过头了”。打捞现场，不仅有各方面的领导和工作人员，还有来自全国的媒体记者，一时间甚嚣尘上，动辄不是跟踪就是直播，要么就是独家深度报道。

葛先生认为，社会大众所以热心于考古，或者说是水下考古项目，有两个主要原因：首先是媒体的引导，甚至是错误的引导，将南海Ⅰ号的价值用一些耸人听闻的词汇来描述，例如说有的媒体为了表明南海Ⅰ号价值不菲，竟然说南海Ⅰ号沉船装载的文物价值可能超千亿美元。原来有估算说船载文物有6万～8万件，还可以认为是根据经验的推测，可这千亿美元真是不知道通过什么方法计算出来的？而且，绝大部分文物都还在沉箱里边。还有的说是价值超过敦煌、兵马俑。最有想象力的说法，甚至认为南海Ⅰ号不是海商的商船，而是宋末元初一艘载着南宋小皇帝赵昺和陆秀夫等文武的官船，并具体指出金腰带是皇帝在船上的物证。这艘船是南宋帝昺一行在元军的追杀下，准备驶往越南的。这些报道五花八门，随意的比喻可能吸引了读者的眼球，但是与事实却相差十万八千里！其次，商品经济的背景下，很多人把考古与发财致富联系一起。挂在嘴边的话是：这件古董值多少钱？这同样与某些媒体的片面宣传有关。这些媒体不仅不懂得文物的价值，而且常常想当然以金钱的数量来衡量文物。在我们国家，文物的价值体现在三个方面：首先是历史价值，其次是科学价值，最后是艺术价值。考古的目的就是用实物恢复历史，而不是将文物和金钱、财富画上等号，这些都显示出一种社会性的浮躁表现。任由浮躁发展下去，必将会影响考古人员。比如说，如果地方上有利用文物考古资源发展经济的愿望，考古专家们有机会参加相关的论证会，要多讲事实，要讲保护的重要性。可问题是，有些专家饭一吃、红包一拿，说法就变了，甚至违背文物保护的基本原则，主动迎合地方。也有些考古发掘，稍有发现就是惊人，就是价值连城，研究成果就能改写历史。考古发掘的过程是科学论证的过程，来不得半点的浮躁和虚假。在结果出来之前，谁也不知道最终的结果是什么。媒体错误的报道，不仅误导了广大的读者，也会打乱发掘计划，更会使考古工作者感受到巨大的压力。真想为南海Ⅰ号做点事情的话，还是踏踏实实静下心来，好好研究怎么样才能更好地保护祖先遗留下来的珍贵文物。当下，有人提出中国水下考古“大跃进”，头脑发热，是到了该节制的时候了。先把南海Ⅰ号工作做扎实了，积累了经验再跃进不迟，否则，是冒进，结果就会和20世纪50年代末期的 “大跃进”一样，是要付出惨痛代价的。

乔治·巴斯，被誉为世界水下考古学之父。南海Ⅰ号整体打捞之后，国内不少媒体报道巴斯先生称赞中国人在水下考古领域取得的巨大成功。但是，事实并非完全如此，《广州日报》记者张演钦曾经对巴斯先生进行过专访，专访中，乔治·巴斯表示，他曾经看过南海Ⅰ号整体打捞方案，但是他并不是专门为了南海Ⅰ号而来中国的，而是有其他的学术活动，刚好赶上了。他说：“我并没有对南海Ⅰ号整体打捞的工作表示过赞同，因为这还需要时间的检验。”相信水下考古学之父出于求实的态度，对南海Ⅰ号被整体打捞出水后，未来的保护工作还面临许多困难感到忧虑，毕竟他见识过不少保护的成功与教训，所以他的表态相当谨慎。

站在理性的角度，能够说出对如此被捧的水下考古项目泼上点降温凉水的话，都是好话。并没有人反对以文物考古资源为经济建设出力，甚至在联合国教科文组织的网站上我们可以看到如下的文字。

> 水下考古遗址中打捞出来的物件一旦浮出水面，在陆地进行展览，便脱离了其原来的环境，部分失去了其意义。因此最近实施的一些举措是，让参观者进入实地来体验。这些活动包括潜水游览、为非潜水者安排潜艇游览，以及建造水下博物馆。
>
> 对许多地区来说，水下遗址的历史意义、美景、真实性所具有的吸引力具有重要的经济意义。和罗斯基勒、玛丽·罗斯、博德鲁姆、瓦萨及海泽比博物馆一样，许多类似的博物馆都是所在国最具吸引力的旅游景点。潜水业也由于水下遗址参观者而获利丰厚。比如，埃及亚历山大的水下博物馆项目打算用一种综合的方式来重现该城市的市中心。
>
> 保持水下遗址吸引力和可持续性的关键因素有：
>
> 遗址的维护状态；
>
> 真实性和历史意义；
>
> 向公众展示的方式（如潜水游览、地图、路标）；
>
> 负责任的遗址管理，以确保遗址的长期可持续。

这当中的关键之一二在于真实性和历史意义，以及负责任的管理和可持续；这与以刘、葛两先生为代表的专家意见基本是一致的。联合国教科文组织所谓负责任的管理，应当包括了分工明确和各司其职，即水下考古专家们的工作目的就是保护好南海Ⅰ号，并在科学的原则下，对其进行认真细致的发掘。而真实性和历史意义则是未来媒体在报道南海Ⅰ号水下考古工作取得之进展或成果时，需要特别小心对待的，因为媒体本身肩负着社会责任，真实性是一切的基础。

持续热闹了一段时间的媒体报道及批评作秀的舆论，以另外的角度来看，他们以自己的方式，对于南海Ⅰ号未来的保护和整体打捞以后的状态表达了极度的关切。2008年，“水晶宫”注水后，广东海上丝绸之路博物馆的展览筹备工作，如火如荼地进行着。而南海Ⅰ号，在沉箱的包裹中，一年的时间，闭目养神般地静静休养着。人们在打捞出水后，不禁会问：沉箱起吊脱离海床时，巨大的力量，里边的南海Ⅰ号船体还完好吗？船体是否朽烂发霉？船体结构有没有散架？整船的瓷器有没有在打捞过程中尽数破碎？

带着同样的疑问和兴趣，2009年8月18日，在魏峻博士的带领下，广东省文物考古研究所及来自阳江、韶关、汕头、东莞等地的水下考古队员，按照外围散落文物清理方案所说的后续保护要求，开进“水晶宫”，对沉箱内的南海Ⅰ号进行第一次实验室环境的水下考古试掘。这里没有了海浪的击打与震荡、没有了海风的呼啸与喧嚣，水环境的能见度也得到了显著的改善，队员们甚至说：如此安全、如此的能见度、如此丰富的文物遗存，活儿干起来，很带劲儿，不！简直是享受，享受与800多年前历史空间的亲密接触！享受不断的新发现，享受人类基本好奇心的满足感！

2009年对南海Ⅰ号的试掘仅仅16平方米，分别在它的前部和中部，试掘的4个探方，每个4平方米，1个位于古船左前舷，3个位于船体中部。试掘的最主要目的是从细部全面了解南海Ⅰ号船体和船载文物的保存状况，为永久性保护和未来的发掘与研究提供坚实的基础。为了进行试掘，队员们依托沉箱，在南海Ⅰ号上部搭建了一个试掘平台，发掘的最后几天，为了清晰绘图，将“水晶宫”里的水位通过抽取，下降了5米，即使这样，“水晶宫”内仍然有7米深的海水浸泡着南海Ⅰ号。所以发掘过程可以说是两栖作战，队员们一会儿在平台上绘图，或者操作激光三维扫描仪描绘文物的原始空间位置；一会儿又要身着潜水服，下潜提取文物。

魏峻博士在说到这次发掘时，对结果相当满意：“通过试掘，我们了解到古船船舷基本完好，古船在沉箱中的位置也相当端正。这说明，我们确实成功将古船打捞上来了。”这是试掘的第一个收获。魏峻博士说：“首先验证了整体打捞的成功，这个成功在于从试掘出来的船舷和文物来看，木质船体坚硬如初，船舱内整摞瓷器也基本完整，少有破损，这初步证明，整体打捞方案是成功的，至少肉眼所见，没有对古船和文物造成损害。”

第二个收获在于对南海Ⅰ号船体结构和保存现状的认识：南海Ⅰ号是目前国内发现的同时期沉船中，甚至清代以前的沉船中，船体结构保存最为完好的。这并不意味着南海Ⅰ号所有船体结构部分都完好如初，但它的上甲板居然保存完好。泉州后渚沉船是宋元时期船体保存相当好的一例，但我们也只能看到由船舷板和隔舱板组成的船体。即使是韩国的新安沉船，也无法见到上层甲板。为什么说，上层甲板的存在对船体的结构有如此重要的意义？

南海Ⅰ号的上甲板有3～5层，每层木板厚度在8厘米左右，这个厚度可想而知，相当结实。采集的船板在淤泥被清洗后还泛着木材的黄色，正是这些淤泥，很好地保护了南海Ⅰ号庞大的躯体。经过初步鉴定，上甲板之木材可能是杉木或松木。

海船的上层甲板，即指船只最上层甲板，它的存在，首先可以十分准确地复原一艘船的载货量，它意味着货舱的顶部。其次，船楼部分的上层建筑也是在这层甲板的平面上构筑的，南海Ⅰ号船楼部分已经荡然无存了，但是，构筑船楼时必定会在上层甲板上留下一些榫卯之类的痕迹，安装船楼框架的痕迹对于复原船楼的规模会有很大帮助。马可·波罗和伊本·白图泰都曾经记载过中国当时的海船有两层以上的客舱。第五章曾经提到的山西繁峙县岩山寺的壁画之《海船遇难图》中，在残缺的画面中可以看到海风呼啸、波浪汹涌、桅杆折断、船帆飘落和水手奔走的场面，更可以见到其中上层甲板以上还有楼阁式结构。南海Ⅰ号上层甲板同样会告诉我们关于它自己的阁楼有多大，与首层甲板密切相关的船体结构信息，还有桅杆的数目。虽然古代的文献，甚至图画中有关于海船桅杆的记载，但是要认识南海Ⅰ号有几根桅杆，位于什么位置，则要依靠上层甲板来提供具体依据。除桅杆之外，船只的舵及锚碇也与这层甲板有关，锚碇通常位于上层甲板的船艏部位，舵则相反，位于船艉。

从陆地考古学的角度来看，上甲板还包含着另外一层重要信息——它是船只航行时，船上人员最主要的活动面之一。幸运的话，也许还能保存一些航海生活的残迹。

第三个收获是确认左前舷的船体破损。布设在这里的探方发掘显示，船体不仅有些破损，而且，船舱内的瓷器也有不少成了碎片。以考古学角度来说，这些破损发生在整体打捞前，是1987年英国人下抓斗造成的吗？还是其他原因造成的？都需要更多具体证据来证明。

试掘过程中也有一定数量的文物出水。在位于船体中部的探方中，整齐码放的瓷器进入了人们的视线。不由得令人想起《萍洲可谈》中“货多陶器，大小相套，无少隙地”的记载。此前，在南海Ⅰ号历次水下考古调查中，队员几乎是用手的触觉来“看”船舱内瓷器的码放情况。而此次，可以亲眼见到，这对于复原瓷器装载的过程是不可多得的机会。宋代“李充公凭”中提到，海商船运的瓷器是以床为单位装载的，那么一床瓷器究竟是多少？床的单位主要计算的指标是重量还是体积？或许今后在南海Ⅰ号的货舱中，能给出线索乃至答案。

发掘出水的木质文物，即部分船板，被以最快的速度带入研究室内展开相关保护的研究。瓷器暂时浸泡在海水里，如何实现脱盐脱水后裸露在空气中展出？仍是未克的难题，还需要日后的不懈努力。

从探方中清理出的整摞花口浅盘中夹杂着草绿色物质，判定为捆扎瓷器的草绳。在铁锅为主的凝结物里，也发现了铁锅之间用于包装垫隔的物质残迹。难怪乎英国考古学家柴尔德曾经有过一个精辟的比喻，考古学是历史的望远镜与显微镜，用于包装货物的物质残留，无疑是以显微镜的角度读解南海Ⅰ号的重要内容之一，确定为船上个人物品新发现的种类，无疑是那方砚台。这些细节不仅仅能说明南海Ⅰ号上的一些事情，同时，给未来的保护与发掘也提供了宝贵的

柴尔德

柴尔德（*Child, Vere Gordon, 1892~1957*），英籍考古学家，早年毕业于悉尼大学和牛津大学，1927~1946年在爱丁堡大学担任史前考古学教授。自1940年以来，即为不列颠学院的院士，担任马克思主义杂志《现代季刊》的编辑。后被选为德意志民主共和国科学院通讯院士。

柴尔德曾领导苏格兰和北爱尔兰各地的发掘，特别是苏格兰奥克尼群岛的斯卡拉布雷的史前（旧石器时代）遗址的发掘而享有盛誉。除西欧和美、澳二洲外，他还在北非的埃及，西亚的伊拉克、土耳其，以及苏联、东欧和印度，参观各地的博物馆和考古发掘现场，获取丰富的第一手材料。他受马克思主义唯物史观的影响，加上综合研究能力，使他在考古学领域取得了卓越成就。柴尔德在考古学和应用考古材料研究古代史方面的成就是多方面的。他重视环境对于原始社会的影响，重视社会的经济形态研究，提出了“新石器革命”及“城市革命”概念。柴尔德是20世纪公认的最有成就的考古学家之一。

启示：以后发掘瓷器货舱时，必然会注意，多大尺寸的盘子多少件被扎成一捆？不同的瓷器扎成捆的情况又是怎样？有了砚台，就会想到可能有书写过的纸张，发掘的时候如果遇到有字迹的纸张怎么保护？怎么提取？因为如果发现有字迹的纸张，它将是南海Ⅰ号上最为珍贵的文物之一，那是来自800多年前的记录，具有极高的史料价值（图10-1～图10-3）。

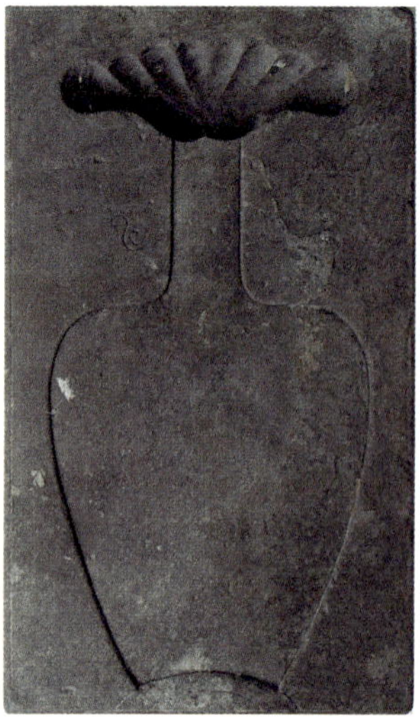

图 10-1
瓷瓶造型的砚台

继2007年之后，2009年南海Ⅰ号的试掘再次吸引了公众的眼光和注意力，面对这一自然和人类共同创造的奇迹——这奇迹从保存状况而言，首先是自然的杰作，没有海底的淤泥，南海Ⅰ号不可能保存至今；同时也是中国人祖先勇敢与无悔的奇迹，没有他们无畏的大航海之航，这个奇迹也将不可存在；当然还有现代水下“鲁班们”的奇思妙想，没有他们，这个奇迹将不完整。现在，整体打捞成功之后，又经过了

图 10-2
瓷碟

图 10-3
瓷碟的底部花纹

“水晶宫”的试掘，与2003年《广东海上丝绸之路博物馆项目建议书》出笼时相比，此时对于南海Ⅰ号及打捞保护工作的价值和意义，有了更为深入与广泛的认识。

由于事先的计划和研究，南海Ⅰ号水下考古工作将打捞、保护、发掘、研究、展示作为一条龙方案加以整体考虑，环环相扣，基本达到了预期目的。在南海Ⅰ号的整体打捞过程中，水下考古与水下工程部门结合实际，相互配合，协调一致，开创了水下考古与水下工程相结合的成功范例。由于水下考古与一般陆地考古工作面临的环境具有很大的不同，水下工程所取得的成熟技术应用其中，其作为水下考古的辅助，起到了很好作用。

从2009年“水晶宫”的发掘来看，南海Ⅰ号船体的保存状况令人欣慰。此前，在未见庐山真面目的条件下，谈及它对于宋元时期造船史、航海史的研究与当时海船的复原等问题，是相当朦胧的。现在面纱被逐层解开，由船舷和上层甲板组成的船体将清晰地向世人展示我国古代海船的更多细节。大量瓷器的存在，特别是完整瓷器同在一个确定的空间——南海Ⅰ号之船舱，将对宋元时期中国陶瓷史研究产生重大影响。相对陆地考古的窑址发掘而言，它具有无可比拟的条件。陆地窑址发掘所见的瓷器中，残碎者众多，多来自残次品堆积中，对这些残碎瓷器的分期断代，具有一定的局限。例如，残次品堆积中没有如同墓葬或窖藏般堆积单位非常明确的空间范围条件，有时难免出现早晚不同单位间遗物的混杂。而残碎标本本身由于无法看到其器形的全貌，对于年代判断也会造成影响。另外，窑址的残次品堆积中，遗物往往比较单纯，也就意味着能够称为瓷器年代判断佐证的证据少之又少。南海Ⅰ号则不同，一定数量的乘员随身物品等将对于佐证瓷器年代起到相当重要的作用。

聚落考古的方法是指以遗址或墓地为发掘和认识单位，通过分期断代之后，根据遗物与遗迹的相互关系，分析同时期活动于此空间的人们具有什么样的组织结构，由什么样的阶层构成等，是涉及人与社会关系的一种考古学发掘与研究方法，或者说叫作既见物又见人的一种考古学方法。南海Ⅰ号的水下考古发掘是第一个将此种方法引入我国水下考古之沉船遗址工作中的。在保存状况许可、能见度提高的条件下，未来将要面对和解决的系列问题是：认识南海Ⅰ号所有现存船舱的位置、规模与功能用途，与船上人员有关的遗物、遗迹信息的收集与分析，并借此最大限度复原船上人员的社会关系状况。而船货信息的收集与分析则解决与产地、目的地、贸易规模等相关的细节。

文物保护则是未来南海Ⅰ号的重中之重。在外围散落文物清理和后期保护预案中提出了以模拟埋藏环境为主的保护思路，环境模拟已经取得进展，即控制有害微生物群落的方法，但这一过程将相当漫长，并且需要不断进行监测，在监测的基础上不断完善这一保护方法。至于瓷器脱水脱盐，作为世界性文物保护难题，将在探索中不断寻求更好的保护方法。用路漫漫其修远兮，吾将上下而求索来形容南海Ⅰ号未来的保护、研究并不过分。

从实事求是的角度来看，南海Ⅰ号整体打捞成功之后，所表现出的价值不仅仅囿于学术，在社会经济文化层面也逐渐表现了出来。

以南海Ⅰ号为藏品的广东海上丝绸之路博物馆达到了以人民喜闻乐见的方式宣传文化遗产和保护的目的，其中一个重要指标是广东海上丝绸之路博物馆的观众人数。马洪藻先生，曾任该馆馆长，也许是人生中的巧合，2002年广东省和阳江市酝酿建设该馆时，他曾担任阳江海陵岛经济技术开发区副主任，说起来，也是广东海上丝绸之路博物馆从创建至开馆的亲历者之一。我们曾经聊起广东海上丝绸之路博物馆的观众人数这个话题，他说：“达到了当年项目建议书的预想，观众人数相当多，但改变海陵岛旅游的淡季，也就是每年11月至第二年5月游客比较少的情况，那还要时间检验。按照中央电视台的计算，从整体打捞一开始，到出水，还有今年的国家博物馆日直播的节目，以电视媒体这一块儿来计算，价值在5亿元人民币以上。当然，我们始终还是将社会效益放在首位，这个数字对我们来说只是个参考。”

除广东海上丝绸之路博物馆的展览开放之外，阳江市政府另外的工作重点分别是：申报世界文化遗产和打造文化品牌。

阳江市乘南海Ⅰ号整体打捞的东风，提出了打造南海Ⅰ号文化品牌，发展旅游经济的宣传方案。

阳府办〔2007〕75号

各县（市、区）人民政府，市府直属有关单位：

《阳江市打造“南海Ⅰ号”文化品牌发展旅游经济的宣传方案》业经市政府同意，现印发给你们。请各有关单位各司其职、共同协作，把“南海Ⅰ号”打造成世界品牌，以推动我市经济文化的快速发展。

二〇〇七年十二月十日

开展这项工作的目的十分明确：

全方位宣传“南海Ⅰ号”和立体经营“南海Ⅰ号”的理念融入工作思路，以“南海Ⅰ号”即将打捞上水和广东海上丝绸之路博物馆即将建好为契机，通过在国内外推介、展示、交流、研讨、旅游等多种形式为“南海Ⅰ号”提供世界范围的宣传大平台，全力打造“南海Ⅰ号”世界品牌，把海陵岛十里银滩建设成一个国际化的旅游景区，推动我市经济、文化、旅游又好又快发展。

阳江市成立了专门机构，以加强领导，具体做法是：

利用媒体宣传南海Ⅰ号；整合资源宣传南海Ⅰ号。

包括在室内港口、车站、广场、公园的宣传栏和多媒体中，宣传南海Ⅰ号；在酒店信息和旅游导购、旅游交通、旅游服务等信息服务中重点宣传南海Ⅰ号；在阳江举办的各种会议（刀博会、开渔节、旅游文化节）上增加宣传南海Ⅰ号的内容；乃至争取中国移动、中国联通、中国电信、中国邮政等大企业参加打造南海Ⅰ号世界品牌。通过电话、广告介绍南海Ⅰ号，打造南海Ⅰ号旅游黄金线路，大力开展海上丝绸之路旅游市场营销，等等。还特别提到了从艺术创作的角度，扩大南海Ⅰ号的影响力。

南海Ⅰ号整体打捞前后，广东省委、省政府提出建设文化大省之后，又提出了建设文化强省的战略目标，遗物如此丰富、保存状况如此之好的南海Ⅰ号，当然成了阳江市建设文化强省中的重要素材，当中的一个具体内容就是申报世界文化遗产。

与一般考古遗址申报世界文化遗产不同，南海Ⅰ号作为海商对外贸易的沉船遗址，它所在的航线——陶瓷之路或者说是海上丝绸之路，是线性遗产。所谓线性遗产主要指其空间分布形式不是呈平面分布的，而是线性的。线性分布的遗产最大的特点是涉及的地区多。暂不提海上丝绸之路涉及多少国家，仅就我国范围而言，至少涉及鲁、苏、浙、闽、粤、桂、琼等省区。且不说如何协调各省区的关系问题，即使是从学术角度，也有许多有待解决的争端，其中被提及最多的无异于海上丝绸之路起点究竟在何处这一话题。自20世纪90年代开始，争夺海上丝绸之路始发港在浙、闽、粤三地展开。浙江由于文献记载、沉船遗物、港口设施和景德镇外销窗口的地理条件，提出宁波（明州）为海上丝绸之路的始发港，特别是对朝鲜、日本方向的贸易，也兼顾了下西洋的海外贸易，海船从宁波出发前往上述各个目的地国家和地区。福建泉州的条件更显得天独厚，泉州市向联合国教科文组织展示了刺桐古港、南宋沉船和古代伊斯兰教徒墓地等文物和遗迹，同时历史文献中南宋以后中国最大的海外贸易港口从广州转至泉州也是不争的史实。因此，1992年，泉州市被联合国教科文组织登记为海上丝绸之路中国段的唯一城市。广州在海上丝绸之路的地位究竟如何？文献记载不能说不丰富，然而文化遗产不仅仅依靠文字记载，而更需要实物作依托。相对来说，广东、广州薄弱些，广州虽然也有光塔寺和古代伊斯兰教徒墓地等遗迹，但沉船遗址方面，以前相当薄弱，南海Ⅰ号的发现和整体打捞才填补了这方面的空白。

然而，自南海Ⅰ号整体打捞出水后，福建学者逐渐在加强着一种声音：由于南海Ⅰ号上装载的瓷器有相当数量来自福建窑口，从船体来看，南海Ⅰ号与福船的形态更为接近，例如建造南海Ⅰ号的木材以松木、杉木为主，广船则用铁力木，进而推断不排除南海Ⅰ号从泉州出发的可能性。于是，广东学者发出了针锋相对的意见：

认为广州自古为一大都市，是中国南方最大的陶瓷货物集散地，东南各地的陶瓷及其他货物历来就存在着在广州集散的情况，宋元时期亦如此。广东学者列举了大量文献，证明景德镇瓷器如何通过梅岭，再由水路进入广州，并由此认定，南海Ⅰ号正是依托集散地的广州港出海的。

南海Ⅰ号出水前，国家文物局关于丝绸之路的申遗工作计划如下：我国将与哈萨克斯坦、吉尔吉斯斯坦、意大利等丝绸之路沿线10个国家，联合申报世界文化遗产。其中，中国自己确定的48处丝绸之路遗址中，并不包括海洋之沉船遗址部分，也就是说南海Ⅰ号沉船等海上丝绸之路的遗存不在这次申遗之列。

根据阳江市有关领导的讲话，广东省有将南海Ⅰ号和省内其他海上丝绸之路遗存捆绑申遗的计划，申遗前期准备工作已启动。阳江市政府初步决定，要赶在2010年前提出南海Ⅰ号的申遗文本，以抢占主动地位。来自福建泉州方面的说法是南海Ⅰ号对海上丝绸之路申遗意义重大，泉州、广州、宁波应联合申报。也有广东学者认为，南海Ⅰ号本身价值重大，联合申报不足以体现它的真正价值，应当单独申报。

申遗的争论与争夺主要原因可以看作是社会对于文物保护意识的提高，地方知名度提升的需要。同时也有一个不可忽视的原因：申遗成功的之后，会给地方带来巨大的经济利益。在我国，此类例子不胜枚举。

南海Ⅰ号作为海上丝绸之路的重要文化遗产，对于申遗工作各级政府都相当积极，各地学者大多从本省的角度阐述着有利的理由，以此看来，南海Ⅰ号如何定位成了关键，但同时恐怕还要服从整个国家的战略部署。让我们将目光从打造品牌和申遗转到中国社会的普通层面，看看南海Ⅰ号带来了什么影响。

根据2007年11月26日《羊城晚报》的报道，当时阳江市政府已向国家工商管理总局申报了以“南海Ⅰ号”为原型的商标683项，并获批准。这些商标将主要用于旅游行业。

早在2003年，阳江港的公路边就出现了“南海Ⅰ号海鲜大排档”，它可能是全国最早使用“南海Ⅰ号”这个名称的食肆。有独无偶，2009年，笔者因工作关系，出差到汕头南澳岛，发现海鲜大排档中有了“南海Ⅱ号”的名字，推断应当是利用刚刚发现不久的南澳Ⅰ号的宣传效应吧，那时，南澳Ⅰ号还被称为南海Ⅱ号。典型的广东特色，不仅是食在广州，现在被扩大了——食在广东，而且，无论是古代还是现代，无论是做什么行业的，只要有名气，就先被饮食行业拿来一用。

与商标注册和海鲜大排档不同，广州打捞局由于沉井打捞南海Ⅰ号的成功，多了一项专利。

专利号：CN200810028041.6

公开号：CN101293564

申请号(Application number)：CN200810028041.6

专利简介：一种钢沉箱，由上沉井1和下沉井2组成，上沉井1和下沉井2之间由连接板3连接而成，其中在所说的上沉井1上设有底托梁穿引孔5，底托梁6穿过底托梁穿引孔5放置在上沉井1中，保泥板8通过底托梁穿引孔5置放在两根底托梁6之间的缝隙7上；采用本发明所说结构的钢沉箱，上下沉井下沉后，沉积物在上沉井1中，由于上沉井1上设有底托梁安装孔5，穿引底托梁6和保泥板8之后，底托梁6和保泥板8使钢沉箱呈整体闭合，沉积物和沉积物周围的泥沙按照原状固定在钢沉箱内，整个钢沉箱达到保泥保水的要求。

申请日：2008.05.13

公开日(Publication date)：2008.10.29

专利申请人(Applicant)：交通部广州打捞局

地址(Address)：510260广东省广州市滨江东路536号

发明人(Inventor)：张永强；吴建成；孙召才；孔维达；王仁义

……

更早的时候，广东省歌舞剧院文桢亚院长曾经组织创作了以南海Ⅰ号为背景的民族歌舞剧，当然这受到甘肃省歌舞剧院20世纪80年代民族歌舞剧《丝路花雨》的影响，《丝路花雨》的创作背景是敦煌壁画。

据新浪网报道："为纪念宋代古沉船'南海Ⅰ号'，中国人民解放军第二炮兵政治部歌舞团青年歌唱演员郭春梅组织创作并演唱了世界第一部献给古船的音乐作品《美丽船说》。2009年12月24日，在海上丝绸之路博物馆——'水晶宫'正式开馆之际，郭春梅要将该作品捐赠给存放'南海Ⅰ号'的'水晶宫'，作为主题音乐永远陪伴宋代古船。"

2010年，由景李虎主创的粤剧《南海Ⅰ号》于7月28、29日在广州友谊剧院公演。剧中讲述了一个爱情故事，舞台效果则以现代方式营造，融古今中外于一台。该剧描写的是南宋高宗时，广州海商李大用、李六哥父子，建造海船南海号，远赴波斯的故事。当中以李六哥与李大用两代人的思想观念冲突为线索，突出李六哥革新图强的宏大志向。而李六哥与表妹林花、波斯姑娘古丽之间多头恋情又夹杂波斯青年商人哈立德的搅动，使故事高潮迭起。最后南海号与主人翁一道，因风暴沉没于海底。

中国人向来对自己的历史情有独钟，从唐宋的话本、到《三国演义》的小说，再到后来戏剧中的历史题材经典《赵氏孤儿》，这些传统作品，都集中反映了中国人艺术创作与欣赏的审美趣味。这就是普罗大众了解自己民族国家历史的主要渠道之一。现代的影视作品给这种创作与欣赏传统带来了更广泛的空间，只是不要过分戏说，要尊重起码的历史事实，这才是大家所希望的。

从饮食到商标，再到戏剧，乃至一个城市的品牌和旅游行业，可以说，南海Ⅰ号的影响无处不在。从更广泛的范围来看，海上丝绸之路是世界的，南海Ⅰ号也是世界的，作为人类共同的文化遗产，对于现今国际社会也将产生重要的影响。这种影响的张力来自它所承载的精神——古代中国人民和平与平等、开放与包容、科学与探索的精神，同时这也是古代中国人民大智慧的体现。

欧洲人从哥伦布航海大发现开始全球性贸易，随之而来的是殖民统治，在欧洲完成原始资本积累的同时，给殖民地人民带来的是战争、奴役和掠夺；而宋元时期的古代中国人，在进行自己的世界贸易时，所依赖的是和平与开放的原则，并没有哪些中国海商以中国皇帝的名义宣布他们达到的地方是中国的海外领地，如果以社会政治经济实力，按照现代说法叫做从综合国力的角度衡量，这个巨人没有做出以强凌弱的行为。相反，在平等与尊重的原则下，平等地进行商贸活动。中国人，无论是海商还是皇帝，都很清楚地认识到，贸易的目的是增加国家收入，应当对外国人民友好相待，不应该因为中国船队的到达而引发大规模武装冲突或战争。同时，当时的政府也规定中国的臣民不可以在海外向任何势力随意称臣。所以，中国海商所到之处，给双边或多边参与贸易的国家和地区带来的是和平，谋求共同的经济利益。以现代国际社会的常用词来描述，海上丝绸之路的中国是拉动当时国际经济贸易的火车头，是多边主义的实践者。

开放与包容的精神，只要将南海Ⅰ号放在当时的中国社会背景中，就很容易发现和理解。宋元时期，无论是广州还是泉州，乃至海南岛，有大量的伊斯兰教徒在中国经商，外国人驻唐，有些还在政府部门担任高官，中国人民和政府对待合法的外商无论从宗教信仰还是实际的日常生活，都给予了应有的尊重和宽容，大有现代所谓享受国民待遇的味道。同时，以南海Ⅰ号为代表的商船，还是各国进行文化交流的载体，以中国的角度而言，自法显大和尚开始，海上的商船就是中国人往西天取经的主要交通工具之一；伊斯兰教进入东方的中国，很大程度上也是依靠海商的船只。此时的欧洲正处于中世纪时期，宗教成为发动战争的号召。联想到现代国际社会，我们看到强国与弱国、不同宗教信仰、不同种族间的战争与纷争，以史为鉴，中国古代人民智慧这面历史的镜子有过启迪，南海Ⅰ号所代表的古代中国人之大智慧是非常珍贵的遗产，特别值得在现代国际社会宣传、学习，发扬光大。中国古人的智慧可谓经千年而不古，历百代而长今。

以邓小平理论关于科学技术与生产力关系的观点回顾历史的话，南海Ⅰ号所代表的古代中国，不仅科学技术领先，以烧制陶瓷、造船、航海为代表，而且在实际技术运用中同样处于当时世界的领先地位。中古时期的世界，无论亚洲、中东还是欧洲，均处于自然经济的状况下，烧制陶瓷、造船、航海为世界各国的经济注入了新的增长动力，大有今日新能源及信息产业于现今国际社会的作用般，以先进的技术和产品，服务、推动着各国经济发展，在历史上起到了至关重要的作用。贸易的同时，中国的造船和航海技术，也通过海上丝绸之路广泛地传播到世界各地。此一阶段中，特别是指南针技术的推广，对海上贸易有着直接的推动作用。欧洲人借助中国人的水密舱、指南针，阿拉伯人的三角帆，自大航海时代开始，结束了自古希腊时期以来在地中海的游弋，不仅绕过好望角、横渡大西洋，而且实现了在全球范围内的航行，开启了一个新的殖民时代。相反，自汉朝时就已经走出了号称“亚洲地中海”的中国南海的中国人则在走出大洋的成绩面前踏步不前，甚至闭关锁国，在科技为先导的国际航海竞争中，处于下风了。

即便是以当时最先进的造船航海技术武装起来的中国海商们，在大洋之上，风云莫测，方向难辨，暗礁险滩，动真格地出海航行，没有天气预报、没有卫星导航，需要今天难以想象的勇气和探索精神作为支撑。南宋王十朋在《提举延福祈风道中有作次韵》中所慨叹的“大商航海蹈万死，远物输官被八垠”应当是航行艰险的真实写照！从日本、韩国到东南亚地区，乃至中国沿海，陆续被发现的宋元时期沉船也以它们自己的方式，向现代中国和世界，展示着南海Ⅰ号商人们的勇敢精神！

看着静处于“水晶宫”中的南海Ⅰ号，脑海中浮现着它在蓝天、碧海、白浪中前行。现在，与800多年前不同的是，南海Ⅰ号以后的航程，是在人们的关注和呵护下进行的，它将驶向永恒，并一路向人们讲述着它自己的秘密和故事。

附录

关于莱茵堡号船名拼法广东省文物考古研究所研究人员与荷兰鹿特丹海事博物馆肖特夫人的往来邮件

11th May 2007

Dear Mr. Curator:

I'm an office clerk of China Guangdong Provincial Institute of Cultural Relics and Archaeology(my name's Chen Yiqin). Please forgive my trespass, as we need your help.

Now we are undertaking a salvaging of Nanhai No.I, a sunken ship (in the South China Sea). It is a wreck of Chinese Song Dynasty and very important for our underwater archaeologists to investigate.

Now we are collecting the detail archives of discovery information about Nanhai No.I.

In our study, we learnt from some records that several English experts had found in your museum a magazine about our Guangdong province in 1772, which recorded the information of a wreck named RHYNSBURG. According to the datum we have found, RHYNSBURG was one of the ships of Vereenigde Oostindische Compagnie (Dutch). Its length was 42 meters. And it carried 6 boxes of silver, 385.5 tons tin blocks, 136 tons pepper and other goods, and son on. On July 17th 1772, RHYNSBURG sailed form India to China and sank in South China Sea. Basing on this information, China Salvage Bureau concluded an agreement for salvage of RHYNSBURG with an underwater salvage company of Britain. During the salvage, they found a Song wreck by accident, which was named Nanhai No.I afterward.

Nowadays, 20 years have passed, and I write to the honorific Curator to seek for help (we got your contact method from Trinity Zhu, who works in Holand Consul General at Guangzhou). Could you please find the original datum of RHYNSBURG in 1770, which belonged to Vereenigde Oostindische Compagnie? Because we need this information to establish a whole discovery archive of Nanhai No.I.

And, Nanhai No.I itself is one of the most important historical data. If you can find out the datum, please take photos of them and mail to us. As our sincere appreciation of your help, we would like offer some information about Nanhai No.I to your museum, and invite you to visit our institute, if you have free time. We can also make a co-investigation about it.

I would be very grateful for your help. By the way, send our sincere regard on the coming of International Museum Day.

Guangdong Provincial Institute of Cultural Relics and Archaeology
Chen Yiqin
May 11th, 2007

18th May 2007

Dear Ms. Yiqin

Thank you very much for your e-mails (11th and 15th May 2007) and your fax message (15th May 2007) to our museum. The ship 'Rijnsburg' was indeed a ship of the Verenigde Oost-Indische Compagnie (VOC), the Dutch East India Company. She was built on the VOC-yard of Zealand in the year 1765 for the Amsterdam Chamber of the VOC. The tonnage of the ship was 850 tons. You can read a lot of details of the different voyages the ship made in the book 'Dutch-Asiatic shipping in the 17th and 18th centuries' (The Hague: Martinus Nijhoff, 1979-1987. - 3 vol.). Fortunately this important reference book can be read on the internet. The address where it can be found is: www.inghist.nl/Onderzoek/Projecten/DAS. This is the website of the Institute of Netherlands History. Here you can find the 'Rijnsburg' left Batavia on 2nd of July 1771 bound for the Netherlands via China and Bengal. Sailing to China, however, she was wrecked in 1772. She was replaced by the ship 'Herstelder' that was bought in China.

When you search our collection search system at www.maritiemdigitaal.nl you will find an item relating to the ship and the ship wreck. This museum object is part of the collection of the Fries Scheepvaartmuseum in Sneek. The inventory number is M-057. When you want to know more about this object, please contact this museum at info@friesscheepvaartmuseum.nl.

I hope the information above is useful to you. Wishing you a lot of success with your further investigations.

Yours sincerely,
Mrs. G.A. Schot, Library

Maritime Museum Rotterdam, The Netherlands
E-mail: g.schot@maritiemmuseum.nl
MARITIME MUSEUM ROTTERDAM
P.O. BOX 988
3000 AZ ROTTERDAM
THE NETHERLANDS
TEL.: 31 10 4029260
FAX: 31 10 4137342
INTERNET: WWW.MARITIEMMUSEUM.NL

22nd May 2007

Dear Mrs. G.A. Schot:

Thanks very much for your earnest reply (18th May 2007). It is very useful to us.

But I am very sorry to disturb you again, because we still have two problems. Please kindly help me check them over.

Firstly, it is about the name of the sunken ship. In our record, the name is 'RHYNSBURG', but you referred that its name was 'Rijnsburg' in your letter. After I looked it up in www.inghist.nl/Onderzoek/Projecten/DAS you gave me, I found there was only a sunken ship named 'Rijnsburg' closed to the information of the sunken ship which we find. Perhaps the name record we have found had been made a mistake. Or is it recorded as 'RHYNSBURG' because the difference between Dutch and English? I just guess that and the truth needs your confirmation.

Secondly, the records we have found showed the detail of Rijnsburg: its length was 42 meters and it carried 6 boxes of silver, 385.5 tons tin blocks, 136 tons pepper and other goods, and so on. But I am very sorry that I could not find such detail of the ship in the web you have gave me in your letter.

Could you please help me find the original detail? Is it possible that the detail was recorded in a book? In order to establish scientific archives, we must find the exact datum.

You are so kind to help us a lot and give our best wishes for you. I am very eager for your letter.

Yours sincerely,
Yiqin

Guangdong Provincial Institute of Cultural Relics and Archaeology
e-mail:eakinc@hotmail.com
Address: Room 1001, B Section, No. 34 Yanyin Building, Shuiyin Siheng Road, Guangzhou city, China
Post No. 510075
Tel: 0086 20 – 8704 9399
Fax: 0086 20 – 8704 8517

25th May 2007

Dear Ms. Yiqin:

In the book 'Dutch-Asiatic shipping in the 17th and 18th centuries' the different spellings of the names of the ships of the Verenigde Oost-Indische Compagnie (VOC) are brought together to a standard. It is most likely the name of the ship you are doing research on was spelled like 'Rhijnsburg' in her time. Nowadays the village in the Netherlands the name refers to is spelled like 'Rijnsburg'. It can be found in the neighbourhood of Leiden.

Detailed information about the dimensions of the ship and the cargo the ship was carrying during her last voyage are unfortunately not available in our museum. Maybe it is possible to get these from the VOC-archives which are kept in the National Archives in The Hague. The website address of this institution is: www.nationaalarchief.nl.

Yours sincerely,

Mrs. G.A. Schot, Library

南海Ⅰ号大事记

1987年7月	英国海上探险和救捞公司与广州救捞局合作在台山海域寻找莱茵堡号，意外寻获南海Ⅰ号
1987年8月	广东省文物部门宣布：在台山上下川岛海域发现一艘宋元时期古沉船，即南海Ⅰ号
1987年11月	在俞伟超先生的努力下，中国第一家从事水下考古的研究机构——水下考古学研究室在中国历史博物馆挂牌，主任张威、副主任刘本安，《水下考古通讯》创刊
1988年4~5月	全国首届水下考古SCUBA潜水培训班在广州潜校开班并培养出第一批中国水下考古专业干部队伍
1989年10月	《中华人民共和国水下文物保护管理条例》颁布实施
1989年11月	中日联合组成南海沉船水下考古调查队，赴南海Ⅰ号沉没海域展开调查工作，根据考古学的惯例，正式将上下川岛海域宋元时期古沉船命名为“南海一号”；11月19日的探摸再次确认了南海Ⅰ号的沉没位置
1990年1月4日	《中国文物报》发文《中日联合开始勘察南海一号沉船——记我国水下考古学的起步》
1990年2月	中日南海沉船调查发掘学术委员会在北京成立，苏秉琦、江上波夫分别担任主任委员、副主任委员
1993年3~9月	南海Ⅰ号出水文物赴日参加“中日南海沉船考古暨海上丝绸之路文物展”
1998年1月	中国历史博物馆在珠海召开南海水下考古工作座谈会，提出中国水下考古工作重心南移的发展思路

2000年9月	在水下考古队员张松等的撮合下，以香港陈来发为首的香港中国水下考古研究探索协会成立并向南海Ⅰ号水下考古工作提供捐助，仪式在广州星海音乐厅举行。此后，“南海Ⅰ号”名称出现并沿用至今
2000年10月	香港中国水下考古研究探索协会为开展南海Ⅰ号水下工作，举办高氧潜水培训班
2001年4月20日	南海Ⅰ号水下考古调查队在广州星海音乐厅举行授旗仪式，队长张威从广东省文化厅厅长曹淳亮手中接旗，旋即开赴调查水域
2001年5月12日	南海Ⅰ号水下考古调查队探摸到南海Ⅰ号，并进行了精确定位
2002年3~7月	南海Ⅰ号水下考古调查探明其沉没状态和基本保存状况、沉船所载文物保存状况、沉船的基本尺寸
2002年10月	李兰芳副省长在阳江主持召开了南海Ⅰ号文物保护工作座谈会，确定“整体开发，就地展示，原地保护”的方针，并提出整体打捞南海Ⅰ号的构想，提出在阳江海陵岛建设“一馆两中心”——广东海上丝绸之路博物馆及保护、研究与展示中心，提出广东海上丝绸之路博物馆的概念性规划
2003年5~6月	为制订整体打捞南海Ⅰ号方案，就沉船的各项具体数据，例如长、宽、型深等进行调查，最终确定了沉船的三维尺寸
2003年10月	广州救捞局提供了《南海Ⅰ号沉船整体打捞原则方案》，与原地打捞方案一道，整体打捞方案通过了专家论证
2004年3月	广东省人民政府批准了广东海上丝绸之路博物馆的建设项目
2004年5、9月	以沉船环境、大型凝结物位置等为主的调查工作完成
2005年	华南理工大学船舶与海洋工程研究所在校内南湖，完成了整体打捞用沉井从穿底梁到起吊等相关工程的全过程实验；有关单位完成了水体生物等相关保存环境试验；同年冬，广东海上丝绸之路博物馆开工兴建

2006年6月	经过反复试验、完善后的南海Ⅰ号整理打捞方案得到国家文物局批准
2007年1月	南海Ⅰ号外围凝结物清理完成
2007年3月	用于整体打捞的沉箱完成设计并开始建造
2007年4~5月	南海Ⅰ号外围文物水下清理工作完成
2007年5月5日	用于整体打捞的沉箱离开广州小洲基地码头，赶赴打捞现场
2007年5月17日	沉箱投放至预定位置，并开始静压下沉
2007年6月6~8日	广东海上丝绸之路博物馆用于接纳沉箱的临时码头建成
2007年7月	广东海上丝绸之路博物馆“水晶宫”建筑基本完成，可以迎接南海Ⅰ号进驻
2007年8月23日至11月13日	穿底梁工程完成，沉箱与海床按照预先设计脱离
2007年12月22日	南海Ⅰ号被华天龙号成功吊起，安防在全潜驳船上，全潜驳船不断排水，载着沉箱包裹的南海Ⅰ号浮出水面
2007年12月23日	重任1601号拖船拖行全潜驳船靠岸临时码头
2007年12月28日	沉箱包裹着南海Ⅰ号进入“水晶宫”
2008年3月26日	“水晶宫”开始第一次注水
2009年8月	南海Ⅰ号在“水晶宫”内接受了第一次试掘，整舱的瓷器出现在人们面前，同年广东海上丝绸之路博物馆开馆
2010年7月	由景李虎创作的粤剧《南海Ⅰ号》在广州友谊剧院上演

后记

南海Ⅰ号沉船发现于1987年，并于2007年进行了整体打捞，随后进入广东海上丝绸之路博物馆。2018年5月，《南海Ⅰ号沉船考古报告之二——2014～2015年发掘》正式出版。三十年来，南海Ⅰ号的水下考古工作经历了不平凡的历程，见证了中国水下考古的创立与跨越式发展。为了纪念并向社会宣传这一海上丝绸之路的重大发现，笔者将南海Ⅰ号发现及打捞的过程和相关知识点编写成册；同时，还十分荣幸地邀请到两位亲历者——曹劲博士及崔勇先生为本书作序，使得拙作增色不少，在此向他们表示衷心的感谢！

感谢荷兰鹿特丹海事博物馆的肖特夫人考证莱茵堡号名称的拼法，书中图片多为同事黎飞艳拍摄，崔俊绘制了插图，胡思源也提供了诸多帮助，一并致谢！

还要感谢广东省文物考古研究所领导为本书的出版给予的大力支持；感谢王霞同学十多年前的鼓励，鞭策我完成书稿的撰写。

最后，感谢我的母亲和妻子，她们在我写作过程中给予了不可取代的支持与帮助。

李　岩

2017年岁末